EXHIBITION
CONFERENCE MAR

U0590665

会展营销
实务

华谦生 /著

汇集世界**一流知名会展**的一手资料

40多个**经典案例**

70多个具有实用意义的**图表**

国内外大型**会展营销**全程揭秘

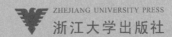
ZHEJIANG UNIVERSITY PRESS
浙江大学出版社

图书在版编目（CIP）数据

会展营销实务 / 华谦生著. —杭州：浙江大学出版社，2019.5
ISBN 978-7-308-19118-0

Ⅰ.①会… Ⅱ.①华… Ⅲ.①展览会—市场营销学—高等学校—教材 Ⅳ.①G245

中国版本图书馆 CIP 数据核字（2019）第 080269 号

会展营销实务

华谦生　著

责任编辑	吴昌雷
责任校对	高士吟
封面设计	北京春天
出版发行	浙江大学出版社
	（杭州市天目山路 148 号　邮政编码 310007）
	（网址：http://www.zjupress.com）
排　　版	杭州中大图文设计有限公司
印　　刷	杭州高腾印务有限公司
开　　本	787mm×1092mm　1/16
印　　张	13.25
字　　数	314 千
版 印 次	2019 年 5 月第 1 版　2019 年 5 月第 1 次印刷
书　　号	ISBN 978-7-308-19118-0
定　　价	45.00 元

前　言

　　会展营销主要是在营销会展的什么？会展营销的要素组合或者说策略组合主要由什么构成？会展营销主要有哪些营销方式？对于上述问题，目前，我国会展理论界众说纷纭，许多会展营销理论脱离我国会展业的实际，照搬一般的营销理论。例如，用一般营销理论的4P要素组合来套用于会展营销的要素组合等。这些理论和由这些理论引导出来的会展营销方法，使我国会展营销的理论研究和实务工作严重脱节：我国多年的会展营销实践经验没能从理论上加以总结和提升，而既有的会展营销理论又远远满足不了启发和指导国内会展营销实践的需要。

　　正是基于我国会展营销的这一现状，我在长期从事会展营销以及会展经营管理等具体实践工作的基础上，借鉴国外会展行业先进的营销理念、方式和方法，融合国内外营销理论研究的成果，对多年的会展营销实务工作进行理论提升和经验总结，其成果凝结成了本书。

　　和国内目前许多"以通用营销理论套用会展营销概念"的会展营销类书籍不同，本书没有采用一般通用营销类书籍的编排模式，而是根据会展业的特殊性，按营销一个会展的一般流程的内在联系来划分章节写作。在写作中，"理论和实务并重，基础和前沿兼顾"，既注意对会展营销一般理论的阐述，也注意对具体可行的实际营销办法的介绍，力争做到"原理阐释简洁有层次，方法和策略完整实用，兼收并蓄国内外会展营销理念和最新方式与策略"。

　　本书的案例极为丰富。全书精选了来自世界一流的知名展览会和会议的一手资料，汇集成40多个经典案例和近80个具有实用意义的图表，并按照全书各章节的实际需要，有针对性地分布在各有关章节中。通过这些案例和图表，读者不仅能更好地理解书中阐述的一些理论、流程和营销原理，还可以加以借鉴与发挥，增强自己的实际操作能力和理论水平。

　　结合本人多年的会展营销实践经验和国外会展业的先进做法，本书从我国会展营销的实践出发，提出了会展营销的完整理论体系（spec＋8P），并完整而系统地阐述了会展项目营销的方式和方法体系：

　　第一，办展单位本质上是一种服务提供商，会展营销本质上是在以有形的展位为媒介来营销会展的各种无形服务。

　　第二，会展营销的要素组合主要由产品、价格、渠道、促销、人、有形展示、过程和公共关系等8个要素组成（即8P）。其中，产品、价格、渠道和促销是所有营销都要关注的，人、有形展示和过程是会展业作为服务业的一种所应该采用的，公共关系是会展业既是一项商业活动又是一项社会活动的特征所要求的。

　　第三，会展营销的市场细分、定位和差异化策略、环境分析、竞争分析（即 spec），要以上述两点思想为出发点并结合会展业的独有特征来进行。

第四,会展营销的方式多种多样,像基准营销、资源营销、直复营销、合作营销、关系营销、网络营销和公共关系营销等方式在会展营销的实践中都被广泛地使用,会展营销计划和控制要对这些常用的会展营销方式加以规划和组合利用。

本书有四个显著特点:

一是实用性,本书注重理论联系实际,既注意对各种会展营销实务工作的理论提升和经验总结,又注意理论对会展营销实践指导的实用性。

二是可操作性,本书中的很多营销理念、方式、策略和方法来源于中国和世界会展营销实践,并已经在实践中被证明是有效可行和被广泛采用的。

三是创新性,本书首次详细论述了许多会展营销理论和方法,它们都是进行会展营销实践所必须关注但目前我国会展营销研究还欠缺的。

四是前瞻性,本书的很多营销理念、方式和方法等不论在我国会展实务界还是理论界都是前沿的,并首次在本书中被完整系统地论述。

本书可以作为各高等院校会展、旅游以及酒店管理等专业的骨干教材使用,也适合我国广大会展业从业人员、主管会展业的各级政府官员和行业协(商)会人士以及会展业理论研究者使用。

浙江大学出版社的吴昌雷同志为本书的出版付出了大量辛勤的劳动,本书能在较短的时间内与广大读者见面,是与吴昌雷同志的大力支持分不开的,在此,对他表示深深的感谢!

在我国,会展营销还是一个新的领域,将世界会展营销的经验结合我国会展营销的具体实践来研究,是一个富有挑战性的尝试。本书在这个领域里进行了开拓性的工作,还望业内同行及各界朋友不吝赐教。

华谦生

2018 年 12 月

目　录

第 1 章　会展营销导论 ……………………………………………………… 1

  1.1　会展营销的特征和类型 ………………………………………………… 1

    1.1.1　会展营销的特征 …………………………………………………… 1

    1.1.2　会展营销的类型 …………………………………………………… 2

    1.1.3　会展营销与传统营销的差异 ……………………………………… 3

  1.2　会展营销的目标、原则和过程 ………………………………………… 4

    1.2.1　会展营销的目标和任务 …………………………………………… 4

    1.2.2　会展营销的原则 …………………………………………………… 6

    1.2.3　会展营销的过程 …………………………………………………… 7

  1.3　会展营销的导向 ………………………………………………………… 9

    1.3.1　会展服务导向 ……………………………………………………… 9

    1.3.2　会展功能导向 ……………………………………………………… 10

    1.3.3　客户满意导向 ……………………………………………………… 13

    1.3.4　客户价值导向 ……………………………………………………… 15

  1.4　会展营销的要素组合 …………………………………………………… 16

    1.4.1　会展营销的八要素 ………………………………………………… 16

    1.4.2　会展营销要素组合与传统营销要素组合的比较 ………………… 18

    1.4.3　会展营销的要素组合原则 ………………………………………… 19

第 2 章　会展营销环境分析 ………………………………………………… 21

  2.1　会展营销环境的含义和构成 …………………………………………… 21

    2.1.1　会展营销环境的含义 ……………………………………………… 21

    2.1.2　会展营销环境的构成 ……………………………………………… 22

  2.2　宏观环境分析 …………………………………………………………… 22

    2.2.1　人口环境 …………………………………………………………… 23

    2.2.2　经济环境 …………………………………………………………… 23

    2.2.3　自然环境 …………………………………………………………… 25

    2.2.4　科学技术环境 ……………………………………………………… 26

    2.2.5　政治法律环境 ……………………………………………………… 28

    2.2.6　社会文化环境 ……………………………………………………… 30

  2.3　微观环境分析 …………………………………………………………… 30

2.3.1 办展单位内部环境 ………………………………… 31

2.3.2 目标客户 ……………………………………………… 31

2.3.3 同类会展 ……………………………………………… 32

2.3.4 营销中介 ……………………………………………… 34

2.3.5 服务商 ………………………………………………… 34

2.3.6 社会公众 ……………………………………………… 35

2.4 会展营销环境整体分析 ……………………………………… 36

2.4.1 矩阵分析法 …………………………………………… 36

2.4.2 SWOT 分析法 ………………………………………… 38

2.4.3 列表分析法 …………………………………………… 39

2.4.4 针对不同环境选择对策 ……………………………… 40

第3章 会展市场竞争分析 …………………………………………… 41

3.1 会展市场竞争态势分析 ……………………………………… 41

3.1.1 会展市场竞争态势分析模型 ………………………… 41

3.1.2 现有竞争力量 ………………………………………… 42

3.1.3 潜在竞争力量 ………………………………………… 43

3.1.4 买方竞争力量 ………………………………………… 43

3.1.5 服务商竞争力量 ……………………………………… 44

3.1.6 可替代品竞争力量 …………………………………… 44

3.2 会展竞争者分析 ……………………………………………… 45

3.1.1 会展竞争者分析模型 ………………………………… 45

3.1.2 竞争者的营销目标 …………………………………… 46

3.1.3 竞争者的营销假设 …………………………………… 46

3.1.4 竞争者的营销能力 …………………………………… 46

3.1.5 竞争者的现行营销战略 ……………………………… 47

3.1.6 竞争者的营销反应 …………………………………… 47

3.3 不同竞争地位的会展的竞争策略 …………………………… 48

3.3.1 市场领导型会展的竞争策略 ………………………… 48

3.3.2 市场挑战型会展的竞争策略 ………………………… 49

3.3.3 市场跟随型会展的竞争策略 ………………………… 51

3.3.4 市场补缺型会展的竞争策略 ………………………… 52

3.4 不同发展阶段的会展的竞争策略 …………………………… 53

3.4.1 培育期会展的竞争策略 ……………………………… 53

3.4.2 成长期会展的竞争策略 ……………………………… 54

3.4.3 成熟期会展的竞争策略 ……………………………… 55

3.4.4 衰退期会展的竞争策略 ……………………………… 56

3.5 不同产业的会展的竞争策略 ………………………………… 56

3.5.1 零散型产业中的会展的竞争策略 …………………… 56

　　3.5.2　新兴产业中的会展的竞争策略 ┈┈┈┈┈┈┈┈┈┈┈┈┈┈┈ 58
　　3.5.3　成熟产业中的会展的竞争策略 ┈┈┈┈┈┈┈┈┈┈┈┈┈┈┈ 60
　　3.5.4　衰退产业中的会展的竞争策略 ┈┈┈┈┈┈┈┈┈┈┈┈┈┈┈ 61

第4章　会展市场细分、定位与差异化竞争 ┈┈┈┈┈┈┈┈┈┈┈┈┈┈ 63
　4.1　会展市场细分 ┈┈┈┈┈┈┈┈┈┈┈┈┈┈┈┈┈┈┈┈┈┈┈┈ 63
　　4.1.1　中国会展市场的特征 ┈┈┈┈┈┈┈┈┈┈┈┈┈┈┈┈┈┈┈ 63
　　4.1.2　会展市场细分的依据 ┈┈┈┈┈┈┈┈┈┈┈┈┈┈┈┈┈┈┈ 65
　　4.1.3　会展市场细分的过程 ┈┈┈┈┈┈┈┈┈┈┈┈┈┈┈┈┈┈┈ 66
　　4.1.4　会展市场细分的方法 ┈┈┈┈┈┈┈┈┈┈┈┈┈┈┈┈┈┈┈ 67
　　4.1.5　会展市场细分的有效性 ┈┈┈┈┈┈┈┈┈┈┈┈┈┈┈┈┈┈ 68
　4.2　会展目标市场选择 ┈┈┈┈┈┈┈┈┈┈┈┈┈┈┈┈┈┈┈┈┈┈ 68
　　4.2.1　评估细分市场 ┈┈┈┈┈┈┈┈┈┈┈┈┈┈┈┈┈┈┈┈┈┈ 69
　　4.2.2　选择目标市场 ┈┈┈┈┈┈┈┈┈┈┈┈┈┈┈┈┈┈┈┈┈┈ 70
　　4.2.3　赢利客户分析 ┈┈┈┈┈┈┈┈┈┈┈┈┈┈┈┈┈┈┈┈┈┈ 71
　4.3　会展定位 ┈┈┈┈┈┈┈┈┈┈┈┈┈┈┈┈┈┈┈┈┈┈┈┈┈┈ 72
　　4.3.1　会展定位的原则 ┈┈┈┈┈┈┈┈┈┈┈┈┈┈┈┈┈┈┈┈┈ 73
　　4.3.2　会展定位的步骤 ┈┈┈┈┈┈┈┈┈┈┈┈┈┈┈┈┈┈┈┈┈ 74
　　4.3.3　会展定位的方法 ┈┈┈┈┈┈┈┈┈┈┈┈┈┈┈┈┈┈┈┈┈ 76
　　4.3.4　会展定位的误区 ┈┈┈┈┈┈┈┈┈┈┈┈┈┈┈┈┈┈┈┈┈ 76
　4.4　会展差异化竞争 ┈┈┈┈┈┈┈┈┈┈┈┈┈┈┈┈┈┈┈┈┈┈┈ 77
　　4.4.1　会展功能的差异化 ┈┈┈┈┈┈┈┈┈┈┈┈┈┈┈┈┈┈┈┈ 77
　　4.4.2　会展品牌形象的差异化 ┈┈┈┈┈┈┈┈┈┈┈┈┈┈┈┈┈┈ 78
　　4.4.3　会展服务的差异化 ┈┈┈┈┈┈┈┈┈┈┈┈┈┈┈┈┈┈┈┈ 83
　　4.4.4　会展流程的差异化 ┈┈┈┈┈┈┈┈┈┈┈┈┈┈┈┈┈┈┈┈ 85
　　4.4.5　会展价格的差异化 ┈┈┈┈┈┈┈┈┈┈┈┈┈┈┈┈┈┈┈┈ 86

第5章　产品与价格策略 ┈┈┈┈┈┈┈┈┈┈┈┈┈┈┈┈┈┈┈┈┈┈┈ 88
　5.1　会展产品与品牌 ┈┈┈┈┈┈┈┈┈┈┈┈┈┈┈┈┈┈┈┈┈┈┈ 88
　　5.1.1　准确理解会展产品的含义 ┈┈┈┈┈┈┈┈┈┈┈┈┈┈┈┈┈ 88
　　5.1.2　会展发展的生命周期 ┈┈┈┈┈┈┈┈┈┈┈┈┈┈┈┈┈┈┈ 90
　　5.1.3　会展品牌与品牌会展 ┈┈┈┈┈┈┈┈┈┈┈┈┈┈┈┈┈┈┈ 91
　5.2　会展产品创新 ┈┈┈┈┈┈┈┈┈┈┈┈┈┈┈┈┈┈┈┈┈┈┈┈ 92
　　5.2.1　题材创新 ┈┈┈┈┈┈┈┈┈┈┈┈┈┈┈┈┈┈┈┈┈┈┈┈ 93
　　5.2.2　功能创新 ┈┈┈┈┈┈┈┈┈┈┈┈┈┈┈┈┈┈┈┈┈┈┈┈ 94
　　5.2.3　服务创新 ┈┈┈┈┈┈┈┈┈┈┈┈┈┈┈┈┈┈┈┈┈┈┈┈ 95
　　5.2.4　流程创新 ┈┈┈┈┈┈┈┈┈┈┈┈┈┈┈┈┈┈┈┈┈┈┈┈ 97
　5.3　基本价格策略 ┈┈┈┈┈┈┈┈┈┈┈┈┈┈┈┈┈┈┈┈┈┈┈┈ 98
　　5.3.1　影响会展价格的因素 ┈┈┈┈┈┈┈┈┈┈┈┈┈┈┈┈┈┈┈ 98

5.3.2 会展的定价目标 ·· 99

5.3.3 盈亏平衡价格 ·· 100

5.3.4 成本导向定价法 ·· 101

5.3.5 需求导向定价法 ·· 102

5.3.6 竞争导向定价法 ·· 104

5.4 价格管理 ··· 105

5.4.1 价格适应 ·· 105

5.4.2 价格调整 ·· 106

5.4.3 执行会展价格策略应注意的问题 ···················· 106

第 6 章 渠道与促销策略 ·· 109

6.1 会展营销渠道 ··· 109

6.1.1 会展营销渠道的种类 ······································· 109

6.1.2 专业媒体 ·· 110

6.1.3 大众媒体 ·· 112

6.1.4 同类会展 ·· 113

6.2 会展营销渠道组合 ··· 114

6.2.1 影响会展营销渠道选择的因素 ························· 114

6.2.2 渠道冲突与协调 ··· 115

6.2.3 渠道评估 ·· 117

6.2.4 渠道组合策略 ·· 118

6.3 促销策略 ··· 120

6.3.1 促销目标 ·· 120

6.3.2 会展基本促销方法 ··· 121

6.3.3 广告 ··· 122

6.3.4 人员推销 ·· 125

6.3.5 营业推广 ·· 127

6.4 沟通与促销 ··· 128

6.4.1 信息沟通 ·· 128

6.4.2 口碑传播 ·· 129

6.4.3 整合促销沟通 ·· 130

第 7 章 人员与过程策略 ·· 132

7.1 会展服务人员与客户 ·· 132

7.1.1 会展服务人员 ·· 132

7.1.2 会展客户 ·· 133

7.1.3 会展服务可见线 ··· 135

7.1.4 真实瞬间 ·· 136

7.1.5 会展与客户之间的关系 ···································· 138

7.2　内部营销 ··· 139
　　7.2.1　营销三角 ··· 139
　　7.2.2　内部营销的含义 ·· 140
　　7.2.3　内部营销的办法 ·· 142
7.3　会展流程 ··· 143
　　7.3.1　会展流程分类 ·· 143
　　7.3.2　会展服务利润链 ·· 144
　　7.3.3　客户满意 ··· 145
7.4　会展流程优化与再造 ·· 146
　　7.4.1　发现流程瓶颈 ·· 146
　　7.4.2　流程优化与再造方法一：流程图法 ···················· 147
　　7.4.3　流程优化与再造方法二：流水线法 ···················· 148
　　7.4.4　流程优化与再造方法三：授权法 ······················ 150
　　7.4.5　流程优化与再造方法四：服务利润链法 ················ 151

第8章　有形展示与公共关系策略 ······································ 153
8.1　会展有形展示概述 ·· 153
　　8.1.1　会展有形展示的含义和作用 ··························· 153
　　8.1.2　会展有形展示的类型 ···································· 155
　　8.1.3　会展有形展示的策略 ···································· 156
8.2　会展有形展示设计 ·· 158
　　8.2.1　会展现场环境展示 ······································ 158
　　8.2.2　员工形象展示 ·· 160
　　8.2.3　会展品牌形象展示 ······································ 161
　　8.2.4　信息沟通展示 ·· 162
8.3　会展公共关系概述 ·· 163
　　8.3.1　公共关系对会展的营销作用 ··························· 163
　　8.3.2　会展公共关系的特征 ···································· 164
　　8.3.3　会展公共关系的主要目标公众 ························· 165
　　8.3.4　会展公共关系的一般程序 ····························· 166
8.4　会展公共关系策略 ·· 168
　　8.4.1　新闻发布会 ··· 168
　　8.4.2　公关新闻宣传 ·· 170
　　8.4.3　公共关系广告 ·· 170
　　8.4.4　会议 ··· 171
　　8.4.5　赞助 ··· 172
　　8.4.6　社会交往 ··· 173
　　8.4.7　社会公益活动 ·· 173
　　8.4.8　其他公共关系活动 ······································ 174

第 9 章　会展营销计划与控制 ……………………………………………… 177

　9.1　制订会展营销计划 ………………………………………………… 177

　　9.1.1　会展营销计划的特点 ………………………………………… 177

　　9.1.2　制订会展营销计划的步骤 …………………………………… 178

　　9.1.3　会展营销计划的内容 ………………………………………… 179

　　9.1.4　有效实施会展营销计划的要求 ……………………………… 179

　9.2　规划会展营销模式 ………………………………………………… 180

　　9.2.1　基准营销 ……………………………………………………… 180

　　9.2.2　资源营销 ……………………………………………………… 181

　　9.2.3　关系营销 ……………………………………………………… 182

　　9.2.4　合作营销 ……………………………………………………… 184

　　9.2.5　直复营销 ……………………………………………………… 186

　　9.2.6　网络营销 ……………………………………………………… 187

　　9.2.7　公共关系营销 ………………………………………………… 191

　　9.2.8　各种营销模式的组合运用 …………………………………… 192

　9.3　组建会展营销组织 ………………………………………………… 193

　　9.3.1　会展营销组织的类型 ………………………………………… 193

　　9.3.2　会展营销组织的建立 ………………………………………… 194

　　9.3.3　会展整体营销 ………………………………………………… 194

　9.4　实施会展营销控制 ………………………………………………… 195

　　9.4.1　会展营销目标控制 …………………………………………… 195

　　9.4.2　会展营销进度控制 …………………………………………… 196

　　9.4.3　会展营销效果评估 …………………………………………… 198

　　9.4.4　规划国际营销 ………………………………………………… 199

后记 …………………………………………………………………………… 202

第1章

会展营销导论

会展营销是会展联系客户和社会的重要手段。会展营销是对会展及其服务进行计划和设计，并利用各种营销手段、渠道和模式将会展的有关情况展现给目标客户以及相关者以满足客户需求和实现会展目标的一个系统的过程。与传统营销方式相比，会展营销所使用的要素组合更加复杂和多样化。会展营销不是在销售有形的展位或场地，而是在对一种特殊服务进行营销。

1.1 会展营销的特征和类型

会展业是一个综合性很强的新兴行业，和传统的有形的产品营销或无形的服务营销相比，会展营销具有自己鲜明的行业特色；从某种意义上讲，会展既是一项商业活动，也是一种社会活动，还是会展题材所在产业的一种产业活动，会展营销的牵涉面比其他产品或服务营销的牵涉面更广。

1.1.1 会展营销的特征

会展是给会展题材所在产业搭建的一个平台，在这个平台上，参展商和观众进行交流和合作，以实现贸易成交、产品展示、新品发布或收集信息等目标。参展商参加会展的目的，不在于租用展位或场地本身，也不在于要拥有该展位或场地，而是为了更好地享受会展带给他的贸易成交、产品展示、新品发布和收集信息等各种服务；观众参加会展的目的也相类似。

所以，从表面上看，会展营销是在销售有形的展位或场地，但从本质上讲，它更多的是在销售一种无形的服务，这种服务就是办展单位以会展为媒介，从多个方面为参展商和观众提供的各种会展服务。如果没有办展单位为参展商和观众提供的这些服务，参展商即使拥有最好的展位也达不到参展的目的，参展也就会变得毫无意义；观众即使跑遍全场也会毫无所获。因此，会展营销实际上是以有形的展位和场地为媒介来销售一种无形的服务。会展营销的这一特点，使它成为一种既有产品营销的属性也有服务营销的特征的综合性营

1

销,具有有形的产品营销和无形的服务营销的双重特性。

为更好地理解会展营销的上述特征,我们要把握好以下几点:

1. 会展营销的综合性。会展业是一个综合性的产业,在这个产业里,以办展单位策划组织会展为核心,设计、广告、运输、交通、住宿、通信、餐饮、旅游以及城市基础设施建设等行业不仅都参与其中,还成为会展服务的一个组成部分,会展营销不能只局限在办展单位策划组织会展这一环节,还要兼顾并综合反映上述其他行业的一些特点。

2. 会展营销的双重性。参展商通过租用展位或展览场地来参加会展,观众来会展观看参展商的展位和展品,展位是会展营销借以联系参展商和观众的重要媒介。会展营销以有形的展位和展览场地为媒介来销售一种无形的服务,使会展营销具有有形的产品营销和无形的服务营销的双重特性。

3. 会展营销的复杂性。会展的主要客户是参展商和观众,而参展商和观众的来源不仅复杂,而且数量都十分庞大,他们参加会展的动机也各异,对会展的需求的内容、种类和变化差异很大。为取得较好的营销效果,会展营销必须适应会展所服务的客户在来源、构成及其需求等方面的复杂性。另外,会展营销还是一种全过程的营销,它不仅在会展的筹备阶段存在,也在其开幕后的实施阶段和闭幕后的结束阶段存在。

4. 会展营销的依存性。会展业是一个既受经济环境和社会环境的制约,也受政治环境和会展题材所在产业的发展状况制约的产业,经济、社会、政治和会展题材所在产业的发展变化无不影响着会展业的发展。会展业对上述环境存在依存性,会展营销不能脱离这种依存性而自行其是。

理解会展营销的上述特征对我们正确地制订会展营销计划非常重要,它可以告诉我们会展营销的着眼点和重点在哪里,会展营销要满足的目标客户的需求在哪里等,理解了这一点,我们就不会盲目地去套用传统的产品营销的方法来营销会展,也不会使营销会展时偏离正确的方向。

1.1.2 会展营销的类型

会展营销和会展的招商与招展密切相关,它对招揽企业参展、吸引观众到会参观以及提升会展的知名度和美誉度有很大的作用。在会展筹备的不同阶段,会展营销的目的和重点是各不相同的:在会展的最初筹备阶段,会展最需要营销在招展和扩大会展知名度方面的支持;在招展工作已经深入进行后,提高会展的招商效果是会展对营销的最大期望;当招展和招商工作都已经完成,提高会展的美誉度是会展分配给营销的最大任务。根据会展筹备不同阶段的不同需求,会展营销可以分为以下五种类型:

1. 显露型会展营销。以迅速提高会展的知名度为主要目的,营销的重点是会展的名称、办展时间和办展地点等简单明了、便于记忆的会展信息。这种营销多在会展创立的初期实施,或者是在会展已经有了一定的名气后作为对客户进行定期"提醒"之用。

2. 认知型会展营销。主要目的是使受众全面深入地了解会展,增加受众对会展的认知度,营销的重点是会展的特点、优势等较详细的内容。这种营销多在行业对本会展已经有了一些初步了解之后,会展做进一步的招展和招商时实施。

3. 竞争型会展营销。主要目的是与竞争对手展开竞争或进行防御,营销采取与竞争对手针锋相对的措施,是一种针对性很强的营销。这种营销多在本会展受到竞争对手的威胁,或者本会展意欲与其他会展展开竞争时使用。

4. 促销型会展营销。主要目的是在短期内推动会展展位的销售或者招揽更多的观众到会参观,营销的重点是参展商或者观众所关心的主要问题。这种营销多在会展招展和招商时使用。

5. 形象型会展营销。主要目的是扩大会展的社会影响,建立会展的良好形象,营销的重点是追求目标受众对本会展定位及形象的认同,积极与他们进行信息和情感的沟通,增加他们对会展的忠诚度和信任。这种营销几乎可以在会展筹备的任何阶段实施。

上述五种类型的会展营销很多时候共存于一个完整的会展营销计划当中,共同服务于会展成功筹备和顺利举办的需要。从这种意义上讲,这五种类型的营销这时候就是一个完整的会展营销计划的不同实施阶段。

尽管上述五种类型的会展营销所追求的主要营销效果各不相同,但在规划它们时,都要根据它们的实际需要规划好以下四个方面的内容:

1. 时间跨度。也就是营销的时间范围,从何时起到何时止。

2. 地域界限。即营销传播的地域范围。

3. 目标受众。也就是营销主要是针对哪些人的。

4. 性质描述。即要明确营销的主要目的和重点内容是什么,用什么方式将它们准确形象地表达出来并传递给目标受众。

1.1.3　会展营销与传统营销的差异

一般认为,自市场营销学于 20 世纪初诞生以来,传统的市场营销观念经历了生产观念阶段、产品观念阶段、销售观念阶段、市场营销观念阶段和社会营销观念阶段等五个阶段的演变。在中国,会展经济兴起于 20 世纪 90 年代,在初期,会展营销还带有产品观念阶段和销售观念阶段的特色,随着中国会展经济的发展和日益走向成熟,会展营销很快就走到市场营销观念阶段和社会营销观念阶段了。

尽管如此,由于会展经济本身的独有特色,会展营销与传统的市场营销仍有很大的区别:

1. 营销的标的物不同。传统的市场营销主要是以产品生产企业的整体营销行为为研究对象的,其营销的主要标的物是有形的产品;会展营销实际上是以有形的展位和场地为媒介来销售一种无形的服务。无形的服务与有形的产品不论是在生产、提供还是消费上都存在很大差异。

2. 对客户的管理不同。办展单位本质上都是会展服务的提供商,服务的生产和消费过程是统一的同一过程,会展服务的生产过程也是客户参与会展的过程,因此,会展营销既强调以客户为中心和满足客户的需求,更强调对客户的关系管理;传统的市场营销只强调前者,但基本不涉及对客户的关系管理的内容。

3. 对内部营销的重视程度不同。会展服务的生产与消费过程,也是会展服务提供者与客户广泛接触和交流的过程,服务的种类和服务的质量不仅取决于客户的行为,更取决于服务提供者的素质和技能。因此,人的因素在会展营销中占据着显著的位置,会展营销必须重视内部营销来提高服务提供者的素质和技能,提高他们的服务意识。传统市场营销学中的人只是商品买卖行为的承担者,没有将其上升到产品本身的构成要素的高度上来。

4.对有形展示的看法不同。会展服务是无形的,要使无形的服务容易被客户所感知到,会展营销就必须研究对无形服务的有形展示问题,即以何种方式、途径、技巧和场地将无形的服务有形地展示给客户看。传统的市场营销本身就是营销有形的产品,因此基本不存在这样的问题。

5.对过程的着眼点不同。会展服务的生产与消费过程融为一体,会展服务的提供者在与客户的广泛接触和交流过程完成了服务的生产,客户也在这一过程中消费了服务,会展服务的提供者与客户接触的"真实瞬间"及其过程,是客户评价会展服务好坏的重要因素之一。为此,会展营销十分重视服务过程或流程的优化和合理性,传统市场营销在这一点上往往不很重视。

6.对公共关系的重视程度不同。由于牵涉面十分广泛,举办会展往往既是一种商业活动,也是一种社会活动。会展的成功举办,离不开社会公众和各界、会展题材所在产业的企业及组织、政府部门、消防、安全、交通等许多方面的支持和配合。因此,搞好公共关系在会展营销中具有重要的地位;传统市场营销对公共关系的重视程度没有会展营销这样高。

1.2　会展营销的目标、原则和过程

会展本身仅仅是各种服务的一个有形载体,从本质上看,会展营销是在营销会展的各种服务。正是为了享受这些服务,企业才来参展,观众才来参观。如果享受不到这些服务,会展对他们来说就是形同虚设。为达到较好的营销效果,会展营销者必须了解会展营销的目标、原则和过程。

1.2.1　会展营销的目标和任务

会展营销的目标服务于会展的总体经营目标,它是会展总体经营目标的组成部分之一,会展营销的目标不能脱离会展的总体经营目标而自行其是。一般地,会展营销的目标主要有四个,即销售增长目标、市场占有目标、会展盈利目标和会展形象目标。

1.销售增长目标。销售增长是会展能取得经营发展的前提,没有一定的销售增长,会展的经营将没有存在的基础。会展的销售增长有多种含义。从会展的类别来看,会展的销售增长表现在两个方面:对以展位费盈余为主要盈利模式的会展来说,销售增长即是展位或场地的销售增长,门票及其他收入只是补充;对以门票收入盈余为主要盈利模式的会展来说,销售增长即到会观众数量的增长(或门票销售的增长),展位费及其他收入是补充。从销售的数量来看,会展的销售增长也表现为两个方面:一是销售量的增长,如展位或门票销售的数量增长;另一是销售额的增长,也就是用货币统一表示的展位或门票销售数量的增长。有时候,只看展位或门票销售的数量增长不能全面反映问题,因为该数量不涉及价格因素的影响。所以,会展营销在关注其销售增长目标的实现程度时,应当特别重视销售额的增长情况。

2.市场占有目标。市场占有率的大小如何反映了客户对会展的忠诚度如何和会展的市场地位如何,它往往比销售的增减更稳定,一旦建立起来就不容易改变。因此,在追求销售增长的同时,会展更应该追求扩大市场占有率。对会展来说,市场占有率有两个方面的含义:一是传统意义上的市场占有率,即会展在该题材会展市场上所占有的份额,它能反映出本会展的市场地位如何;另一是企业参展支出的份额,即一家企业参加本会展的费用支出占它一年内参加所有同类会展支出的总额的比例,这个比例的大小能反映本会展在企业心目中的地位。如果比例较小,说明该企业更加重视其他会展;反之,则说明它比较重视本会展;如果该比例等于一,则说明该企业除本会展外其他同类会展都不参加。要扩大会展规模,就要努力提高会展在该题材会展市场上所占有的份额;要提高会展的档次,就要努力提高本会展在企业参展支出中的份额。

3.会展盈利目标。无论是销售增长还是扩大市场占有率,都是以一定的人力、财力和物力的投入为代价的,如果不能在计划的时间内实现盈利,会展的经营将无以为继。为此,实现会展盈利也是会展营销的主要目标之一。盈利目标有长远目标和短期目标之分,这两者之间往往会有冲突。因此,在规划会展营销的盈利目标时,要注意把握好两者之间的关系,尽量做到两者兼顾。

4.会展形象目标。会展良好形象的建立不仅有助于提高客户的忠诚度,还有助于增强会展的竞争实力和扩大市场占有率,而且更使会展的经营环境得以改善。改善和建立会展的良好形象,是会展营销的主要目标之一。建立会展的良好形象,从根本上讲是要强化会展与客户或社会之间的一致性,消除或淡化他们之间的对立。

为达到上述四大目标,在具体实施时,会展营销常常肩负着要完成如下具体任务:

1.促进会展招展;

2.促进会展招商;

3.建立会展的良好形象,创造会展竞争优势;

4.协助业务代表和代理们顺利展开工作;

5.指导会展内部员工如何对待客户。

【经典案例】

会展营销任务的阶段性

在会展营销的实践中,会展营销所肩负的五个主要任务是具有很强的阶段性和媒体使用差异性的,为圆满完成这五个任务,会展营销计划在不同的营销阶段对它们的营销重点规划和媒体使用是不一样的。

例如,A 展会对这五个营销任务的完成阶段规划如下:在展会开幕日期六个月以前,会展营销的任务主要以促进展会招展为主;在展会开幕日期六个月以后,展会营销的重点逐步转为以促进观众到会参观为主;展会在大众媒体上的营销主要以建立会展的良好形象、创造会展竞争优势为主;在专业媒体上的营销以促进展会招展和招商为主。

在上述任务中,第五项是最容易被会展营销所忽视的任务。很多会展在制订营销计划时,其目标受众是"只对外不对内",忽视了对自己内部员工的营销,使会展营销内外脱节。其实,会展营销很多时候宣传的都是会展的经营和服务理念,这也是员工努力的方向,它可以给员工的行为和服务以很好的指引,引导员工更加善待客户。会展一定要让所有的员工都能按营销时的承诺行事,努力实现那些承诺。忽视了这一点,会展的营销工作就会内外脱节,会展营销的效果就会大打折扣。

会展营销的目标和具体任务是一个完整的体系。一方面,在会展的营销活动中,会展营销的任何一个目标和任务都不能忽视;另一方面,在会展营销的不同时间和不同环境下,会展营销的目标和具体任务组合又是不一样的,各个营销目标和任务的主次地位不同、要求实现的程度和层次有异、要求达到的时间界限也不一样。兼顾上述两方面,会展完整的营销目标和具体任务组合体系才能建立起来。

建立会展完整的营销目标和具体任务组合体系,必须遵循层次化、数量化、可实现性和协调性四大原则,如表 1-1 所示。

表 1-1　建立会展营销目标和具体任务组合体系的原则

应遵循的原则	描述
层次化	构成会展营销目标和具体任务组合体系的各目标和具体任务应主次分明,突出重点
数量化	构成会展营销目标和具体任务组合体系的各目标和具体任务应尽量可以被度量和用定量的方法衡量
可实现性	构成会展营销目标和具体任务组合体系的各目标和具体任务应是切实可行的,是会展经过努力可以实现的
协调性	构成会展营销目标和具体任务组合体系的各目标和具体任务应协调一致,不追求某单个目标或具体任务的最优,而是追求各目标和具体任务的综合效应最优

1.2.2　会展营销的原则

会展营销目标和具体任务组合体系受会展内部和外部环境两方面因素的影响。在外部环境方面,市场需求、政府的政策和产业环境的变化会导致会展营销目标的变化;在内部环境方面,会展的经营目标、管理手段和核心能力会影响会展对营销目标和具体任务的选择。

为达到上述营销目标或完成上述具体营销任务,在进行会展营销时,我们除了要注意上述两方面因素的影响外,还要注意使其紧扣会展营销的独有特点,在以下原则的指导下进行:

1. 强化有形展示。有形的东西总会比无形的东西更能给人留下深刻的印象。会展营销要努力将客户看不见的各种无形的会展服务用有形的形式展示出来,让客户对这些服务看得见、摸得着,切实感觉到自己参加会展就能享受到这些服务。

2. 重视口碑沟通。不管是企业参展还是观众参观会展,口碑传播对他们的最终决策都有着重要的影响。有项调查研究表明,当某个会展的知名度还不高时,有 40％ 左右的观众是因为同行或熟人的推荐才去参观这个会展的。会展要重视口碑传播,努力使满意的客户带来更多的客户。

3.只承诺能提供的。会展营销时向客户承诺什么非常重要,因为客户可能会基于这些承诺而对会展产生各种期望,如果届时会展无法实现当初的承诺,客户将会非常失望,会展因此也将受到极大的伤害。会展营销时只承诺会展能提供的东西,避免客户对会展产生过高的期望。

4.注重营销的连续性。会展营销要有连续性,对会展定位、主题、优势和特点等的宣传要一如既往,不能变幻不定,只有这样,会展才能在客户心目中留下深刻的印象,否则,客户将会无所适从。

5.不忽视内部营销。会展本质上是给客户提供一种服务,这些服务有许多是要通过会展的工作人员来完成的,因此,员工不仅要明白需要向客户提供哪些服务,还要明白如何提供这些服务并努力提高服务的质量。会展营销不仅要面对会展以外的客户,还要面对会展的内部员工,要让员工明白会展对客户做出的各种承诺,并鼓励员工向客户提供高质量的服务来实现这些承诺。

6.使用行业和客户熟悉的语言。会展营销要尽可能地使用行业和客户熟悉的语言,不要使用太抽象的描绘而影响客户对会展的认识和理解,也不要用一些模棱两可的语句而误导客户对会展的期望。

1.2.3　会展营销的过程

会展营销活动一般包括分析会展营销环境、研究和选择目标市场、确定会展营销目标、明确会展营销策略、制定会展营销计划、对会展营销进行组织及执行和控制等六个环节。如图 1-1 所示。

1.分析会展营销环境。清楚地了解自己所处的环境,是会展进行有效营销的前提,否则,就像在黑夜中前行,时刻都不知道自己在哪里和周围有什么。分析营销环境是为了寻找机会,发现威胁。会展营销环境有宏观环境和微观环境之分。宏观环境是指那些不与会展发生直接的经济联系,但会给会展带来市场机会或造成威胁的社会力量和因素,主要由人口环境、经济环境、自然环境、科学技术环境、政治法律环境、社会文化环境等所具体构成;微观环境是指与会展存在直接的经济联系,并对会展构成直接影响的各种力量和因素,主要包括办展单位内部环境、目标客户、同类会展、营销中介、服务商和社会公众等因素。分析营销环境寻找的机会,有环境机会和会展机会之分,环境机会是指环境对所有同类会展提供的机会;会展机会是指与某一具体会展相适应或可利用的环境机会。环境机会对所有同类会展都是一视同仁的,但对某一具体会展而言,因内部条件限制,它有时候却是可望而不可即的机会。

2.研究和选择目标市场。研究和选择目标市场是对会展可把握的机会的进一步研究,以从中发现和确认会展的目标市场并进行会展定位。为完成本环节,首先必须进行市场预测和市场细分。**市场预测**是对市场提供的机会进行的描述,以了解市场的需求和变化趋势,判断机会对会展的可利用程度,筹备会展需要投入的资源;**市场细分**是将一个市场划分为一系列具有不同特征的细分市场,会展判断自己可以进入哪一个细分市场。通过以上两步选择了目标市场以后,会展还必须对自己进行定位,即要确定自己计划在客户心目中和市场上占据一个什么样的位置,留下什么样的印象。

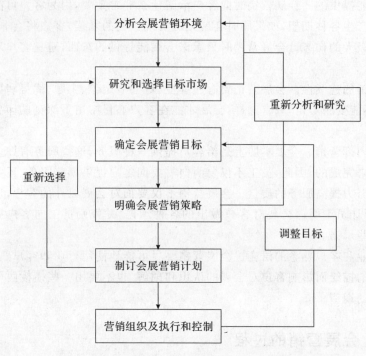

图 1-1　会展营销过程

3.确定会展营销目标。在既有环境的约束下,在选定的细分市场中和在已有的会展定位的指导下,会展营销下一步要做的就是确定自己的目标和具体任务。只有目标和任务明确了,行动才会有方向。

4.明确会展营销策略。在明确了市场竞争态势和会展的市场竞争地位的情况下,会展在营销目标的任务的指导下,要进一步研究和确定营销的策略。会展营销策略有赖于对会展营销诸要素的组合和运用,也有赖于对会展营销模式的规划和实施。

5.制订会展营销计划。营销策略只有转化为可执行的营销计划才能被切实运用和实施,会展营销计划是会展营销策略的具体化。在会展营销计划里,不仅要把确定的营销策略贯彻执行,还要规划好营销的费用预算、营销组合、营销模式和为实现营销目标而进行的资源分配方案等。

6.对会展营销进行组织及执行和控制。完成上述各环节以后,就要对执行营销计划的工作人员和部门进行组织,建立一定的组织机构来具体执行营销计划,以使营销计划在该部门的牵头和其他相关部门的配合下得到圆满实施。在实施营销计划的过程中,还要对实施的各环节进行控制,以发现偏差,调整方向,确保营销目标的实现。

上述六个环节是进行会展营销的通常过程,在这一过程中,每一个环节都是其下一个环节的前提,并根据下一个环节的信息反馈对上一个环节进行适当的调整和改进。其中,营销目标必须与营销环境和细分目标市场的状况相适应,否则,就要重新研究环境和选择目标市场;营销计划的制订是在目标市场的约束下进行的;而通过营销组织、执行和控制环节的信息反馈,如果发现营销目标脱离实际,就要调整目标并重新研究可行的营销策略和修订营销计划,只有这样,会展营销才能取得最佳效果。

1.3　会展营销的导向

营销导向是解决会展营销应在什么样的思想指导下进行的问题。思想决定行动,有什么样的指导思想就会产生什么样的具体行动,思想不对,行动就会出现偏差。会展营销的导向一般有四种:会展服务导向、会展功能导向、客户满意导向和客户价值导向。

1.3.1　会展服务导向

从本质上讲,办展单位是一家服务提供商,其核心业务是向以参展商和观众为代表的客户提供各种会展服务。会展服务是一个会展区别于其他会展的重要手段,也是会展取得竞争优势的重要武器。在会展竞争的手段和策略日益同质化的今天,会展竞争优势的取得很多时候来源于优质的会展服务。为此,一些会展的营销策略,主要是以对外宣传推广会展能提供的各种服务为导向而展开的。

从不同角度看,会展所提供的服务可以分为不同的种类,如表 1-2 所示。

表 1-2　会展提供的主要服务分类表

分类角度	各种服务	描述
服务的对象	对参展商的服务	包括:通报会展筹备情况、提供行业发展信息、提供贸易成交信息、展示策划服务、展品运输、邀请合适的观众到会参观、展位搭建、展览现场服务、商旅服务等,其中,邀请到一定数量和质量的合适观众到会参观是会展提供给参展商最重要的服务
	对观众的服务	会展服务的观众有专业观众和普通观众两种。对专业观众的服务包括:通报会展展品信息、提供行业发展信息、产品供给信息、招揽合适的参展商到会展出、会展现场服务、商旅服务等,其中,招揽到一定数量和质量的合适的参展商是会展提供给专业观众最好的服务
	对其他方面的服务	新闻媒体、行业协会和商务、行业主管部门、国际组织、国外驻华机构等
服务提供的阶段	展前服务	会展开幕前提供给参展商、观众和其他各方面的有关服务。如会展筹备情况通报、展品运输、参展参观咨询、展示策划服务等
	展中服务	会展开幕期间及展览期间给参展商、观众和其他各方面所提供的服务。如现场安全保卫、清洁卫生、观众报到登记等
	展后服务	会展在闭幕以后继续提供给参展商、观众和其他各方面的后续服务。如邮寄会展总结、会展成交情况通报、介绍会展参展商和观众的来源与构成等

续表

分类角度	各种服务	描述
服务的功能	展览服务	会展从宏观上提供经济和社会两种服务,从微观上提供产品展示、贸易成交、新产品发布、展示策划等服务
	信息咨询服务	会展提供的有关行业发展、贸易需求、行业动态、市场分析等信息及其咨询服务
	商旅服务	会展提供的商旅咨询和组织商旅考察等服务
服务提供的方式	承诺服务	会展事先对自己拟向客户提供的服务方式和服务质量等向客户提出承诺,然后严格按照承诺向客户提供服务
	标准化服务	会展对自己向客户提供的各种服务制定统一的标准,然后严格按照标准向客户提供规范的标准化服务
	个性化服务	会展根据各个客户的不同需求,对不同的客户提供适合其需求的有差别的服务
	专业服务	会展根据展览行业实际需要,由经过培训的专业员工,以专业的手段和方式,为客户提供的各种服务

对于表 1-2 中的各种服务,在会展营销时要特别注意以下三点:

1. 会展所服务的参展商和观众,不仅包括会展现有的参展商和观众,还包括会展潜在的参展商和潜在的观众。

2. 会展的各种服务商,如展位承建商、展品运输商、指定旅游公司和指定酒店等对会展客户提供的服务也是会展服务的重要组成部分,参展商和观众通常都把它们看成是会展直接提供的服务,不能因为会展将这些服务外包给其他专业机构负责就忽视它们的存在,或者干脆就认为它们不是会展服务的组成部分。如果这些服务不好,参展商和观众就认为会展的服务不好,这些服务中的任何失误都将被参展商和观众归结到会展身上。因此,对于这些服务,会展要委托高质量的专业机构来完成,并时刻监督和跟进其服务质量。

3. 很多会展往往只注重展中服务,对展前服务只是被动地提供,对展后服务很不重视而根本没有什么展后服务。其实,展前服务、展中服务和展后服务都是会展服务的重要组成部分,对任何一部分的忽视都会严重影响到会展服务的质量。

1.3.2 会展功能导向

现代营销学讲究以客户为中心,营销要围绕客户的需求来进行。以会展功能为导向的会展营销,是在了解客户需求的基础上,以不断调整和改进会展的功能为手段来满足客户的需求。

会展营销的会展功能导向与传统营销观念的"产品观念阶段"或"销售观念阶段"的营销思想有很大的不同:会展营销的会展功能导向是以满足客户的需求为出发点来不断调整和改进会展的功能,它将会展的功能作为营销的着力点和主要卖点,宣传会展的功能是手段,满足客户的需求是目标;传统营销观念的"产品观念阶段"或"销售观念阶段"的营销思想,主要是围绕会展本身来进行,它们忽视客户的需求,更不用说会展对客户需求的回应。

　　会展的功能集中从两个方面表现出来:从政府或行业的宏观角度看,会展具有经济的和社会的双重功能;从会展主办单位或参展商和观众的微观角度看,中小型专业会展具有贸易、展示、信息和发布四大功能。如表 1-3 所示。

表 1-3　会展的主要功能一览表

分类	主要功能	描述
宏观	经济功能	通过举办会展取得直接的经济效益以及带动相关产业的发展的功能
	社会功能	通过举办会展而达到一定的社会、政治和文化目标
微观	贸易功能	会展促成有关方面达成贸易成交的功能
	展示功能	会展为参展单位提供展示其单位或者其他相关参展物品形象的功能
	信息功能	会展聚集和传递各种信息的功能
	发布功能	会展为新产品、新设计、新趋势以及其他方面提供发布平台的功能

　　在会展的宏观功能层面,会展的经济功能和社会功能是相互促进、相辅相成的。一方面,会展要有良好的经济功能才能取得良好的经济效益,会展才能越办越好,规模越办越大,并带动相关产业的发展,从而为会展承担一定的社会功能提供良好的经济基础;另一方面,会展一旦被赋予了一定的社会功能,就能得到政府、社会和行业等各方面的重视,取得良好的社会效益,使会展能很好地和可持续地发展,为会展更好地实现其经济功能提供良好的社会保障。

　　在会展的微观功能层面,贸易、展示、信息和发布四大功能往往同时存在于同一个会展里,这四项功能都很强的会展,往往就是该行业内的顶级会展;这四项功能中的某一项很强,该会展就已经是该行业中很好的会展了。在会展发展的不同阶段,会展对上述四项功能供应的侧重点往往有所不同;在同一个会展里,不同参展商和观众对上述四项功能的需求也不一样。

　　对于大型专业会展来说,其微观功能比中小型会展要更进一步:它比中小型会展更有行业特性,更有引领特性,其社会活动的特性也更明显。因此,大型专业会展除了要聚焦贸易成交功能外,还要打造设计引领、时尚发布、渠道维护和行业交流等功能。如图 1-2 所示。

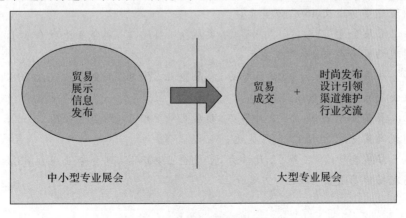

图 1-2　从微观角度看会展的功能

会展营销的会展功能导向的主要目标是通过宣传会展的功能来吸引客户,这种营销导向对那些差异化特征很强烈、会展某项或某些功能很强大而竞争对手又无法复制和模仿的会展十分有效。

【经典案例】

马来西亚中国进出口商品展览会的功能营销

马来西亚中国进出口商品展览会创办于 2004 年,每年 12 月在马来西亚吉隆坡 KLCC 举办,展会由我国商务部主办,是我国在国外举办的成功的商业化和市场化的展会之一。该展会在创立之初,是作为中、马两国建交 30 周年庆典活动的一个组成部分而设立的。展会创办的主要宗旨是促进中国与马来西亚以及东盟各国之间的经济和贸易关系,引领中国企业走向马来西亚以及东盟市场,同时也引导马来西亚以及东盟企业走向中国市场。以下是节选自该展会一份营销资料的部分内容:

1.进出口相结合,展会功能更加多样化

在 2004 年创立之初,本展会 97% 的参展企业来自中国,当时,展会的主要功能被设定为:为扩大中国和马来西亚及东盟双边贸易服务,带领中国企业走向东盟市场。近年来,随着中国—东盟自由贸易区建设的推进和中国与东盟各国的双边经济、贸易和投资关系日益密切,本展会的功能也更加多样化:不仅是促进中国企业对马来西亚及东盟市场出口,还力求促进马来西亚及东盟国家的企业对中国的出口;不仅带领中国企业来马来西亚及东盟寻求招商引资,还带领中国企业来马来西亚及东盟市场寻求投资机会。从 2007 年展会开始,已经有一些马来西亚及东盟的产品通过本展会出口到中国市场并取得了相当的成功,本届展会将继续丰富展会的这项功能,努力使展会不仅为中国企业也为马来西亚及东盟国家企业寻找新市场和新的贸易与投资机会服务。

2.历届展会的现场贸易成交记录一览

第 1 届展会于 2004 年 12 月举办,参展企业 162 家,到会专业观众 8136 人,展会期间现场贸易成交 4562 万美元;

第 2 届展会于 2005 年 12 月举办,参展企业 170 家,到会专业观众 6315 人,展会期间现场贸易成交 4653 万美元;

第 3 届展会于 2006 年 12 月举办,参展企业 270 家,到会专业观众 7082 人,未统计展会期间现场贸易成交额;

第 4 届展会于 2007 年 12 月举办,参展企业 200 家,到会专业观众 8013 人,展会期间现场贸易成交 4892.5 万美元;

第 5 届展会于 2008 年 12 月举办,参展企业 203 家,到会专业观众 8325 人,展会期间现场贸易成交 4721.5 万美元。

1.3.3　客户满意导向

以客户满意为导向的会展营销,是在以客户为中心的基础上,把客户的现实需求和潜在需求作为自己的出发点,在会展经营和营销的各个环节尽量满足客户的需求,使客户感到满意。

以客户满意为导向的会展营销处处以满足客户的需求为自己的责任和义务,客户满意是营销的重点和着眼点。客户满意是客户参加会展后对会展的综合满意的程度,它可以分为纵向三个层次和横向五个层次,如表1-4所示。

表 1-4　客户对会展满意的层次分析

层次	满意类别	描述
纵向	物质满意	客户对会展的功能、品质、定位和效用等感到满意,这是客户对会展满意的核心层
	精神满意	客户对会展的服务、环境、工作人员的态度等感到满意,是客户对会展满意的外延层
	社会满意	对会展对社会利益的维护感到满意
横向	对办展理念的满意	包括对会展的定位、价值观、经营理念和经营哲学等的满意
	对会展营销的满意	会展的运行状态给客户带来的满意程度
	对会展 VI 的满意	会展的有形展示和外在形象给客户的满意程度
	对会展实物的满意	包括对会展包装、档次、价格等的满意程度
	对会展服务的满意	包括对会展服务的专业性、规范性、灵活性、及时性以及便利性等的满意

客户对会展的满意程度常常用"客户满意度"指标来表示。客户满意度是客户在参加会展前对参加会展的期望与其参加会展后对会展的实际感受的吻合程度来决定的,用比例法表示为:

$$客户满意度 = \frac{参加会展的实际所得}{参加会展的期望所得}$$

在上述公式中,"参加会展的期望所得"是客户在参加会展前,根据种种信息而对会展产生的期望,或者说是客户认为自己参加会展能够实现的利益;"参加会展的实际所得"是客户参加会展后的真实所得,即他们参加会展而得到的实际利益。如果两者的比例小于1,客户就不是很满意,例如该比例为 80%,则表示客户只是 80% 满意;如果两者的比例等于1,客户就是 100% 满意;如果两者的比例大于1,客户的满意度就超出了 100% 满意,这时,客户不仅会感到满意,而且还会产生意外的惊喜。

会展的客户满意目标不是客户基本满意,而是"客户惊喜",即努力使客户在会展的实际所得大于客户参加会展的期望所得。为此,会展必须深刻理解客户对会展的期望以及客户参加会展的不同需求,理解客户对会展满意的上述不同层次。

有些因素会极大地左右客户对会展的满意度,如表 1-5 所示。

表 1-5　影响客户对会展满意度的主要因素一览表

相关因素	描述
宣传推广	影响客户对会展期望的形成
会展的效果	是客户参加会展的基本理由
会展服务和系统支持	会展同质化严重时一个会展区别于其他会展的重要手段
会展现场环境因素	会展现场环境布置、展位装修等影响客户对会展的满意度
承诺的兑现	如果会展不能兑现当初的承诺,客户在会展期间必然会意外遇到各种各样的问题
与客户互动	工作人员与客户互动过程和结果影响客户对会展满意度
情感因素	每一个客户都有被尊重的需要

从上可见,影响客户满意度的因素从会展本身到会展服务,并逐步深入到人际互动和正面的情感因素。客户需求的层次越来越高,而会展如果能使客户满意,那么,会展为客户创造的价值将越来越高,客户与会展的关系也会越来越稳定,会展的市场竞争态势必越来越激烈。

【经典案例】

香港礼品及赠品展的客户满意导向营销

由香港贸发局举办的"香港礼品及赠品展"是全球规模最大的同类展览会。这个为期 4 天的展览会共有来自 40 个国家及地区的超过 3900 家企业参展,其中包括 15 个国家、地区及组织的展馆,吸引了来自 147 个国家及地区的超过 5 万名买家到场参观。该展会非常善于引用客户的话语、运用客户满意导向的策略来营销自己。

以下参展商评语是该展会宣传的内容之一:

香港千陆公司总经理评价该展会:"我们通常会在这个展览会见到本公司的现有客户,他们主要来自欧美等市场。今年,很多来自其他市场的买家均对我们的产品感兴趣。一些来自亚洲和俄罗斯的新客户已向我们落单订货。对本公司来说,这是一个重要的展览会,因为我们可以在会上接触到全球各地的买家,其他展览会则有所不及。"

意大利 MICART Srl 公司董事总经理 Daniela Regazzi 评价该展会:"我们以前曾到这个展览会参观,主要目的是物色供应商。今年我们决定参展,因为本展会已成为全球最重要的业内展览,汇聚世界各地的业者。"

以下买家评语也是该展会宣传的内容之一:

沙特阿拉伯 Amaq Alriyadh Trading Corp 公司销售及市场推广经理 Yousaf Sohail 评价该展会:"这是一个重要的采购盛会,每年均为我们提供机会,搜罗新产品。这个展览会办得一年比一年好,设施和服务都很完善。我计划订购总值高达500 万美元的产品。"

另一买家评价该展会:"我认为这是全球最佳的采购盛会。大会组织完善,我与参展的供应商洽谈交易,从未出现问题。香港是举行展览会的理想城市,这里酒店林立,交通方便,市民友善,气候怡人,娱乐多姿多彩,而且餐厅质素一流。"

1.3.4 客户价值导向

以客户价值为导向的会展营销,是在以客户为中心的基础上,把向客户提供超越其心理期待的价值作为重点和出发点,在会展经营和营销的各个环节尽量为客户创造更多的价值。

所谓客户价值,是指客户获取价值,即客户从参加会展及其服务中所获得的总价值减去为参加会展而支出的总成本。即:

客户获取价值=客户总价值-客户总成本

客户总价值是客户从参加会展及享受其服务中所获得的全部收益,包括五个方面:会展价值、服务价值、人员价值、形象价值和个人价值。客户总成本是客户为参加会展而支出的所有耗费,包括:货币成本、时间成本、精力成本和心理成本四个方面。如表 1-6 所示。

表 1-6　构成客户让渡价值的各因素一览表

分类	构成	描述
客户总价值	会展价值	会展的功能、特点、品质等会展自身的效果,是客户总价值的第一构成要素,对客户有核心吸引力
	服务价值	参加会展的过程也是客户享受会展服务的过程,会展服务是与会展密切相关但又可以独立评价的一个会展附加价值
	人员价值	会展工作人员和服务人员的语言、行为、服饰、服务态度、专业知识、服务技能等影响客户对会展价值的评价
	形象价值	以会展品牌为基础的会展形象价值
	个人价值	客户参加会展时在增加个人知识和阅历、广泛开拓社会关系网络等方面的受益
客户总成本	货币成本	客户参加一个会展所产生的所有货币支出
	时间成本	客户参加一个会展所花费的时间的机会成本
	精力成本	客户在参加会展时在精神和体力等方面的支出
	心理成本	客户参加会展时的各种心理担忧和风险预期

客户考虑是否参加一个会展的过程其实就是客户对这些价值和成本进行比较参考的过程:如果客户收获的价值比付出的成本高,那么,客户就认为参加会展比较"值得",他们就可能参展或者继续参展;如果客户付出的成本大于所收获的价值,那么,客户就认为参加会展"不值得",他们就可能不考虑参加该会展了。

为了让客户最大限度地从参加会展中获取价值,会展有三种办法可以选择:一是在保持客户参加会展的总成本不变的前提下增加客户的总价值;二是在保持客户参加会展获得的总价值不变的情况下努力减少客户参加会展的总成本;三是在增加客户参加会展获得的总价值的同时努力减少客户参加会展的总成本。

对参加会展可能获取的五个方面的价值收益,客户在参加会展之前往往就有一定的心理期望。如果会展事先对此有充分的感知并做好充分的准备,客户参加会展的价值收益必将大大增加;反之,如果会展对此漠然视之或者挂一漏万,客户参加会展的总收益必然会大大缩减。所以,会展不仅要努力搞好自身的建设,还要时刻关注从会展、服务、人员、形象和个人价值等方面增加客户的价值收益,并通过会展营销将这些努力告诉客户,使会展对客户更具有吸引力。

和对参加会展可能获取的价值收益事先有期望一样,客户基于自己以往的经验或者别人参加会展的经历,在参加会展前对参加会展所要付出的各种成本往往也有一个心理预期。如果会展事先感知到这一点并做好充分准备,采取相应的措施尽量减少客户参加会展所付出的总成本,那么,客户参加会展的价值收益必将大大增加。值得一提的是,减少客户参加会展的成本并不仅仅局限在减少他们参加会展的货币支出,还必须减少他们的时间成本、精力成本和心理成本。

客户价值和客户成本有些可以精确计算,如贸易成交额和货币支出等;有些只能为客户所感知但不能精确计算,如会展的服务价值和客户心理成本等。另外,客户价值和客户成本是一种相对的指标,不同的客户对会展的价值收益期望和成本付出预期是不一样的,即使是同一客户,他在不同的时期对同一会展的价值收益期望和成本付出预期也是不同的。所以,会展通过营销等多种途径及时与客户沟通,多与客户交流,并及时采取措施解决问题,对增加客户价值收益和减少客户成本付出将会有很大的帮助。

1.4　会展营销的要素组合

会展营销的要素组合是会展对能实现其营销目标的各种可控因素的组合和运用,会展营销的独有特征使其可组合使用的各种营销要素也与其他行业有所不同。会展营销的要素组合要符合会展行业的需要,不能盲目照套传统的营销四要素理论。

1.4.1　会展营销的八要素

前面提到,会展营销实质上是以有形的展位或场地为媒介来销售一种无形的服务,这种服务就是办展单位以会展为媒介,从多个方面为参展商和观众提供的各种服务。会展营销的这种特点,使它具有有形的产品营销和无形的服务营销的双重特性。

会展营销的有形产品营销特性,要求会展营销能熟练使用产品、价格、渠道和促销等产品营销要素;会展营销的无形服务营销特性,要求会展营销能熟练使用人、有形展示和过程等服务营销要素;会展营销既是在营销一项商业活动,也是在营销一个社会活动,这一特性使它必须充分重视公共关系。换句话说,会展营销的营销要素有八个,它们是:产品(product)、价格(price)、渠道(place)、促销(promotion)、人(people)、有形展示(physical evidence)、过程(process)和公共关系(public relation),统称为会展营销的"8P"。如表1-7所示。

表1-7　会展营销的要素一览表

营销要素	描述	说明
产品	包括会展的题材领域、质量、档次、品牌、服务项目以及展前、展中和展后服务的质量等	传统营销学或普遍意义上的营销4P
价格	包括会展的价格水平、折扣幅度、付款条件、客户对会展的认知价值、性价比和差异化等	
渠道	包括会展举办地、可到达性、分销渠道、分销的题材或地理区域范围等	
促销	包括各种形式的广告和宣传、人员推销、电话推销、营业推广等	
人	包括与办展单位人力配备有关的训练、激励、外观和人际关系,与会展客户有关的参与程度、行为和接触度,以及上述两者的态度	会展营销是在营销一种服务的特性所要求的3P
有形展示	包括与会展现场环境有关的装潢、色彩、陈设和噪音水准,与服务有关的装备设施和实体性线索等	
过程	包括与会展流程有关的流程设计、参加会展的规则、手续和流程机械化程度,与客户有关的客户参与度和客户取向,以及会展员工的裁量权等	
公共关系	包括公共关系意识以及与行业组织、政府部门、社区民众和新闻媒体等有关的公共关系宣传和活动等	会展是社会活动所决定的1P

为更好理解会展营销的八要素,下面对它们做进一步的补充说明:

1.产品。会展营销中的产品有双重含义:它既指整个会展也指会展中的某个特定的展位本身。从会展的角度看,会展的题材、质量、档次、品牌效应、服务质量和服务项目等无不对会展营销产生影响。从某个特定展位的角度看,展位的位置好坏和面积的大小直接影响到展位的销售和观众参观的便利性。

2.价格。会展价格是企业识别不同会展的一项综合指标。在执行价格策略时,不仅要考虑价格水平、折扣幅度、付款条件等有关绝对数量指标,还要考虑客户对会展的认知价值、会展的质量价格比(即通常所说的"性价比")、差异化系数等有关相对数量指标。

3.渠道。会展所在地以及它在地缘上的可到达性是影响会展营销的重要因素,那些在交通便利、信息发达、产业集中的地方举办的会展,吸引力往往较大。地区的可到达性不仅指地理上的,还指传播和接触等其他方式,如宣传信息到达的难易程度、营销渠道的形式及其覆盖的范围等。

4.促销。包括各种形式的广告和宣传、人员推销、电话推销、营业推广等。上述促销方式在会展营销中经常是有选择地有机组合使用。组合促销往往比单一促销更有效率。

5. 人。会展营销中的"人"指两个方面:一是办展单位的工作人员,另一是客户。展览业是"高接触度"性质的服务业,会展工作人员的行为在顾客眼里是会展营销的一部分,其作用也和会展营销人员一样重要;展览业也是一个很重视"口碑"传播的行业,一位客户对一个会展质量的认知,通过口碑传播,会影响与他有关的一大批其他客户。所以,与"人"的关系对会展营销而言非常重要。

6. 有形展示。就是想方设法将无形的会展服务用可以看得见的有形事物表现出来,让客户对无形的会展服务看得见摸得着。有形展示包括对会展现场环境的布置、会展服务设备的实物装备和一些实体性线索等。所谓实体性线索,是指那些能明白提示客户其享受的服务的质量和提醒顾客其正在享受哪些服务的指示物,如公布会展的广告及推广计划等。

7. 过程。会展服务的递送过程在会展营销中也十分重要,态度良好的服务人员能弥补展览中的许多问题,但不能弥补服务流程的缺陷。因为会展运作是一个系统的过程,这个系统是由多方面密切配合协调而成的,会展的运作策略、运作程序、手续、服务中的器械化程度、工作人员的裁量权、顾客参与的程度、咨询与服务的流动性等,都是会展营销者需要特别关注的事情。如果上述过程有阻滞,会展营销效果将遭受打击。

8. 公共关系。会展经济是一种多产业汇合在一起的综合性经济,会展既是一项商业活动,也是一个有大量公众参与的社会活动,公共关系对会展的组展、筹备、开展和服务等多个环节都产生重大影响,很多时候,能否搞好公共关系将直接关系到会展能否如期成功举办。会展业对公共关系的重视程度要高于很多其他产业。

会展营销要能在成本、环境和竞争者的约束下,将上述八要素有机结合起来,进行科学配置和有效组合,制定出科学的营销策略。

1.4.2　会展营销要素组合与传统营销要素组合的比较

会展产业的特殊性使会展营销的要素组合也具有一定的特殊性。会展营销的要素组合既不同于产品营销要素组合,也不同于服务营销要素组合,它是在行业特性的独特要求下,融合了产品营销要素组合和服务营销要素组合的一种综合的要素组合。

和传统营销要素组合相比,会展营销要素组合有以下三点不同:

1. 传统的营销要素 4P 组合不能反映会展营销所具有的服务营销特性。传统的营销要素 4P 组合(产品、价格、渠道、促销)是基于营销有形的产品而提出的,尽管有一定的普遍意义,但它无法满足无形的服务的营销需要。如果只局限于这 4P,营销效果将大打折扣。会展营销的服务营销特性,使它的要素组合必须要包含服务营销的要素内容。

2. 传统的营销要素 4C 组合不能反映会展营销所具有的产品营销特性。传统的营销要素 4C 组合(客户、成本、便利、沟通)对一般的服务业的营销有一定的指导意义和适用性,但对于会展业这种以展位或场地为销售物但实质是提供一种服务的双重特性,适合服务业营销要求的 4C 组合远远不能适应,也不便于会展营销的组织和实施。会展营销的产品营销特性,使它的要素组合一定不能忽视产品营销的要素组合。

3. 会展的行业特性使会展营销更加重视公共关系的作用。会展业的行业特性使它的营销要素组合不能是 4P 和 4C 的简单叠加,它要求它的营销要素组合必须具有适合本行业的内容存在。在传统的营销要素组合中,公共关系仅仅是"促销"的一种手段而已,但基于公共关系在会展业中的重要作用,会展营销比传统营销更重视公共关系的作用。

1.4.3　会展营销的要素组合原则

如果分散使用,上述营销各要素对会展营销目标的实现都有协调的一面,也有相互排斥的一面,有时候,产生的营销效应还可能相互抵消。为此,在进行会展营销时,对上述营销八要素不是单独地随意使用,而是将它们按照一定的营销活动规律和要求组合起来使用,以使它们产生出较好的综合效应。为达到最佳的营销效果,实现会展的营销目标,对会展营销八要素进行组合要遵循以下原则:

1. 整体性原则。会展营销对各种营销要素组合使用,都是围绕着如何更好地实现既定的营销目标而展开的,各营销必须在该营销目标的统领下组合成一个具有合力的有机整体,相互协调,互相配合,不能彼此抵消和互相排斥。在对各要素进行营销组合时,要权衡各要素运用时所产生的正反效应,要尽量发挥各自的正面效应,控制可能的负面效应,使要素组合在营销时发挥最佳效果。

2. 系统性原则。从表 1-7 可以看出,每一个营销要素本身都有一定的层次性,每一个营销要素本身都包含有一系列的具体营销手段,会展营销活动常常是对各种营销要素的组合使用,每一项营销要素组合,都是按一定的层次将各要素组合起来使用的。所以,各营销要素的组合使用,实际是按一定的层次将各要素组成一个系统来使用的。

3. 适应性原则。不论会展的营销目标如何,也不管在一定的目标下对各营销要素进行怎样的组合,面对复杂多变的环境,营销要素组合都要与环境相适应,不能与环境发生冲突。为此,会展必须面对不同的营销环境,灵活地制定不同的营销要素组合方案并灵活地加以运用,只有这样,会展才能适应不同的环境,营销要素组合才能发挥最佳效果。

4. 主动性原则。对各营销要素进行组合使用,其实就是会展对各种可控因素进行的组合运用,当外部环境或会展的内部条件发生变化时,会展应主动调整营销策略,并对营销要素组合进行主动调整,这样,营销效果才能更好。

本章要点

本章是从总体上对会展营销的一些基本内容加以阐述,使人对会展营销有一个总体上的认识。本章要点为:会展营销是以有形的展位和场地为媒介来营销一种无形的服务,会展营销有五种基本类型,它与传统营销有六大不同点;会展营销有销售增长、市场占有、会展盈利和会展形象四个主要目标和其他五大具体任务,有会展服务导向、会展功能导向、客户满意导向和客户价值导向等四种导向,会展营销的过程往往有六个环节;会展营销的要素主要有产品、价格、渠道、促销、人、有形展示、过程和公共关系八个,统称为会展营销的"8P"。

思考题

1. 会展营销的基本特征是什么？
2. 会展营销的基本类型有哪些？分别适用于什么样的会展？
3. 会展营销与传统营销有何不同？
4. 会展营销的具体任务是什么？
5. 试论述会展营销的导向。
6. 试论述会展营销的要素构成及其含义。

第 2 章

会展营销环境分析

会展都生存在一定的环境当中,会展营销活动时刻都受环境及其变动的影响。从某种意义上看,会展营销活动就是会展在努力使自己可控制的内部因素与不可控制的外部因素相适应的过程。为此,会展必须监视环境并预测其变化,识别由于环境变化而带来的机会或威胁,并及时采取适当的应对措施。所以,分析和识别环境及其变化就成为会展营销管理的基础和重要内容。

2.1 会展营销环境的含义和构成

任何经营活动都是生存在一定的市场环境之中,并遵循着“适者生存”的法则。只有那些经营目标和发展战略与市场环境相适应的会展才能获得发展。会展环境分析,首先要准确理解会展营销环境的含义,理解其特点,了解其构成。

2.1.1 会展营销环境的含义

会展营销环境是与会展营销活动有关的所有内部和外部因素和力量的集合。这些因素和力量影响着会展的发展和会展维持与目标客户进行交流和沟通的能力,是会展营销活动的基础。

作为一个开放的商业平台,会展的所有营销活动都发生在一定的环境当中。通过环境分析和识别,会展不断地从外界环境当中吸纳各种资源和信息,不断地与外界环境进行这样或那样的交流和沟通;同时,会展也通过自身的营销活动,不断地向外界环境输出信息和服务,对外界环境施加影响。会展的营销活动就是这样一种不断促使会展和其外界环境进行交流和沟通的活动。

要准确理解会展营销环境的上述含义,就要从总体上把握会展营销环境所具有的客观性、动态性、不可控制性、相关性和可塑性等特点:

1.客观性。这是会展营销环境的首要特点。会展营销环境的客观存在是不以会展营销者的意志为转移的,如果主观臆断某些环境条件或其发展变化趋势,常常会造成营销者的盲目决策,使营销活动遭到失败。

2.动态性。营销环境不是静止的,也不是一成不变的,会展营销环境总是处于不断变化之中的。客户的需求在不断变化,产业结构在不断演进,市场竞争态势在不断演化,会展必须时刻监视环境的变化,在不断变化的动态环境中寻找机会、发现威胁。

3.不可控性。营销环境很多都是会展外部的力量和因素,它们对会展及其营销活动施加这样或那样的影响,但会展在很多时候却无法左右它们,也无法改变它们。

4.相关性。构成会展营销环境的各因素和力量之间并不是彼此孤立、互不相干的,它们总是互相彼此影响、互相关联,一个因素的变化可能会引起其他一系列相关因素和力量的相应变化。会展营销环境的相关性使对营销环境分析的难度加大,分析者必须以系统的观点来看待会展营销环境及其变化。

5.可塑性。环境不仅影响着会展的营销活动,会展的营销活动反过来也影响环境,并促使环境发生某种变化。基于环境的这一特点,会展不但要主动调整营销策略使之与环境相适应,还要发挥自己的主观能动性去营造对自身有利的环境,或使环境向有利于自己的方向发展。

2.1.2 会展营销环境的构成

会展营销环境由宏观环境和微观环境两部分构成。宏观环境是指那些不与会展发生直接的经济联系,但会给会展带来市场机会或造成威胁的社会力量和因素;微观环境是指与会展存在直接的经济联系,并对会展构成直接影响的各种力量和因素。微观环境受宏观环境的制约,宏观环境借助于微观环境发挥作用。

宏观环境主要由人口环境、经济环境、自然环境、科学技术环境、政治法律环境、社会文化环境等构成;微观环境主要包括办展单位内部环境、目标客户、同类会展、营销中介、服务商和社会公众等因素。

一般说来,会展营销环境中的宏观环境的"不可控性"更大,而会展微观环境的"可塑性"则更强。会展对营销环境的适应,既有对环境的依赖,也有对环境的改造。会展营销活动的成败,取决于会展能否适应环境的变化,并以创新的对策去驾驭变化中的营销环境,做到"以变应变"。

2.2 宏观环境分析

宏观环境是能对会展产生影响的各种社会因素,这些因素可能会给会展带来市场机会,也可能会给其造成威胁。宏观环境所包括的因素都是会展本身以外的因素,并且都是会展自身所不能控制的因素,它们有:人口环境、经济环境、自然环境、科学技术环境、政治法律环境、社会文化环境等。

2.2.1　人口环境

营销学认为市场是由有购买愿望并且具备购买能力的人所构成的,人的需求是企业营销活动的基础。会展营销也是如此,只不过,会展营销是针对一些特定的人群,这些特定的人群即为会展题材所在产业及相关产业的厂商、从业人员及经销商等。

1.厂商数量和从业人员数量。从理论上讲,一个产业拥有的厂商数量就是即将举办的会展的潜在参展商和专业观众的数量。如果产业拥有的厂商数量太少,则会展的潜在参展商和专业观众也会较少,会展举办成功的可能性也较小;如果产业拥有的厂商数量较大,则会展的潜在参展商和专业观众也会较多,会展举办成功的可能性也较大。从业人员的数量则在某种程度上反映出了该产业的产业规模的大小,它是会展潜在的专业观众数量。

2.经销商数量和分布状况。除生产企业外,各种经销商也是会展重要的潜在客户。他们既可能是参加会展的参展商,也可能是参观会展的专业观众,因此,准确掌握某一产业的经销商的数量,对展览会本身及其营销有着重要的意义。

3.厂商和经销商的分布情况。了解厂商和经销商的分布情况对指导会展营销活动的地区投放策略有重要作用。我们不仅要掌握厂商和经销商在全国的分布状况,也要掌握其在各省市的具体分布状况。对于国际性的展览会,我们除了要掌握国内的分布状况外,还要尽量多地去掌握该产业在全世界较重要的厂商和经销商的分布状况。

对展销会等注重现场零售的会展来说,人口的数量是市场规模的标志,从人口的分布、结构及变动的趋势可以分析判断出市场需求的特点和发展趋势,这一点对指导这类会展的营销活动非常重要;对专业贸易类的会展来说,更要注重该会展展览题材所在产业及其相关产业的从业人员数量和结构构成,因为从这里能预测会展的专业观众的大约数量,而拥有一定数量和质量的专业观众正是专业贸易类会展的生存之本;对一些消费品类的会展来说,人口结构、居住环境和其消费需求的变动趋势对会展营销有重要的参考意义。

2.2.2　经济环境

经济环境是指那些能对企业参展和观众到会参观产生影响的各种经济因素,如社会经济发展水平,产业利润率的高低,市场规模的大小,产业进出口状况,产业结构状况,会展所在地的住宿、餐饮、旅游、交通等配套设施的完备程度等。这些因素从侧面影响着企业参展和观众到会参观的意愿。

会展营销在分析经济环境时,既要分析整体经济环境对会展的影响,更要分析会展题材所在产业的产业环境和市场环境对会展的影响,后者对会展的影响更为直接。经济环境诸因素对会展的影响如表 2-1 所示。

表 2-1   经济环境对会展的影响

组成因素	作用原理	对会展的影响
产业发展阶段	处于不同发展阶段的产业,其市场态势和竞争态势不同	影响会展的生命力
产业规模	产业规模的大小影响会展参展商和买家的数量	帮助预测会展发展空间的大小
产业结构	展品范围和专业展区规划要与之相适应	规划会展专业展区的基础
产业分布状况	决定会展潜在参展商和专业观众的来源	制定会展招展、招商和宣传推广策略的基础
市场规模	直接影响会展规模的大小	帮助预测和规划会展规模
产品销售方式	对会展发展空间和举办时间产生影响	帮助预测会展发展空间的大小和确定会展的举办时间
市场竞争态势	影响企业的参展意愿和议价能力	制定会展招展、招商和宣传推广策略的基础
市场发展趋势	直接影响展览会未来发展前景	帮助预测会展未来发展前景
相关市场状况	对会展潜在买家数量产生影响	帮助预测会展买家数量和制定招商和宣传推广策略

【经典案例】

2008 年世界金融危机对会展业的影响巨大

会展业是经济发展的"晴雨表",经济发展的好坏会直接地在会展业的发展上反映出来。良好的经济状况会促使会展业的蓬勃发展,低迷的经济状况会对会展业的发展造成很大影响。

2008 年,一场源自美国次贷危机而产生的金融危机爆发并席卷全球,世界经济受到普遍的冲击。在危机的影响下,美国、日本和欧洲的经济纷纷陷入衰退,广大发展中国家的经济发展速度也普遍放慢。在世界金融危机的影响下,中国经济也从 2007 年增长 10% 以上开始下滑,从 2008 年第一季度增长 10.6%,第二季度增长 10.1%,第三季度增长 9% 下滑到第四季度只增长 6.8%。经济下滑对我国会展业造成严重影响。

从对出国参展方面的影响来看,2008 年中国贸促会批准组展单位出国举办的经济贸易展览会有 1800 多项,但在世界金融危机的影响下,实际出展成行的却只有 1000 项,实施率才约 55.5%,比正常年份下降很多。

从对国内展览会的影响来看,有"中国第一展"之称的广交会最有说服力和代表性。第 104 届广交会于世界金融危机严重恶化后的 10 月 15 日开幕,11 月 6

日闭幕。在世界金融危机的影响下,与前两届相比,第 104 届广交会的境外采购
商到会数量和成交额等均有所下降。其中,境外采购商到会数量比第 102 届广
交会下降了 7.4％,比第 103 届广交会下降了 8.8％;成交额比第 102 届广交会下
降了 15.8％,比第 103 届广交会下降了 17.5％。

为与中国企业共度时艰,第 105 届广交会采取降低展位费的办法来帮助企业
减少参展成本。第 105 届广交会对 C 区的每个展位降低展位费 2000 元人民币,
对 A 区和 B 区的每个展位降低展位费 1000 元人民币。

世界金融危机对世界各国经济的影响巨大,对会展业的影响深远。2008 年,
在世界金融危机的影响下,我国北京、上海和广州三大会展中心城市也分别有数
场展览会和会议被迫延期或停办。

2.2.3　自然环境

自然环境是人类进行经济活动的最基本的活动空间和物质来源,在各种自然环境中,
对会展营销影响最大的是地理环境。会展的举办地对会展本身的发展有较大影响,很难想
象在一个较偏僻的地方能举办一个大型会展。会展营销对地理环境的关注主要在以下四
个方面:

1. 会展举办地的地域优势和辐射力如何。一些城市是某一地区或国家的经济中心或
文化中心,或者是主要产品的市场集散地,这些城市往往基础设施较完善、信息较灵通、服
务业较发达,对周边地区的辐射力很强。在这些城市举办的会展,其营销活动和会展信息
的传播比其他地区更具有优势。

2. 会展举办地的交通、餐饮和住宿等便利程度如何。会展举办地的交通、餐饮和住宿
等便利程度是影响会展营销效果的重要因素之一。在交通和住宿等便利的地方举办会展,
有时候只要稍做营销以提醒客户,客户就容易前来参展或参观;反之,有时候即使加大营销
力度,客户还会犹豫甚至不来。

3. 会展举办地到达会展题材所在及相关产业的集中地或主要市场的便利程度如何。
一般地,会展应选择在那些会展展览题材所在产业比较发达的地方举办,或者选择在该产
业产品的主要销售地举办。这样,会展营销的地域范围和客户目标就非常明确并容易使会
展信息传播到客户那里,客户的参展或参观成本也较小。如果离这样的地区的距离较远,
会展营销不仅要异地实施,还要加大力度进行。

4. 会展举办地的气候等自然状况如何。会展举办地的气候等自然状况也对会展的举
办产生重要影响,如会影响观众到会参观的时间选择,影响会展的题材类别和参展商计划
展出的展品的类别,影响会展的开馆和闭馆时间安排等。

【经典案例】

自然环境的不同对会展开幕和闭馆时间安排的影响

会展举办地的气候等自然状况会从多方面对会展业产生影响,有些影响已经融入当地居民的生产、消费和衣食起居习惯并对会展业的方方面面产生深远的影响。

例如,不同的气候状况对会展的开馆和闭馆时间安排就影响很大。在我国,会展的开馆时间很多被安排在上午8:30到9:30之间进行,观众也习惯于在这样的时间段里开始陆续到会展来参观和采购;会展的闭馆时间很多被安排在下午5:00到5:30之间,广大参展商和观众也都习惯于在这段时间里陆续离开会展。

但在中东地区的阿拉伯联合酋长国、沙特阿拉伯等国和东南亚的马来西亚和印度尼西亚等国家,由于地处地球的热带地区,一年四季都天气炎热,在这些国家举办的会展,在安排开馆和闭馆时间上与我国就有很大的差异。在这些国家,会展的开馆时间很多被安排在上午10:30到11:00之间进行,观众也习惯于在这样的时间段里开始陆续到会展来参观和采购,如果早于这个时间就很少有观众到会展来;会展的闭馆时间很多被安排在下午6:00到7:30之间,广大参展商和观众也都习惯于在这段时间里陆续离开会展,如果闭馆时间早于这个时间,会展不仅会失去大量的观众,还会引起参展商的抱怨。

2.2.4 科学技术环境

科学是人类对于自然、社会和思维等现象认识的结晶,它以系统的理论反映系统的现象;技术是人类为实现各种需要改革客观世界所采取的各种手段的总和。作为推动社会生产力发展的主导力量,科学技术的发展对会展产生重大作用,营销者应密切关注科学技术环境的变化对会展营销活动带来的影响:

1.科学技术可以给一些会展提供新的发展机会。科学技术的发展促进了产业的发展和革命,催生了一些新兴行业,一些主导技术的变革又使社会经济整体出现变革,使社会结构、时代文化和价值观发生改变。新行业、新技术、新需求给会展带来新的发展机会,营销者要善于发现这一点,并率先利用这一点为会展发展服务。

2.科学技术可以给一些会展的生存与发展带来威胁。新技术是一种"毁灭性的创造",它在创造了一些新的行业和需求的同时,也毁灭了一些旧的行业和需求,或者会给一些基于旧行业和旧需求而举办的会展带来巨大的威胁,营销者要善于及时发现这一点,并及时寻找对策。

3.科学技术在塑造会展服务的外部环境方面可发挥巨大作用。如互联网的出现就极大地改变了会展业的办展思路和竞争模式,计算机的广泛使用使会展业的数据库管理和观众登记模式发生了翻天覆地的变化,也使会展的直复营销模式更加有针对性。另外,技术的进步还激活了客户对新的服务种类的需求,也激活了客户对以新技术为基础的优质服务的需求,这使会展的服务质量不断提高;并且,新技术使营销沟通变得更加便捷,这使营销方式也跟着发生变化。

【经典案例】

互联网技术对会展业的影响

科学技术的发展不但会催生新行业的产生从而产生新的会展,还会对已有产业的既有会展产生巨大的影响。互联网技术的兴起和发展在这方面就表现得非常明显。

互联网技术的兴起和发展诞生了"第四媒体"网站,也使电子邮件被广泛利用于会展业。互联网技术对会展业的影响至少有以下一些方面:

1.因互联网技术发展而诞生出的"第四媒体"网站,它可以使企业直接在网站上展示自己的技术和产品,这便诞生了"永不落幕的网上展览会"。"网上展览会"的诞生和发展使传统的会展在办展理念、经营方法、营销策略等方面都发生了巨大的变化。

2.因互联网技术发展而诞生出的"第四媒体"网站,使买家可以直接通过网站与企业进行有关产品的洽谈和采购,一些买家不必亲自到会展参观,这不仅对会展的贸易成交功能造成了一定的冲击,也对会展邀请观众的策略和方法造成了很大的影响。

3.因互联网技术发展而诞生出的"第四媒体"网站,使会展营销多了一种新型的营销方式——网络营销。网络营销充分利用互联网不受时间和空间的限制、快捷、表现方式多样等特点,为会展营销注入了新的活力。

4.互联网技术的发展不仅使参展商可以通过网络直接报名参展并借助于网络办好一切参展手续,也使观众可以直接通过网络预先报名登记参观,会展的招展和招商营销办法和策略因此而发生极大改变。

5.互联网技术的发展促使电子邮件的产生和应用,这使会展的数据库营销技术更加成熟和方便。

6.互联网技术的发展使会展的服务内容和服务提供方式发生了重大的变化。会展的很多服务项目和服务内容都可以通过网络向客户发布,客户也可以很方便地从网络获取会展服务方面的信息。

7.互联网技术的发展使很多会展在提供信息功能方面有了新的武器,很多会展都将网络作为会展的信息发布平台,作为会展信息功能的有益补充。

互联网技术对会展业的影响还很多,这里就不一一列举了。不过,可以这样说,在互联网技术的影响下,不善于利用互联网技术的会展就难以成为一个成功的品牌会展。

2.2.5 政治法律环境

政治法律环境由那些具有强制性的和对举办会展产生影响的法律、政府部门法规以及与会展展览题材所在产业有关的法规、政策所构成。举办一个会展涉及的行业和社会面非常广,因此,会展业会受到比其他行业更加严厉的法律管制,如政府对举办会展在消防、安保、工商管理和产品进出口方面会严格要求,要求举办的会展对《广告法》和《专利法》等法律的严格遵守等。与会展展览题材所在产业有关的法规、政策对举办会展产生直接的影响。

国家的法律法规和政策对举办会展的影响体现在四个方面:一是通过对国内外企业参展意愿和参展行为的影响来间接影响会展;二是通过对会展组织方式等的约束来直接影响会展;三是通过对会展举办单位的市场准入的限制来影响会展;四是通过产业发展政策和产业发展规划来间接影响会展的发展轨迹和发展前景。国家法律法规和政策对会展四个方面的影响不是截然分开的,它在很多时候是在同时发挥作用的。

所以,了解国家的法律法规和政策对成功举办会展有十分重要的意义。一般来说,作为一个会展营销者,需要了解的有关法律法规和政策主要包括:

1. 与会展经营活动相关的法律、法规和政策。主要包括:政府对举办会展在消防、安保、工商管理和产品进出口方面的要求,会展对《广告法》和《专利法》等法律法规的遵守等。

2. 产业政策。这里所说的产业政策,是指政府对产业产品的销售、产品的使用和生产等方面的规定,如国家对香烟、酒等销售方面的"专卖"的规定和对药品在生产和使用方面的规定等。这些规定对会展的举办、企业的参展意愿和参展行为等都会产生直接或间接的影响。

3. 产业发展规划。产业发展规划是指国家和地方政府对某一产业的发展所做的长远和宏观规划。这种规划在某种程度上决定着该产业在今后较长时期内的发展状况和发展趋势。一般来说,在新兴产业和政府规划为重点发展的产业中举办会展,其发展前景比较看好。另外,产业发展规划和政府的产业政策密切相关,它不仅从宏观上影响着会展,也从会展的经营和营销等具体操作方式上影响着会展。

4. 海关有关规定。海关有关规定主要是指针对某一产业的货物进出口政策、货物报关规定和关税等,这些规定对海外企业参加会展将产生重大影响。货物进出口政策直接影响海外企业的参展意愿,例如,如果一国禁止或限制某类产品的进出口,那么海外企业不管是参展还是参观会展的意愿都将非常低;货物报关规定直接对会展的具体操作产生影响,比如,如果报关手续复杂,那么会展的筹备期就势必要提前;关税水平的高低对海外企业参展的影响也较大,较高的关税会阻碍企业参展,较低的关税则对吸引海外企业参展较为有利。另外,海关针对参展商品的专门规定也是举办国际性会展所必须要了解的内容。

5. 市场准入规定。包括两个方面,一是对举办会展的企业或机构的资格的审定,另一个是国家对外资进入该产业的政策规定。前者对企业能否举办会展将产生直接的影响,后者不仅影响到海外企业的参展意愿和参展行为,也同样影响到国内企业,并对行业竞争态势产生影响。

6. 知识产权的保护。很多参展企业会在会展上或在会展前发布新产品,推出新设计,如何保护这些新产品和新设计的知识产权,是会展主办单位所必须要考虑的问题。如果会展上出现大量侵犯知识产权的展品,不仅会引起参展企业之间的纠纷,也会影响会展的声誉,对会展的发展极为不利。

7.其他规定。由于举办会展涉及多种产业,因此,政府对交通、餐饮、环保等其他有关规定,也会对会展产生这样或那样的影响。例如,环保规定直接影响到会展垃圾的搬运和处理方式等。

【经典案例】

法律环境对会展的影响

欧洲的德国、法国、意大利和西班牙等国家非常重视对知识产权的保护,它们也非常重视展会期间对各方知识产权的保护工作。除《伯尔尼公约》和《巴黎公约》外,这些国家对展会期间知识产权保护的法律依据主要来源于《与贸易有关的知识产权协议》和《欧盟执法指令》。为加强展会期间知识产权的保护,国际展览联盟(UFI),在 2008 年 2 月也出台了《展会知识产权保护建议》。

以上述法律为基础,欧洲国家展会期间形成了严格的知识产权保护的氛围,这种保护知识产权的氛围可以给知识产权的拥有者以很好的保护,也使一些知识产权的拥有者将其作为打击竞争对手、进行不正当竞争的重要手段。这使一些欧洲展会形成了复杂的法律环境。

2008 年 8 月 29 日,在德国柏林消费电子展(IFA)上,在德国总理宣布展会开幕几分钟后,200 多名警员和海关调查人员立即开进展场,展开了一场有关MP3 专利侵权的大搜查。共有 150 多个事先被上述"执法人员"选好的展台遭突然搜查。在被搜查的大多数展台中,除展出的展品或展台使用的物品遭搜查外,相关企业的许多广告宣传材料也被查封。整个突然搜查进行了 6 个多小时,最终,所有被查封的物品被集中转移到了海关部门的储存处。在遭到搜查的众多企业中,中国企业占了大多数。其中,深圳 100 家参展企业中就有近 50 家遭到搜查。

此次大规模查扣行动既非由德国海关发起,也没有当地民事法庭发布的扣押令,而是由柏林刑事法庭依柏林公共检察官应欧洲某专利拥有公司提起的刑事诉讼中的搜查和扣押要求而下达的行动指令。如果检察官支持有关专利权人展开调查,只要他有"充分的理由怀疑刑事行为"就足够了,启动突然搜查,比民事专利侵权法院发布临时禁令的起点要低很多。

上述搜查对遭搜查的参展企业影响很大,遭搜查后,它们不仅不能正常参展,还严重影响了企业的形象和声誉。部分遭搜查的中国参展企业已向德国当地法律机关提起上诉,要求发还遭查扣的展品,并向有关方面追讨损失。但对于卷入搜查事件的参展商来说,巨大的损失在搜查那刻就已经产生并且难以挽回了。

2.2.6　社会文化环境

社会文化是一个复杂的总体,它包括知识、信仰、艺术、伦理道德和风俗,它既有物质的外衣,又有精神的内涵。社会文化有三大类,即物质文化、关系文化和观念文化,它们分别代表着人们对物质生活、社会关系和意识形态等方面的要求、认识和看法。社会文化深刻地影响着人们的生活方式和行为模式,使人们的经济行为都深深地带有文化的烙印。社会文化环境对会展营销的过程和结果都会产生较大的影响。

1.物质文化。这是指人们在从事以物质资料为目的的实践活动过程中所创造出来的文化成果,以生产力为主要代表。物质文化对营销的结果影响十分明显:如果营销者一开始就夸大会展能给客户带来的实际利益,但到时又无法实现,客户将觉得受骗;物质文化对营销形式也有影响,如在直复营销时给目标客户一些小礼物,效果往往会更好。

2.关系文化。这是指人们在创造、占有和享受物质文化的过程中形成的各种社会关系。关系文化深刻地影响着各种社会关系的形成、维护和终结的方式,了解关系文化,对指导会展进行关系营销和合作营销有十分重要的意义。

3.观念文化。这是指在物质文化和关系文化的基础上形成的意识形态文化。一些价值观在人们的头脑里根深蒂固并有高度的延续性,不会轻易被改变。例如,人们的餐饮习惯,世界各国的各种节假日和喜庆日的安排,对会展的影响就非常大。在中国,春节期间就很难成功举办专业贸易类的会展;在西方,圣诞节期间举办专业贸易类的会展也是不可想象的事情。又比如,欧洲人普遍喜欢在每年的8月前后度假,在这期间举办会展,来自欧洲的参展企业和观众可能会较平时为少。

在进行会展营销时,营销者应充分分析自己的营销活动将会涉及哪些层次的文化因素并采取相应措施,同时,营销者还要注意研究一些亚文化群体的情况和动向。亚文化群体通常特色更为明显,需求更加明确,营销者有时可以将他们作为主要的营销目标。

社会文化环境对会展营销的影响深刻而广远,在进行会展国际营销时更是如此。国际营销是跨国界、跨文化的活动,不同国家的文化差异很大,在这种文化环境里能够成功的营销策略和营销方式,在另一种文化环境里可能就不适用,一些文化冲突可能会使一些看似可行的营销手段遭到厌恶甚至抵制。因此,在进行会展国际营销时,尤其要把握文化差异,要基于不同国家的文化特色,尽量进行一些不构成文化冲突的营销活动才会取得较好的效果。

2.3　微观环境分析

微观环境是指对办展单位举办会展构成直接影响的各种因素。这些因素包括办展单位内部环境、目标客户、同类会展、营销中介、服务商和社会公众等。和宏观环境一样,微观环境所包括的各因素也可能会给会展带来市场机会,或者给其造成威胁。

2.3.1　办展单位内部环境

办展单位内部环境,就是办展单位内部所具备的各种条件,包括资金、人力、物力(办公设备和通信工具)以及所掌握的信息资源和能联系的社会资源等。会展的营销部门与会展的其他部门如招展、展务、财务等,在最高领导层的统一部署下,共同为实现会展的目标而努力。会展营销部门在进行会展营销和决策时,不仅要考虑会展的外部环境,还要考虑与会展内容的上述部门沟通和协调,这样,营销计划才能得到更好的贯彻实施。会展内部环境对会展营销从以下三个方面产生影响:

1.办展单位的优劣势对会展营销计划的制订和实施会产生影响。俗话说:"术业有专攻",每一个办展机构都有自己擅长的领域,也都有自己不熟悉的领域。办展单位的优势,决定着它们在哪些产业里举办会展成功的可能性较大,也决定着它们举办怎样性质的会展将会有较大的优势。办展单位的劣势,决定着它们在哪些产业里举办会展成功的可能性较小,也决定着它们不能举办怎样性质的会展。要克服劣势,利用和发扬优势,因为办展单位的优势和劣势对会展营销可依托和利用的渠道、资源和模式会产生重大影响。

2.会展营销部门只能以会展的目标和发展战略等为依据,在最高管理层所规定的范围内进行营销规划和决策并制订相应的营销计划,在得到相关上级领导的批准后才能执行。因此,会展内部的业务流程和授权模式等从营销计划制定的一开始就影响着它。

3.会展营销部门要成功地实施营销计划还要有其他部门的密切配合与合作。为更好地了解业务部门的需求,营销部门在制订会展营销计划前就要与它们沟通和协调,在实施营销计划时要与业务部门的需要相配合,在规划营销目标时要听取业务部门的意见,在进行营销预算时要征求财务部门的意见等。没有其他部门的配合与支持,仅靠营销部门的努力,会展营销往往难以取得理想的效果。

2.3.2　目标客户

站在会展营销的角度看,会展的目标客户主要包括会展的参展商和观众。会展的最终目的是要满足目标客户的需求,参展商和观众都是会展的服务对象,两者不可偏废。在进行会展营销规划时,不仅要分析目标客户的数量和分布,还要注意分析和把握它们的需求及其变化趋势,并以此作为营销努力的起点和核心。

1.参展商。包括会展现有的参展商和潜在的目标参展商。会展现有的参展商是已经参加了会展的参展商,潜在的目标参展商是因种种原因目前还未参加会展、但会展认为他们将来有可能参加会展的那些目标客户。潜在的目标参展商尽管目前还未参展,但他们是会展扩大展览规模、提高会展档次的重要客户来源,他们是会展不可忽视的重要客户群体之一。

参展商在会展客户群体中处于核心地位,是会展经济效益的主要来源,会展主办者的办展经济收益主要来源于参展商的参展费用;参展商在行业中的影响力和代表性直接关系到会展的品质和档次的高低;参展商是否连续参加会展是一个会展成功与否的重要标志。

2. 观众。观众是会展的另一个重要客户，很难想象，一个会展只有参展商而没有观众。和参展商一样，观众也有现有观众和潜在的目标观众之分。现有观众是已经来参观会展的观众，潜在的目标观众是目前还没有到会参观、但会展认为他们将来可能来会展参观的各种业内人士。潜在的目标观众是会展扩大观众数量的基础，会展营销不能只看重会展的现有观众而对潜在的目标观众置之不理。

会展的观众有"专业观众"和"普通观众"之分。所谓"专业观众"，是指从事会展上所展示的某类展品或服务的设计、开发、生产、销售或者服务的专业人士以及该产品的用户。与专业观众相对应的是"普通观众"，也就是除专业观众以外的其他观众。

会展的观众还有"有效观众"和"无效观众"之分。所谓有效观众，是指到会参观的专业观众以及是会展参展商所期望的其他观众，这是具有一定质量的观众，对会展来说不可或缺；所谓无效观众，是指会展参展商所不期望的那些观众，他们对会展来说是可有可无的。可见，并不是所有的观众对会展来说都是有用的，会展往往更需要那些有效观众。对于一个专业会展来说，如果无效观众过多，就可能对会展的正常商务活动带来不利的影响，如会展现场太嘈杂而影响商务谈判等。如果无效观众太多，会展在观众方面将会只有数量而没有了质量，会展的展出效果将难以保证。

3. 参展商和观众的相互关系。参展商和观众是会展相互影响的两方面。一方面，参展商到会参展，不论其参展的主要目的是什么，它都离不开观众：贸易成交需要有观众来采购，产品展示需要有观众来观看，收集信息很大部分需要观众来提供，新品发布的主要对象往往也是面向观众，没有观众，参展商参展是没有任何意义的。另一方面，观众参观会展的目标的实现也离不开参展商：贸易成交的采购对象主要是参展商，了解行业最新动态离不开参展商的展品展示，收集信息的来源许多来自参展商。

不仅如此，在一个会展的展期里，参展商与观众的数量还应该相匹配，任何一方的不足都会影响到会展的长远发展。例如，如果参展商较多而观众很少，参展商的参展目的就很难达到；反之，如果观众太多而参展商很少，观众到会参观的目的往往也会落空。

4. 对会展营销的意义。在会展营销的任务中，协助和支持会展的招展和招商工作是最为核心的两个。和会展的参展商和观众的关系一样，会展的招展营销和招商营销也是互相影响、互相作用的。一方面，如果会展招商营销效果好，到会观众数量多，质量上乘，参展商的展出效果就有保证，企业就更乐意来参展，这对会展的招展营销的支持作用非常大；反之，参展商的展出效果就难以保证，企业参展的积极性就会降低，这就会削弱会展招展营销的效果。另一方面，如果会展的招展营销效果较好，参展企业尤其是行业知名企业较多，展品新，信息集中，观众到会参观就会更加踊跃，这对会展的招商营销就非常有利。可见，会展招商营销做好了对会展的招展营销会很有帮助，同样，会展的招展营销做好了就更有利于会展招商营销，那些只注重会展招展营销而不注重会展的招商营销的做法是极其错误的。

2.3.3 同类会展

尽管会展业的发展趋势是最终走向相对垄断，但在我国会展业目前发展的现实中，一个产业中的会展往往不止一个，会展要想在市场上取得成功，就必须能比其他同类会展更有效地满足参展商和观众的需求。因此,除了要善于发现、识别和满足参展商和观众的需求,更要能认识、研究自己的竞争对手,时刻关注它们的发展变化,并在此基础上做出相应的营销和经营对策。

因同类会展和我们构成最直接的竞争关系,因此,对于同类会展,除了要从总体上了解其数量和分布情况、了解同类会展之间的竞争地位和竞争态势外,还要从个体上了解各个会展的具体情况。如表 2-2 所示。

表 2-2　需要了解同类会展的具体情况一览表

需要了解的情况	对会展营销的意义
办展单位	了解其主办单位、承办单位、协办单位和支持单位等,对指导会展拓展营销渠道,尤其是进行合作营销等有重要作用
办展时间	了解会展的举办时间和展览题材所在产业的生产和销售时间的适应性,指导营销预算的季节投放分配比例,了解其与本会展在时间上的竞争关系
办展频率	了解该会展与产业需求的适应性和其与本会展在举办频率上的竞争关系
办展地点	根据该地点与产业和市场的关系,了解该会展是主要依托产业办展还是依托市场办展,了解该地点的优劣势及目标辐射范围
会展面积	了解该会展的毛面积和净面积,评估其规模效应
会展价格	了解该会展在价格方面的竞争力
展品范围	了解该会展涉及的细分题材范围,结合其宣传和定位评估其发展方向和重点发展方向的题材范围
展商数量及分布	通过展商数量来了解其在产业内的接受程度如何,通过其展商构成和分布来了解其核心竞争力
观众数量和来源	通过观众数量来了解其在市场上的接受程度如何,通过其观众构成和来源来了解其核心竞争力
会展服务	了解该会展的非价格竞争力的强弱程度
会展定位	了解该会展的发展目标和发展
会展特点	了解该会展的差异化竞争优势和劣势

站在会展营销的角度看,为争夺相同的目标客户,同类会展之间往往存在四种类型的竞争:一是欲望竞争,即参展商和观众想要满足的各种需求之间具有可替代性,他们可以选择参展,也可以选择不参展;二是类别竞争,即能满足参展商和观众的各种需求的不仅仅是会展,其他的营销形式也可以具有此功能;三是会展间竞争,即参展商和观众能在可以满足他们需求的同题材的不同会展之间进行选择,他们可以选择本会展,也可以选择其他同类

会展;四是品牌竞争,即参展商和观众凭会展本身的品牌或办展机构的品牌对参加哪个会展做出选择。所以,在对同类会展进行分析时,不仅要分析具有竞争关系的会展,还要分析这些会展之间竞争关系的现状及其变化,并及时提出应对的对策。

2.3.4 营销中介

营销中介是协助会展进行宣传推广、招展和招商的那些中介组织和单位,包括会展的招展代理、招商代理、广告代理和其他营销服务机构等。好的营销中介能很好地分担和完成会展的宣传推广、招展和招商等营销工作,能更好地协助办展单位成功地举办会展。分析营销中介,目的是要甄别那些候选的中介组织的资质、信誉和实际营销能力,以保证它们能为会展提供最好的营销服务。

1.营销服务机构。主要包括市场调研公司、广告公司、传媒机构和营销咨询公司等。这些营销服务机构有的接受会展的委托,有的与会展结成合作伙伴,协助会展选择目标市场,并帮助会展通过各种营销手段有效地向目标市场推销自己。

2.招展代理。协助会展寻找展商或直接与展商进行交流的组织或个人。在会展本身不能涉及的地方,招展代理就是联系展商和会展的桥梁,他们的工作效率和工作成绩以及服务质量直接影响到会展在一些地区的营销效果。

3.招商代理。招商代理与招展代理的功能相似,只不过招商代理的工作和服务对象是观众,其主要职能是协助会展邀请观众到会参观。

4.金融机构。包括银行、信贷公司、保险公司等可对会展营销活动提供融资或保险服务的各种机构。现代会展业与金融机构联系密切,会展的资金来源、贷款利率变动和保险费率的变化等都对会展营销的预算和实施产生影响。

2.3.5 服务商

会展服务商是为会展提供各种服务的机构,包括会展指定的展品运输代理、负责展位搭装的展位承建商、提供旅游服务的旅行社、提供住宿服务的宾馆酒店以及提供会展资料印刷和观众登记的专门服务商等,这些服务商是办好一个会展必不可少的组成部分。

会展服务商与会展本身的关系密切,它们常常承担着会展的一部分服务职能,参展商和观众很多时候都将这些服务商提供的服务看成是会展本身服务的一个有机组成部分。因此,这些服务商提供的服务的好坏直接影响到会展本身,影响到客户对会展服务质量的评价。举办会展,对这些会展服务商要仔细甄选,要对它们的资质、信誉和实际服务能力等进行深入的了解,以保证会展的服务质量不会因它们的服务不周到而受损。会展服务商类别如表 2-3 所示。

表 2-3　会展服务商类别一览表

会展服务商	描述
展位承建商	主要负责会展的现场环境和气氛设计与布置,负责会展的展位设计与搭建等工作
展品运输代理	主要负责将参展商的展品、展架、展具、布展用品和道具、维修工具、宣传资料和招待用品等物品安全及时地运到会展现场。根据负责的地段不同,可以分为海外运输代理和国内运输代理
会展清洁服务商	主要职责包含两个方面:从时间上看,包括展位搭装和布展时的垃圾清理、会展开幕后会展的清洁和撤展时的垃圾清理;从空间上看,包括展位内的清洁和展馆通道及公共区域的清洁
会展安保服务商	主要包括四个方面:消防安全、人员安全、展品安全以及公共安全。因专业性较强而技术差别较大,在具体实践中,会展安保服务商往往分工负责上述四种中的一种或几种
餐饮服务商	主要为会展提供安全、干净和卫生的餐饮服务
旅游代理	主要为参加会展的展商或观众提供展前、展中或展后的商务考察或观光休闲等旅游服务
指定接待酒店	主要为参加会展的展商或观众提供住宿服务
资料印刷服务商	主要为会展提供各种资料的设计和印刷服务
网站及数据库维护服务商	主要为会展设计、维护、更新和管理其官方网站,为会展的各种数据库提供维护和更新及管理服务
观众登记服务商	主要为会展提供现场观众登记和会后提供观众分析报告等服务

值得一提的是,从一般意义上看,展馆不是会展的服务商,但从为会展提供服务的角度看,展馆又可以看成是会展的服务商之一。展馆的知名度、展馆本身的条件和服务等对举办会展具有重大的影响,会展营销不能忽视展馆因素的存在。

2.3.6　社会公众

社会公众是指对会展实现其目标具有实际或潜在影响的群体。因影响的范围和程度不同,公众可能具有增强一个会展实现其目标的能力,也有阻碍其实现其目标的能力,有时候它们的态度还能直接影响到一个会展的市场前途。因此,成功地处理好会展与公众的关系格外重要。为处理好与社会公众的关系,有些会展专门成立公共关系部门,专门负责策划和处理与这些公众的关系,为举办会展提供宽松的市场环境。

会展所要面临的公众一般有七种:

1.媒体公众,指报纸、杂志、广播电视、网络等具有广泛影响力的大众和专业媒体。它们对会展的声誉有举足轻重的影响力。

2.政府公众,指负责管理会展或与会展管理有关的政府部门。

3.当地民众,指会展举办地或办展单位附近的邻里居民或社会团体组织等。

4.市民行动公众,指一些民间团体组织,如环境保护组织、知识产权保护组织和消费者权益保护组织等。

5.办展单位内部公众,指办展单位的内部员工。

6.金融公众,指关系会展并可能影响会展融资能力的各种金融机构。

7.一般公众,指一般的社会大众,他们不是有组织的公众,但他们对会展的口碑传播和社会声誉有广泛的影响力。

2.4　会展营销环境整体分析

在对构成会展营销环境的上述各因素进行分析以后,会展就要根据通过市场调查获取的有关信息,在综合宏观环境和微观环境的基础上,对会展营销环境进行整体分析和综合评估,并对环境未来的变化趋势做出预测,以发现可能受到的威胁,抓住可以利用的机会。

2.4.1　矩阵分析法

矩阵分析法,就是将有关环境事件的影响分成机会和威胁,然后根据机会分析矩阵和威胁分析矩阵,来对环境机会的潜在吸引力和会展的可利用程度进行分析的一种分析方法。矩阵分析法一般按以下步骤进行:

1.事件分类分档。将有关环境事件对会展的影响分成机会和威胁两类,将影响的程度和发生的概率分为高低两档。

2.做出矩阵。以环境事件发生的概率为横坐标,以机会或威胁的强弱程度为纵坐标,分别做出机会分析矩阵和威胁分析矩阵,并根据各环境事件的相应数据在坐标上描出相应位置点。如图 2-1 所示。

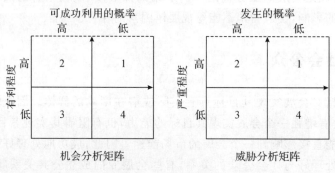

图 2-1　环境分析矩阵

3.分析机会和威胁的程度并做出相应的对策。根据上述机会分析矩阵和威胁分析矩阵,对营销环境进行分析并根据分析的结果制定相应的对策,如表 2-4 所示。

表 2-4　环境分析矩阵分析结果及对策表

矩阵	机会或威胁	结果及对策
机会分析矩阵	第 1 象限的机会	该机会的潜在吸引力高但可成功利用的概率较低;会展应努力改善自身条件增加对环境的适应性
	第 2 象限的机会	该机会的潜在吸引力和可成功利用的概率都较高;是最好的环境,会展应尽力去抓住机会发展
	第 3 象限的机会	该机会的潜在吸引力低但可成功利用的概率较高,这种机会常被大型会展所忽视,中小会展应抓住这样的机会去发展
	第 4 象限的机会	该机会的潜在吸引力和可成功利用的概率都较低;会展应密切关注相关环境的变化
威胁分析矩阵	第 1 象限的威胁	该威胁的潜在严重性较高但出现的概率较低;会展应加以重视并制定应变方案
	第 2 象限的威胁	该威胁的潜在严重性和出现的概率都较高;会展应处于高度警惕状态,要采取对策减少和避免损失
	第 3 象限的威胁	该威胁的潜在严重性较低但出现的概率较高;会展应加以重视并制定应变方案
	第 4 象限的威胁	该威胁的潜在严重性和出现的概率都较低;会展可以略而不顾,但应注意其变化趋势

4.综合分析。根据第三步的分析结果,可以再进一步将环境所包含的机会和威胁结合在一起进行综合评估。这种综合分析常常借助环境机会与威胁综合分析矩阵来进行。环境机会与威胁综合分析矩阵是以威胁的强弱程度为横坐标,以机会的强弱程度为纵坐标,并将机会和威胁都分为高低两档来绘制的。如图 2-2 所示。

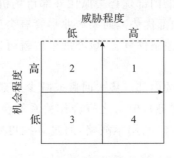

图 2-2　机会与威胁综合分析矩阵

在图 2-2 中,处于第 1 象限中的业务是机会和威胁程度都很高的业务,是一种"冒险业务";处于第 2 象限中的业务是高机会和低威胁程度的业务,是一种"理想业务";处于第 3 象限中的业务是机会和威胁程度都很低的业务,是一种"成熟业务";处于第 4 象限中的业务是低机会和高威胁程度的业务,是一种"困难业务"。通过这种分析,会展可以明确了解自己的处境并针对该处境提出相应对策,以取得最佳营销效果。

2.4.2 SWOT 分析法

所谓 SWOT 分析法,就是把会展所面临的宏观和微观环境各要素综合起来进行分析,得出环境对会展所形成的优势(strengths)、劣势(weakness)、机会(opportunities)和威胁(threats),并将这四个方面结合起来研究,以寻找到适合本会展的可行营销战略和有效的营销对策。

SWOT 分析法一般分三步进行:

1. 整理和分析收集到的各种信息,并根据这些信息对环境的变化趋势做出预测;

2. 详细地分析办展单位内部和外部的各种环境要素,列出环境对会展所形成的优势、劣势、机会和威胁;

3. 对环境对会展所形成的优势、劣势、机会和威胁进行综合分析,确定可以选择的营销战略和对策。

通过以上步骤,SWOT 分析法为会展提供了四种可以选择的对策,如表 2-5 所示。

表 2-5　SWOT 分析法四种战略对策

外部环境	内部环境	
	内部优势(S)	内部劣势(W)
外部 机会 (O)	SO 战略 依靠内部优势 利用外部机会	WO 战略 利用外部机会 改进内部劣势
外部 威胁 (T)	ST 战略 依靠内部优势 回避外部威胁	WT 战略 克服内部劣势 回避外部威胁

1. SO 战略:利用办展单位的内部优势去抓住外部市场机会。例如,如果某办展单位办展经验丰富并且资金雄厚(即内部优势),而某产业尽管有会展存在但该会展市场覆盖面不广(即外部机会),那么,如果其他条件具备,该办展单位就可以利用本战略进入该产业举办会展。

2. ST 战略:利用办展单位的内部优势去回避或减少外部威胁。例如,如果某办展单位的品牌优势十分明显(即内部优势),但与之有合作关系的会展服务商却不尽如人意(即外部威胁),那么,该办展单位就可以利用本战略,通过寻找更好的会展服务商进入该产业举办会展。

3. WO 战略:利用外部机会来改进办展单位的内部弱点。例如,如果从市场分析得出结论,某产业举办会展的市场机会巨大(即外部机会),而某办展单位内部会展策划和招展招商等人才缺乏(即内部劣势),那么,如果其他条件具备,该办展单位就可以利用本战略,利用社会和其他单位的策划和招展招商等人才,为本办展单位进入该产业举办会展服务。

4. WT 战略:克服办展单位的内部弱点,避免外部威胁。例如,如果某办展单位计划举办的会展与另一已经存在的会展有冲突(即内部劣势),而大部分参展商和观众又认同该已经存在的会展(即外部威胁),那么,如果其他条件具备,该办展单位就可以利用本战略,重新对计划举办的会展进行定位,用新定位吸引参展商和观众。

2.4.3　列表分析法

常用来分析营销环境的表格有两种:一种是环境事件定量分析表;另一种是环境事件综合分析表。前者是通过定量的方法来评估环境事件的重要程度并以此提出相应对策;后者是通过对环境事件的现在和未来发展趋势进行综合分析来评估其对会展的影响并提出应对措施。

1. 环境事件定量分析表

就是将所有对会展经营和营销有影响的环境事件,按其影响的好和坏分为"好的影响"和"不好的影响",并分别用数字表示其影响的强弱程度(好的影响用正数表示,不好的影响用负数表示);同时,判断该环境事件发生的概率,将影响的强弱乘以上述概率就可以得出该环境事件影响的重要程度。如表 2-6 所示。

表 2-6　环境事件定量分析表

环境事件	发生的概率	对会展的影响	影响好或不好的程度	对策

2. 环境事件综合分析表

就是将环境事件的现状、未来发展趋势及对会展的影响等综合考虑,以分析会展面临的环境机会和威胁,评估会展对环境的适应性,得出会展为适应环境的对策。如表 2-7 所示。

表 2-7　环境事件综合分析表

环境因素的名称	现在状态	未来趋势			对会展影响		会展对环境的适应性	可供选择的对策
		概率	时间	状态	机会	威胁		

2.4.4　针对不同环境选择对策

通过对环境的综合分析,会展可能会发现重大发展机会,回避重大威胁,会展的市场地位可能因此得以改进。但是,机会总带有一些不确定性,对于发现的市场机会,会展不仅要仔细评估其质量,还要分析其能利用的可行性。

有些市场机会看似是重大机会,但对于某一具体会展来说,由于该会展本身所具有的条件和环境的限制,其能利用的可行性较低,这时,机会就不能称为机会了。美国市场营销专家 Theodore Levitt 对此有过一段精辟的论说:"这里可能是有一种需求,但却没有市场;或者,这里可能是有一个市场,但却没有顾客;或者,这里可能有顾客,但目前又实在不是一个市场……那些不懂得这种道理的市场预测者对于某些领域表面上的机会会做出惊人的错误估计。"

面对环境带来的威胁,除了以上三种分析方法提出的相应对策外,会展还可以采取以下三种对策:

一是抗争。就是办展单位利用各种措施限制或扭转不利因素的发展,为会展的顺利举办创造条件。

二是减轻。就是办展单位利用各种措施来改善环境,降低市场环境带来的威胁的严重性,为会展的顺利发展创造条件。

三是放弃。如果办展单位利用各种措施都无法改善环境,降低市场环境带来的严重威胁,或者无法限制或扭转不利因素的发展,那么,办展单位就要果断地放弃在该产业里举办会展的念头。

本章要点

本章主要讲述会展营销环境的含义、构成及其分析评估方法,为制定、修改或实施会展营销方案做准备。主要内容有:会展营销环境的含义,会展营销环境具有的客观性、动态性、不可控制性、相关性和可塑性等特点;会展营销环境由宏观环境和微观环境两部分构成,其中,宏观环境由人口环境、经济环境、技术环境、政治法律环境、社会文化环境等所构成,微观环境包括办展单位内部环境、目标客户、同类会展、营销中介、服务商和社会公众等;对会展营销环境进行整体分析的方法主要有矩阵分析法、SWOT 分析法和列表分析法三种。

思考题

1.如何准确理解会展营销环境的含义?

2.经济环境如何对会展产生影响?

3.会展营销需要了解的有关法律法规和政策主要包括哪些?

4.会展营销需要了解同类会展的内容有哪些?

5.简述会展环境整体分析的方法。

第3章

会展市场竞争分析

在市场经济环境下，市场竞争是所有商业性会展所必须面对的重要课题。优胜劣汰是市场竞争的重要法则，竞争失败将导致会展全线溃败。了解会展市场的竞争态势、分析竞争者、明了处于不同竞争地位和不同发展阶段的会展的竞争策略，了解产业对会展竞争的影响，使自己在市场竞争中处于优势地位，是会展获得营销成功的关键所在。

3.1 会展市场竞争态势分析

"知己知彼，百战不殆。"会展要参与市场竞争，首先就要了解过去、当前和未来一段时间内的市场竞争态势，了解市场竞争既是会展制定市场竞争策略的基础，也是会展制定有效营销策略的基础。不了解市场竞争态势就加入市场竞争往往是盲目的竞争，不了解市场竞争态势就制定的营销策略常常是无效的营销策略。

3.1.1 会展市场竞争态势分析模型

会展市场竞争是由不同的会展市场主体为追求自身的市场目标而进行的一种经济行为，会展市场竞争态势是在各会展市场主体的市场行为的共同作用下形成的。为此，分析会展市场竞争态势，首先要从分析各会展市场竞争主体及其市场行为入手。

在市场经济条件下，会展所面临的市场竞争力量一般有五种：现有竞争力量、潜在竞争力量、买方竞争力量、服务商竞争力量、可替代品竞争力量。如图3-1所示。

上述模型中，市场竞争是围绕现有竞争力量而展开的，现有的同类会展之间的竞争是最直接和最显见的竞争。但是，如果分析市场竞争态势只关注现有竞争力量则远远不够：新进入者和可替代品带来的威胁必须加以关注，买方（即参展商和观众）和会展服务商的讨价还价能力必须加以考虑，只有这样，对会展市场竞争态势的分析才会全面。

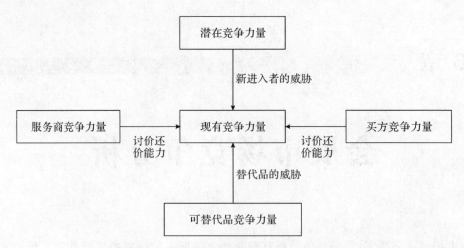

图 3-1　会展市场竞争态势五因素分析模型

3.1.2　现有竞争力量

现有竞争力量主要由现有同类会展构成。现有同类会展之间的竞争,往往是因为现有会展为争取改善自身的市场地位或达到某种市场目标而引发的,这些竞争常常通过各种营销方式或策略而表现出来。分析现有竞争力量,主要从分析现有同类会展的情况、分析现有同类会展间的竞争状态、分析现有同类会展的竞争地位等而展开。

1. 现有同类会展的情况。不但要从总体上了解国内甚至全世界范围内现有同类会展的数量和分布情况,一般地,同类会展的数量越多竞争会越激烈;还要了解这些同类会展之间的竞争关系,只有清楚了解它们之间的竞争关系,才能更好地理解它们之间的竞争行为;更要重点了解一些"重点会展"的基本情况。所谓"重点会展",是指那些规模和影响都较大、行业口碑较好,或者是与我们举办的会展有直接的竞争关系的会展。对于这些会展,我们对其组展机构、办展时间、办展频率、办展地点、规模、参展商数量及分布、观众数量和来源、展品范围、会展定位等情况要有比较详细的了解。

2. 现有同类会展间的竞争状态。现有同类会展之间一般存在四种基本的竞争状态:完全竞争、垄断竞争、寡头竞争和完全垄断。完全竞争是指众多的只占较小市场份额的会展参与某个目标市场的竞争,这种竞争态势的市场进入或退出壁垒都很小或基本没有,各会展之间的差异较小并对市场信息的了解很充分;垄断竞争是指一些彼此之间有明显差异、并由于其在某细分市场上的优势而获得对部分细分市场的相对垄断的会展之间的竞争;寡头竞争是指某类会展主要由少数几个会展所控制并彼此之间展开的竞争;完全垄断是指某类会展市场基本被一个大型会展所全部占领,其他会展基本无法进入该市场的市场态势。从长远看,随着一国会展产业的逐步成熟,该国的会展产业最终都会形成完全垄断或寡头竞争的相对垄断的竞争态势。

3. 现有同类会展的竞争地位。现有同类会展之间一般存在四种基本市场竞争地位:市场主导型、市场挑战型、市场跟随型和市场补缺型,处于不同市场竞争地位的会展的竞争策略各不相同。分析现有竞争力量和竞争对手,了解其所处的市场竞争地位,对于自己制定市场竞争策略和营销措施有重要参考作用。

3.1.3　潜在竞争力量

在市场经济的条件下，每一类会展市场随时都可能有新的进入者参与竞争，这些新的进入者就是一些即将或计划要举办的同类会展。新进入者是现有会展都不能忽视的潜在竞争力量，它们会给该类会展市场带来更加激烈的市场竞争。

作为一种潜在的竞争力量，其对现有会展带来的威胁主要表现在其参与竞争时可能遇到的阻力的大小，如果遇到的阻力较大，则对现有会展带来的竞争压力将会小一些，反之，则会大一些。在与这些新进入者进行竞争时，我们要重点注意以下三个方面：

1.同类会展的密度。包括现有同类会展和新进入者在内的所有同类会展的数量和分布情况。在市场容量和需求量相对稳定的情况下，同类会展的密度直接影响到各会展的市场份额的大小和彼此竞争的激烈程度，显然，在密度较高的目标市场中，新进入者将会相对降低部分现有会展的市场份额，也会遭到竞争对手的强烈抵抗。

2.会展之间的差异。很多细分市场中的同类会展，在功能或服务等方面都存在这样或那样的差异，这种差异代表着不同会展在其品牌和客户忠诚度上的不同地位和优势，使各会展各具特色，互相有别。如果新进入者所具有的特色和差异能被市场认可，那么，该新进入者就具有较强的市场竞争力量。

3.进入壁垒的大小。进入壁垒是指某个新会展进入某类细分市场时所遇到的困难的程度。不同大小的进入壁垒会产生不同的竞争态势：如果进入壁垒较大，则新进入者较难进入，其市场竞争程度会相对较弱，反之，则较强。

3.1.4　买方竞争力量

构成会展市场的买方主要是参展商和观众，他们直接关系到会展的营销目标能否如期实现。在一定的时期内，参展商和观众的数量往往是有限的。为获得足够数量和质量的参展商和观众，同类会展之间往往存在激烈的竞争。

在同类会展为获取参展商和观众的竞争中，参展商和观众可以通过压低会展价格、追求更好的会展功能和追求更全面的会展服务等，从同类会展的彼此竞争中获得好处。参展商和观众的竞争威胁往往意味着会展将被迫让利。

买方的竞争力量与会展展览题材所在产业的产业集中度有关。如果产业集中度较高，则该产业中的企业往往都较大，这些大企业要么较高程度地控制着该产业的产品生产，要么控制着该产业的产品的主要销售渠道，这样，这些企业与会展讨价还价的能力就较强，会展吸引它们前来参展或参观的营销压力就较大。反之，会展则可以利用买方之间的相互竞争来提高自己对它们讨价还价的能力。

买方的竞争力量还与某个特定买方的购买量的大小有关。例如，某个企业要了很大的参展面积来参展，则该企业对会展的讨价还价能力就相对较强，会展往往会对其让利；反之，则其讨价还价能力就较弱。

为减少买方的竞争力量和讨价还价能力，提高会展营销的效果和针对性，会展在一开始就应准确地确定自己的目标客户范围和划分会展细分市场,在此基础上,使会展的功能和服务与目标客户的需求相匹配,向最可能赢得的目标客户进行营销。

3.1.5　服务商竞争力量

会展目标的实现,在很大程度上要依赖承展位建商、展品运输商、餐饮服务商和清洁及安保等一些会展服务商所提供的服务支持。没有这些服务商提供的服务支持,会展营销活动也就无法正常进行,会展目标也很难实现。所以,会展所面临的服务商也就构成了会展营销活动威胁的竞争力量。会展服务商可以通过提高或降低服务价格,或者提高或降低服务的稳定性和及时性等来显示其对会展的讨价还价能力。会展服务商的这种威胁,有时会使会展失去应有的声誉,或使会展提高成本而失去利润。

如果会展面临的服务商有强大的实力,则该服务商在价格和服务条件的设定上都有很大的主动权,会展的讨价还价能力就较弱,对方较强;反之,则较弱。当因某种原因,某个服务商在某一服务领域成为会展成功举办所不可或缺的一部分时,该服务商的讨价还价能力显然会显著提高。如果会展成为某个服务商的重要客户,那么,由于经济利益重大或长期合作而形成的密切关系,该服务商将会积极配合会展的各项营销努力。

所以,为减少服务商的竞争威胁,会展应在保证服务商相对稳定的基础上,尽可能地使为自己提供会展服务的服务商多样化,以此来促进服务商之间的竞争,使自己处于相对有利的竞争地位。

3.1.6　可替代品竞争力量

会展是企业进行营销、收集信息、发布新产品和产品展示的手段之一,它不是进行这些活动的唯一手段,因此,对某一特定会展而言,它不可避免地会面对一些可替代品的竞争。这些可替代品的竞争力量同样会影响到会展的市场地位和营销效果。对某一具体会展来说,市场上一般存在四种类型的可替代品竞争力量:

1. 愿望竞争力量,是指可以提供不同产品以满足不同需求的替代竞争力量。例如,对会展来说,户外广告、报纸杂志广告、广播电视广告等不同类型的行业都是其愿望竞争者,它们都在和会展争夺客户的营销费用投向,这形成一种替代品竞争力量和威胁。

2. 平行竞争力量,是指可以提供不同产品以满足同样需求的替代竞争力量。例如,随着技术的发展,利用互联网进行营销、收集信息、发布新产品和产品展示都越来越方便,互联网与会展之间存在一种平行的竞争和可替代关系。

3. 功能竞争力量,是指同类会展中,因会展功能的不同而存在的替代竞争。例如,当一个企业主要为贸易成交而参加某一会展时,具有较强贸易功能的会展或成为它的首选;但当该企业次年欲推出新产品,则具有较强产品展示和发布功能的会展会成为它的首选,这样,对这家企业来说,这两类会展之间就存在一种可替代的关系。

4. 服务竞争力量,是指同类会展中,因会展服务的不同而存在的替代竞争。例如,一家企业因追求更好的服务而放弃一个会展转而参加另一个会展。

显然,后两类替代竞争来自同行业之间的竞争,这种竞争往往会更加激烈。但是,不管是哪种替代品,为减少替代品竞争所带来的威胁,会展都必须正确认识它们,并针对它们制定切实可行的营销对策。

3.2　会展竞争者分析

不同的市场竞争态势对会展产生的市场竞争压力是不同的,在不同的市场竞争态势下,会展还要面对不同市场竞争力量。在这些竞争力量中,与本会展有直接竞争关系的竞争者,应该是会展在制定营销策略时要重点研究和分析的对象。面对不同的竞争者,会展要采取不同的竞争策略才能有效;面对不同竞争者的竞争挑战,会展也必须要有不同的对策才能取胜。

3.2.1　会展竞争者分析模型

除了完全垄断,在其他任何一种市场竞争态势下,会展都会面临着来自现有竞争对手和潜在竞争对手的竞争。如果不了解竞争的竞争目标、竞争对手能做什么和正在做什么、竞争对手对市场竞争会做出怎样的反应等,我们制定的营销策略将不可能收到预期的效果。

站在会展营销的角度,对会展竞争对手的分析,一般主要从竞争对手的营销目标、营销假设、营销能力、现行营销战略和面对竞争时的营销反应等五个方面来进行。如图 3-2 所示:

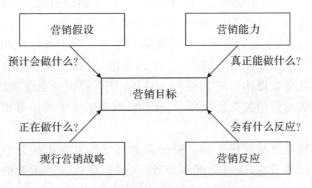

图 3-2　会展竞争者五因素分析模型

可见,对会展竞争者的分析是紧紧围绕着竞争者的营销目标而展开的,目标决定行动,有什么样的目标就会产生什么样的行动。但是,在现实中,要准确掌握竞争者的营销目标往往很困难,为此,在分析的时候,往往会先对其进行预测,也就是营销假设,假设竞争对手会有什么营销目标和进行怎样的营销;接着,分析竞争对手有什么样的营销能力,再分析它正在进行什么样的营销,最后,如果我们对其采取竞争性的营销策略,它会做出怎样的反应? 通过这样的分析,我们就可以较准确地了解竞争对手,并有效地制定自己的营销策略。

3.2.2　竞争者的营销目标

分析竞争者的营销目标,有助于了解竞争对手对目前所处市场地位和财务状况的满意度如何。为达到一定的营销目的,会展都会对自己的营销活动设定目标,了解这些营销目标,可以在一定程度上推断出竞争者是否会改变其营销策略,了解其对外部竞争行为将会做出什么反应。对竞争者营销目标的分析主要包括以下四个方面:

1. 竞争者的经营理念。竞争者的会展定位是什么? 竞争者现在处于什么样的市场竞争地位? 竞争者是否正在力图改变现在所处的市场地位? 竞争者是否存在已经惯例化的特定营销策略,等等。

2. 竞争者的财务目标。竞争者对长期和短期营销业绩之间的取舍如何,在利润和收入增长之间的取舍如何? 竞争者对市场获利能力、销售增长率和风险期望值之间的取舍如何等。

3. 竞争者的组织结构。为达到贯彻上述经营理念和实现上述财务目标,竞争者会提供怎样的组织结构保障? 这种组织结构对资源的配置、营销决策、定价和会展功能和服务的设定等关键决策的影响和权力分配如何等。

4. 竞争者的控制系统。为达到预期的营销目标,竞争者会提供怎样的内部评估和控制系统,这个系统在其整个营销组织结构里处于何种地位等。

3.2.3　竞争者的营销假设

在制订营销计划时,每个会展都会根据自己已经掌握的信息,对自己所处的市场环境和市场竞争地位等进行一系列的假设,在这些假设中,既有会展对自己所处的市场环境和市场竞争地位等的假设,也有会展对自己的竞争对手所处的市场环境和市场竞争地位等的假设。不管会展的这些假设是否正确,一旦正式做出,它就成为指导会展进行市场竞争和营销以及对营销环境变化做出反应的指南。可见,分析和识别竞争者的假设,可以帮助会展恰当地预测竞争者的营销和竞争行为。一般地,对会展竞争者的营销假设分析应包括以下三个方面:

1. 竞争者对市场竞争地位的看法。竞争者对自己所处的市场竞争地位是一种怎样的评估? 竞争者对自己在成本、会展功能和服务、营销策略等方面所处的相对地位的评价如何等。

2. 竞争者对其竞争对手的看法。竞争者如何评估其竞争对手? 其对竞争对手的营销目标、营销能力等的评价如何?

3. 竞争者对市场环境的看法。竞争者对市场需求和行业发展趋势的看法如何? 竞争者对市场需求和行业发展趋势的看法会否导致其采取实质性的竞争或营销行动?

3.2.4　竞争者的营销能力

竞争者定下营销目标和做出营销假设,但他有能力基于这个假设做出计划并实现这个目标吗？竞争者的营销能力决定着其在营销活动中的攻击、防御和反应实力。

在激烈的市场竞争中，每一个会展都有自己独特的优势，也有自己难以克服的劣势，这些优势和劣势极大地影响着一个会展的营销能力。一般地，分析竞争者的营销能力主要从以下四个方面进行：

1.竞争者的核心能力。竞争者的参展商及其构成如何、观众及其构成如何、发展定位怎样、服务和管理如何等？竞争者的核心竞争力的稀有性如何？是否很难替代？其可持续性和可获利性如何？其相对优越性如何？等等。

2.竞争者的发展能力。竞争者的项目发展空间如何？竞争者的发展是否存在一定的产业基础、市场基础、地域优势和政策基础？如果上述基础存在，竞争者利用和把握这些基础的能力如何？竞争在人力、财力、管理和营销能力上是否存在潜在的优势和发展潜力？

3.竞争者的应变能力。包括竞争者对成本竞争、会展功能变化、会展服务竞争、对进攻性营销及对政府行为等的应变能力如何，以及这种应变的速度如何等。

4.竞争者的持久耐力。包括竞争者的资金储备状况、资金筹措能力、创新能力、财务中长期目标和领导层的协调一致性等。

3.2.5　竞争者的现行营销战略

为在市场上生存或取得更大的发展，每一个会展都会有自己的市场营销战略。会展的市场营销战略是基于其市场竞争战略而制定的，是对其市场竞争战略的具体实施。市场竞争战略影响着会展在进行营销实务时如何投入市场竞争，该确定怎样的营销目标，以及为达到这些目标该采取什么样的营销措施等。

会展的竞争战略一般在其营销计划中体现，所以，分析竞争者主要的营销策略，往往可以清晰地看到竞争者的现行战略。这些分析可以从以下三个方面进行：

1.竞争者营销目标的一致性。竞争者的营销目标是整个企业的共识还是仅仅是某一个领导或部门的意思？竞争者内部各职能部门之间在为实现上述营销目标的过程中的共同努力和协调性如何等。

2.竞争者营销目标与环境的适应性。竞争者的营销目标与环境之间是否存在冲突？竞争者内部有没有一套用来科学评估环境及其变化的法则或方法？从历史经历看，竞争者对环境及其变化的认识的正确性和前瞻性如何等。

3.竞争者特定营销策略的效果。竞争者的哪些营销策略曾经或正在对市场竞争发挥重大作用？他的哪些营销策略曾经或正在对市场竞争起着消极的作用？上述好的或不好的营销策略，竞争者是基于什么样的营销目标或对环境什么样的判断而出台的？

3.2.6　竞争者的营销反应

分析了竞争者的营销目标、营销假设、营销能力和现行的营销战略，我们就可以进一步分析和预测竞争者对市场竞争中的种种问题做出什么样的营销反映。分析和预测竞争者的营销反应一般从以下两个方面进行：

1.竞争者的进攻性营销策略。首先，比较竞争者的营销目标和其现有的市场地位，可以看出其对现有市场地位的满意程度,这预示了其是否将采取追求改变现有市场地位的进攻性营销战略;其次,综合分析竞争者的营销假设和营销目标,可以了解竞争者对营销环境变化趋势的看法,了解其对自身实力的评估,从这里可以进一步了解竞争者将谁视为其主要的竞争对手、如何去竞争;最后,比较竞争的营销目标和营销能力,可以了解竞争者将采取的进攻性营销手段的强度和严厉程度。了解了上述内容,对我们做出必要的竞争反应有十分重要的指导作用。

2.竞争者的防御性营销策略。当遇到挑战时,竞争者会进行怎样的营销防御? 竞争者容易被攻击的弱点在哪里? 竞争者的"竞争敏感点"是什么? 综合分析竞争者的营销目标、营销假设、营销能力和现行营销战略,可以清楚了解竞争者可能会对怎样的挑战做出反应、竞争者将会竭尽全力捍卫的"竞争敏感点"是什么等。

3.3　不同竞争地位的会展的竞争策略

处于不同市场竞争地位的会展,面对激烈的市场竞争,其所应采取的市场竞争策略也不尽相同。根据不同的条件,会展在市场上一般呈现出四种不同的市场地位:市场主导型会展、市场挑战型会展、市场跟随型会展和市场补缺型会展。

3.3.1　市场主导型会展的竞争策略

市场主导型会展,是指该会展是同类会展中的领袖型会展,它在办展模式、引领行业发展、展出效果、展览规模、观众数量和质量以及会展服务等方面在同行中处于主导地位,这种主导地位为同行所公认。行业主导会展是该题材会展市场的主导者,是其他同类会展所效仿、回避或挑战的主要对象。

行业主导会展的主导地位是相对的,其他同类会展从不同的角度对它的这种地位进行挑战。面对各种挑战,行业主导会展有三种常用的竞争策略:扩大会展规模、保护和提高市场占有率和提高服务水平。

1.扩大会展规模。扩大会展规模的目的是从规模效应中获取竞争优势。会展业的规模效益很明显,办展成本随会展规模的扩大而降低的速度很快,行业主导会展一般都是规模较大的会展,如果会展规模继续扩大,其他同类会展就无法与之进行竞争。当然,会展在努力扩大规模时一定不要以降低会展质量为代价,会展要努力使到会观众的数量和质量与会展规模扩大相适应。如果一味扩大会展规模而忽视对观众的邀请,会展的质量就必然会下降。

2.保护和提高市场占有率。处于市场领先地位的会展必须时刻提防其他竞争者的挑战,时刻注意保护自己的市场份额。保住了市场份额也就保住了会展的市场地位,而提高市场份额则是提高了自己的市场地位。会展需要保护和提高的市场份额包括两个方面:一是会展市场份额,二是企业参展支出的份额。

会展市场份额:是一般意义上的市场份额,它是会展在该题材会展市场上所占有的分量。会展可以通过防御性的竞争策略来保住旧有的市场份额,通过进攻性的竞争策略来提高该市场份额。

企业参展支出的份额:是指一家企业参加本会展的费用支出占它一年内参加所有同类会展支出的总额的比例,这个比例的大小能反映本会展在该企业心目中的地位如何。如果比例较小,说明该企业更加重视其他会展;反之,则说明它比较重视本会展;如果该比例等于一,则说明该企业除本会展外其他同类会展都不参加。对于市场上存在的各种会展,企业不可能无限制地一一去参加;同时,企业不可能在各个会展上平均投入,它们在参加这个会展上的投入较大就可能会削减参加其他会展的投入。会展要努力提高本会展在企业参展支出中的份额。

3. 提高服务水平。会展业在本质上是为有关企业搭建平台,使它们在这个平台上进行交易、展示、新产品发布和收集信息,会展的基本任务就是要搭建好这个平台并服务于企业,帮助企业在这个平台上实现它们的目标。会展的这一基本任务很大程度上是靠提供专业的会展服务来实现的。

当几个会展实力相差无几时,会展服务的质量很容易将各个会展的市场地位拉开档次。提供比其他会展更好的会展服务,是行业主导会展保护自己市场地位和进行市场竞争的有力武器。服务如果较好,它就可以成为会展在市场上竞争取胜的利器;服务如果不好,它就可能成为会展刺伤自己的暗箭。

【经典案例】

广交会的竞争与变革

在中国出口产品类的会展中,广交会是该行业中无可争议的主导会展,其他各地的各种"出口商品交易会"都是它的补充。随着"华交会""昆交会"等会展的飞速进步,市场竞争加剧,广交会没有停留在"中国第一展"的耀眼光环下,而是在不断变革创新,其主导会展的地位始终不可动摇。在持续的创新中,广交会的展览时间几经变革,使时间设定更加符合参展企业和海外买家的需要;广交会不断挖掘潜力,提高场馆的利用率,增加展位数量;支持民营经济的发展,扩大民营企业参展的比例;不断改进对国内外客商的服务,增加服务种类。从第 101 届开始,广交会增加了进口展区;2002 年,广交会从原来的每届一期该为每届两期,在扩大了规模的同时也极大地满足了市场的需求;2008 年,第 104 届广交会又从每届两期变为每届三期。

3.3.2　市场挑战型会展的竞争策略

市场挑战型会展,是指一些在市场上暂时还处于次要地位的会展,因为该题材的会展市场上已经存在一个市场主导型会展,自己又不满意目前这种市场地位而意图改变该它。

尽管市场主导会展往往会成为市场挑战型会展挑战的主要目标,但它不是唯一的挑战目标。因为,向市场主导者挑战不仅要有很强的实力,还要冒很大的风险,如果挑战者没有自己的优势又不能利用对方的弱点,挑战将很难成功;并且,有时即使挑战成功,自己也可能收益不大,因为在自己战斗得筋疲力尽的时候,胜利的果实可能早已经被其他竞争者夺走,自己却所得无几。尽管如此,向市场主导者挑战往往还是有很大的吸引力,很多挑战者会把进攻的目标定为该市场主导者。

除市场主导者外,与挑战者实力相当的一些会展也可能成为被攻击的目标。挑战者常常会选择一些与自己实力相差无几的会展,通过有针对性的竞争来夺取它们的市场份额,占领它们的阵地,或者干脆将它们吞并,用这种办法来壮大自己,消灭竞争对手。当然,在一个富有进攻性的会展面前,一些较小的同类会展更容易成为被攻击的对象。

对象不同,挑战者进攻的目的也不一样。例如,当挑战者选择向小会展进攻时,其目标往往是将它们逐出该题材的会展市场;而当挑战者向与自己实力相当者进攻时,其目标常常是夺取它们的市场份额。

不管挑战者选择向哪种类型的会展发起挑战,一旦挑战者选择好了挑战的对象,挑战者就必须遵循这样一条进攻的原则:所有的进攻行动都必须指向一个明确的和可能达到的目标。否则,挑战行动就可能失败。所以,在挑战之前做到知己知彼是非常重要的。

在选定了挑战对象后,还要注意选择适当的挑战方法。一般说来,挑战者有五种可供选择的挑战办法:

1. 全面包围。挑战者以自己优于对方的优势资源对对方进行全面的围堵,以求在这种全方位大规模的进攻中取得胜利。这是一种全面进攻的策略,它往往会引起对方激烈的反应,如果没有拥有绝对的优势,这种策略往往较难成功。

2. 正面挑战。挑战者集中全部精力向对手的主要市场发动进攻,进攻的重点是对方的强项而不是弱项。正面挑战的胜负取决于双方力量的对比,挑战者必须要有强大的实力,并且在会展的定位、运作、服务以及客户关系等方面强于对手时才有取胜的把握。正面挑战的一个最常见的攻击手段就是"价格战",挑战者以比对手更具有竞争力的价格向对手发起进攻。面对这种进攻,实力弱小的会展往往无力招架;但如果对手实力也较强,价格战就会变成一场消耗战。价格战尽管威力强大,但也并不是战无不胜。

3. 侧翼进攻。挑战者集中自己的优势力量去攻击对手的弱项,从对手的弱点上寻求突破。侧翼进攻的具体办法有两种:一是进攻对手较弱的某细分市场,将对方逐出该细分题材;另一是攻击对方较弱的某一地区,将该地区的客户囊括为自己所有。侧翼进攻比较隐蔽,对手往往较难发觉,有时候等到对手发觉了但为时已晚,因此,侧翼进攻往往更容易达到目标。

4. 迂回包抄。这是一种间接的挑战策略,它完全避开对方现有市场而进行迂回包抄。例如,尽管和对方会展在同一个产业但自己却比对方包含更多的展览题材,尤其是包含那些对方会展所没有包含的题材;或者,重点在对方目前还没有进行招展的地方进行招展;或者,将自己的会展定位和对方会展相区别,与对方进行差别化竞争。这种策略比侧翼进攻更隐蔽。

5. 游击战争。这是通过一种小规模的间断性的进攻来攻击对方的薄弱环节以达到挑战目的的策略。这种策略的目的有两个:一是通过消耗对方来为自己赢取立足点;另一是在消耗对方的同时壮大自己。尽管游击战争往往难以将对方完全击倒,但对于那些力量较弱的挑战者却非常适用。

在实际操作中,上述五种挑战办法常常被挑战者组合使用,通过同时使用几种办法来改善自己的市场地位。

3.3.3　市场跟随型会展的竞争策略

市场跟随型会展,是指一些在市场上处于次要地位的会展,不对该题材会展市场上的主导会展发动进攻,而是主动地跟随在它后面并与它和平共处。它承认市场主导会展的市场地位,自己很多是对它进行模仿。

尽管市场跟随者的市场竞争条件和竞争环境没有市场主导会展好,但很多时候,市场跟随者照样能把会展经营得有声有色。因为,市场跟随者有两个可以利用的优势:一是地理环境因素。例如,距离市场主导会展所在地较近,就可以利用市场主导会展已经营造起来的会展市场平台;如果距离较远,就可以利用它的办展模式;另一是能分享市场主导会展的某些资源。例如,分享其观众资源,分享其已经营造起来的交易平台等。

市场跟随者在办展策略的很多方面模仿市场主导者,它一般会避免与市场主导者发生直接的冲突。在与市场主导会展的“和平共存”中,市场跟随者要做的不是向市场主导会展发起挑战,而是要充分利用自己的局部优势,分享市场主导会展的某些资源,保住一定数量的客户,降低成本,提高会展质量,并给自己的客户提供一些特有的利益。

市场跟随者在跟随市场主导会展时不是简单地跟随,它必须找到一种不至于引起市场主导会展报复性竞争的策略,否则,一旦市场主导会展对其采取报复性竞争行动,市场跟随者将很难招架。一般地,市场跟随者有三种可供选择的“跟随策略”:

1. 选择性跟随。就是在某些方面跟随市场主导会展,但同时在另一些方面又自行发展和创新,是一种有选择的择优跟随策略。采用这种策略进行“跟随”,跟随者往往是模仿市场主导会展某些成功之处,借以分享市场主导会展的某些资源和办展经验,同时,还根据自己的特点努力发挥自己的优势,进行开拓和创新,使自己的会展发展壮大。

2. 距离性跟随。就是跟随市场主导会展的某些主要方面,如办展时间、展览范围、观众定位和办展策略等,但在其他方面仍与市场主导会展保持距离。距离性跟随与选择性跟随有些相似,只不过它缺少了后者的自主开拓和创新,是一种被动的跟随。

3. 全面跟随。就是在办展策略、展览时间、观众定位、展览范围等各个方面尽量跟随市场主导会展,尽可能分享市场主导会展的某些资源和办展经验。这种策略与“市场挑战型发展战略”不同,因为它不主动侵犯市场主导会展,也不主动与其发生冲突。

【经典案例】

珠江三角洲地区的家具展

在会展业,市场跟随者有时候能与主导会展一起,共同营造一个市场环境,并获得不错的经营效果。例如,在珠江三角洲的广州、东莞、顺德和深圳等地,每年3月中下旬都有6个家具类的展览会同时举办,到目前,这6个家具展都办得有声有色。我们姑且不明确在这6个家具展中,哪个会展是市场主导者、哪个会展是市场跟随者,但在这6个会展中,必定有几个是市场跟随者。每年这个时候,6个会展共同在珠江三角洲一带营造了一个很好的家具展示和交易平台,世界各地以及国内的买家和观众也像赶场似的看了这个会展又去参观另一个会展。

3.3.4　市场补缺型会展的竞争策略

市场补缺型会展,是指一些只专心服务于某类题材会展市场的某些细小部分,通过专业化经营来营造一种差别化竞争优势的会展。这种会展往往是服务于那些市场主导会展所没有精力顾及的,或者是被它所忽视的领域,通过在这些领域里经营来寻求生存和发展。

市场主导会展一般都是一些规模较大的会展,这些会展在经营中往往很难面面俱到,常常会有这样或那样的"遗漏"。例如,由于场地的不足,使一些参展商申请不到展位;由于题材的限制,使一些边缘题材不能进入会展等。这些"遗漏"就是市场补缺型会展的"补缺基点",也是它们的生存空间。

对市场补缺型会展来说,找准"补缺基点"是关键,没有一个好的补缺基点,这种会展就很难生存。一般地,一个好的补缺基点应该具有以下四个特征:第一,是市场主导会展所无力顾及或遗漏的,或者是对它不具有吸引力的;第二,有一定的市场潜力;第三,是有利可图的;第四,市场补缺型会展具有占领该"补缺基点"所必需的资源和能力,并能抵抗其他补缺者。

找到"补缺基点"后,市场补缺型会展一般有四种"补缺"办法:

1. 会展定位补缺。进行有别于市场主导会展的会展定位,例如,在市场主导会展主要面向国内市场的时候,可以将自己的会展定位为"出口导向",主要招揽那些面向出口的企业来参展。

2. 观众结构补缺。将自己会展的目标观众同市场主导会展的观众分开,让自己的会展只专门服务于某一类或几类的观众,让自己的会展更专业化。

3. 展商类别补缺。只专门服务于某一类或几类的参展商,这些参展商可能是市场主导会展所主动放弃的,或者是它所无意忽略的。

4. 市场导向补缺。只服务于某一个或几个细分市场,如只经营市场主导会展所"遗漏"的题材,或者是它暂时还做得不太成熟的题材。

对于市场补缺型会展来说,在发现了"补缺基点"并开发了该补缺市场以后,还要善于扩大和保护该补缺市场。扩大补缺市场,就是要努力拓展该细分市场以满足更多具有该特殊需求的客户的需要;保护补缺市场,就是补缺者不仅要注意市场主导会展的新动向,还要注意是否还有其他补缺者企图进入该市场。有时候,市场主导会展可能会重新"发现"并"拣回"该补缺基点,将它重新纳入会展范围,如果这样,补缺基点就会消失,补缺者就会失去经营的基础。另外,新的补缺者进入该市场可能会使本已狭小的市场更加狭小,激烈的竞争将不可避免地发生。所以,发现补缺基点、扩大并保住该市场,是市场补缺型会展成功的关键。

很多时候,市场主导会展所"遗漏"的补缺基点都不止一个,如果补缺者能够同时找到和占领几个补缺基点,那么,进行多重补缺往往比单一补缺更有利于会展的发展。只要善于寻找和经营,中小会展也是有很多机会在市场上生存并盈利的。

【经典案例】

广交会期间其周围的"馆外馆"会展

在我国,执行市场补缺型会展的一个极端例子,是每届广交会期间在广交会展馆周围举办的一些"馆外馆"会展。由于广交会的场地严重不足,每届广交会都会有很多企业申请不到展位;又由于广交会展览题材的不断优化和调整,一些产业和展品的展览场地被缩小或取消;并且,为保证效果,广交会对参展企业的资格也有一定的要求;加上我国对外贸易事业的飞速发展,经营出口业务的企业越来越多,这使很多企业参加广交会的参展意愿得不到满足。于是,在广交会展馆周围,每届广交会期间就有很多"补缺者",大量的"馆外馆"会展就应运而生。由于地理位置临近,这些补缺型会展,模仿广交会的展期,分享广交会的买家资源,大量吸收那些无法进入广交会的企业参展,无不办得一片红火。

3.4　不同发展阶段的会展的竞争策略

每个产业都会经历培育、成长、成熟和衰退的发展阶段。会展的发展与会展展览题材所在产业的发展密切相关,也会经历培育、成长、成熟和衰退等发展阶段。在会展不同的发展阶段,会展的竞争策略也应有所不同。

3.4.1　培育期会展的竞争策略

和所有产业一样,会展也有它自己的发展轨迹,也会有培育、成长、成熟和衰退等发展阶段。会展在培育期其规模往往还不是很大,市场影响力也很弱,行业知名度还不是很高,客户对其效果还不了解,企业参展的意愿和观众参观的欲望都不强。这时,为了让行业知道这个会展,让企业愿意参展和观众愿意参观,在会展竞争策略上要注意把握好以下几点:

1. 不以盈利为目的,努力把会展办大办强。在培育期,由于会展积累不多但投入却很多,这时,要有长远的眼光,不要过分追求盈利。在培育期,着眼点应该是如何将会展办得更大更强,会展只有强大了盈利才有保障。如果不能将会展培育壮大,那么,会展就会永远是一个需要别人扶助的脆弱的婴儿,一旦市场有风吹草动它就可能会夭折。

2. 努力扩大会展规模。婴儿之所以总是需要呵护,是因为他还比较弱小;培育期的会展之所以需要培育,也是因为它比较弱小。一个会展如果没有较大的规模就永远难以变大变强。培育期会展的首要任务之一,就是要努力扩大会展的规模。当然,为了保证会展的质量和展出效果,会展在扩大规模的同时,也不要忽略了会展的观众邀请和服务工作。

3.明确会展的发展定位。对于培育期的会展,市场可能对它一无所知。会展必须有一个准确鲜明的定位,使市场记住会展,给企业一个参加本会展的充足理由,同时也给会展找一个合适的发展空间。

4.使用多种营销手段提高会展的知名度。客户只有知道有这么一个会展才会考虑是否参加该会展,如果他们连行业里存在这么一个会展都不知道,那么,要想让他们前来参展和参观简直如痴人说梦。

5.提供优质的服务并让客户感知到这种服务。会展服务是让会展功能真正发挥作用的重要手段,没有良好的会展服务,会展作为一个贸易、展示、信息和发布的平台的作用就难以真正起作用,参展商和观众在会展中的所得就会大打折扣。培育期会展往往刚刚起步,会展流程和服务还没有成型,还有极大的改进空间和余地。

3.4.2 成长期会展的竞争策略

进入成长期以后,会展的规模迅速扩大,参展商数量增长很快,到会观众的数量和质量也在不断提高,会展在行业内的影响力和知名度不断上升,会展开始进入快速发展时期。会展能否发展壮大,完全有赖于会展在这个时期的成长表现。如果成长顺利,会展就会健康快速发展;如果成长不顺,会展的成长历程就会磕磕绊绊。

在成长期,会展不仅要努力保住成长的势头,还要特别注意在观众邀请、会展服务和争取市场竞争优势等方面多下功夫:

1.像重视招展一样重视招商。招商是成长期会展最容易忽视的问题,也是最容易阻碍成长期会展继续成长的问题。使会展到会观众的数量能和会展规模扩大的速度相适应,是会展能够保持快速成长的重要条件。否则,会展的质量就必然会下降,会展的成长也会因此而停止。没有参展商就没有会展规模的扩大,没有观众就没有会展展出效果的提高,参展商和观众是会展的两个车轮,缺一不可。

2.重视客户关系管理。随着会展的快速成长,会展的客户数量越来越多,会展再也不能以过去管理小会展那样的方法来管理客户了,会展必须改进自己的客户管理办法。在成长期,如何提高和保持客户对会展的忠诚度非常重要。如果提高不了客户的忠诚度,那么,新客户流入的速度可能就赶不上老客户流失的速度,会展就可能要陷入萎缩的境地,会展的成长可能就会停止。

3.改进会展的服务。面对快速成长,成长期的会展会将很多问题掩饰于无形,使其不能及时被发现和改正。在这些被掩饰的问题中,除了上面讲到的观众问题,服务则首当其冲。很多会展一方面快速成长,而另一方面服务水平却不断下降。在成长期,要高度重视改进会展的服务,使服务跟上会展发展的需要。

4.加强对市场和竞争对手的研究。当会展还小时,竞争对手可能对该会展还并不在意,但进入成长期以后,会展的快速成长会引起竞争对手的日益重视,他们可能会针对会展采取一些进攻性的竞争措施,如果会展不能对这些措施迅速做出正确的反应,会展的成长就可能被竞争对手所扼杀。所以,成长期的会展要加强对市场和竞争对手的研究,使自己熟悉市场,了解竞争对手,并采取正确的措施来应对,这样,成长才有保障。

5.完善会展的功能。随着会展逐步成长,数量逐渐增大的客户群必然会对会展产生不同的需求,会展要在保持自己基本定位和独有特色的基础上尽量满足不同客户的不同需求。另外,随着时间的推移,市场环境也会发生变化,如果会展不能抓住和反应市场变化并跟上市场变化的步伐,会展就会落后于时代,落后于市场。所以,在成长期,会展的功能要随着市场和客户需求的变化而不断调整,不能僵化和一成不改。

在成长期,很多会展还会遇到一个两难的问题:是扩大市场占有率为主还是立即获取高利润为主? 这一问题其实涉及会展长远发展和短期利益的问题。因为,一方面,会展要长期稳定健康发展,逐步扩大并保持一定的市场占有率是必不可少的;另一方面,会展也需要有一定的利润,否则,会展的发展将无以为继。所以,在成长期,会展必须在扩大市场占有率和立即获取高利润之间寻找到一个平衡点。

3.4.3　成熟期会展的竞争策略

进入成熟期以后,会展的增长速度就会慢下来,会展的规模、参展商和观众也基本稳定下来,会展进入了一个相对平稳的发展时期。成熟期的会展在行业内的地位已经基本稳定,会展的特点已经被行业所认同,会展的规模增减变化较小,会展有一批比较稳定的参展商和观众。

会展的成熟期一般被分为两个部分:在成熟期的前半期,会展比较稳定,规模变化小,利润稳定;在成熟期的后半期,会展的规模开始缩小,利润开始下降。在这一阶段,重点是要帮助会展尽量延长成熟期的前半期,延迟成熟期后半期的到来。具体的做法一般有:

1.加强会展的形象建设。到成熟期以后,会展在行业内的知名度已经建立起来,这时,营销的重点已经不再是促进招展和招商,而是帮助会展在市场上建立和巩固其良好的形象,为会展赢得良好的行业声誉和口碑。在成熟期,该发掘的新客户已经基本发掘完毕,该来会展参观的观众也已经基本都来过会展参观,如果会展还一味以促进招展和招商为重点,其有效率不会很高。但如果会展的良好声誉和形象得以巩固,客户对会展的认知度将更高。

2.扩大会展的市场。成熟期的会展一般都会面临规模难以再继续扩大的难题,也面临着如何继续增加新客户的问题,要解决这些问题,扩大会展的市场是一个有效的办法。例如,可以通过分列会展题材来扩大会展的市场潜量,或通过新增题材来扩大会展的市场。

3.稳定会展的客户群。处于成熟期的会展,可供开发的新客户已经不多,会展客户工作的重点要放在如何稳定现有客户和如何赢返会展流失的客户上来。稳定现有客户,重点是要稳定那些在行业里有代表性的重要客户;赢返流失的客户,重点是要赢返那些能给会展带来价值的客户。

4.增加客户的价值。在成熟期,会展要想方设法增加客户的价值。此时的会展,已经从和竞争对手比规模、拼价格、争客户等转移到重点比服务上来了,服务成了争夺市场竞争优势的重要工具。所以,为客户提供优质服务,并使客户在享受优质服务的同时增加自身的价值,会展的市场地位才不会被竞争对手所削弱。

3.4.4 衰退期会展的竞争策略

会展业是一个很特殊的行业,一个会展从创立到培育、成长、壮大可能需要很长的时间,但一个会展如果陷入衰退,它可能在一夜之间就突然垮掉。所以,一旦会展真正进入衰退期,很少有办展单位还愿意继续举办它。一般地,在会展进入成熟期的后半期时就应该采取行动,如果等到会展进入衰退期,采取行动往往已经为时已晚。对于进入成熟期后半期或者衰退期的会展,一般可以采取以下三种应对措施:

1. 转型。当会展进入成熟期后半期或者衰退期时,可以采取的一个积极应对措施就是让会展及时转型,通过会展转型来为会展找到新的发展空间,为会展赢来新一轮的成长。例如,改变会展的基本定位,通过新的会展定位来创造一个新的会展;又比如,调整会展的展览题材,通过变换会展展览题材来为会展赢得新生。

2. 坚守。就是坚持会展的原来定位和展览题材等,但减少会展的宣传推广等成本投入,使会展能够继续办下去,直到会展无利可图为止。不过,减少会展宣传推广等成本投入往往会使会展衰退得更快。另外,坚守处于衰退期的会展往往有一定的风险。

3. 放弃。就是在会展进入成熟期后半期或者衰退期时,在会展还没有到无利可图之前就主动地停办该会展。主动地停办某会展可能会带来一定的利润损失,办展单位在感情上也可能难以接受,但这种策略对于减少风险、集中精力去开发新会展很有好处。

3.5 不同产业的会展的竞争策略

会展题材所在产业的产业环境对会展发展有着重大影响,处于不同产业环境里的会展应该有不同的竞争战略。经济产业一般会呈现为零散型产业、新兴产业、成熟产业和衰退产业等四种典型的产业类型,会展在这四种典型的产业环境里所采取的竞争策略差别很大。

3.5.1 零散型产业中的会展的竞争策略

零散型产业,也就是通常所说的竞争性产业。在这种产业里,中小企业数目众多并成为行业的主体。在这些企业中,没有任何一家或几家企业占有较大的市场份额,也没有任何一家企业能对整个产业的发展产生重大影响,行业里不存在具有左右整个产业活动的领袖型企业。

零散型产业是一种很常见的产业结构形态,它存在于很多产业领域中。这种产业环境的特点如表 3-1 所示:

表 3-1　零散型产业的特点及其对会展的意义

特点	特点释义	对会展的意义
产业进入壁垒较低	显示了新企业进入这个产业难度的大小	行业内存在大量的中小企业,招展难度较大
产品市场需求多样化	消费者的需求零散,产品个性化、小批量生产	对会展的展区划分和专业服务要求较高
不存在领袖型企业	产业里很难出现领袖型大企业,中小企业是主体	企业参展的示范效应和带动效应不明显
规模效益不明显	产品成本随生产规模扩大而降低的效果不明显	很容易出现会展档次不高、会展现场杂乱无章的状态

产业环境是会展制定竞争战略的基本前提,零散型产业里的会展,其竞争战略必须与上述特点相适应:

1.善用合作营销策略。由于零散型产业是以中小企业为主体,会展的目标参展商和目标观众就是这些中小企业。面对数量如此庞大的中小企业,会展一开始很难了解这些企业的具体情况,也很难一家一家地去拜访它们以招展或招商,这时,如果与有关机构合作,会展的招展或招商效果就会大不一样。例如,与行业协会合作,会展将受益匪浅。

2.使办展程序和服务标准化。零散型产业里中小企业众多,市场需求多样,产品式样众多,众多的中小企业生产同一种类但不同式样的产品,在这样产业里举办的会展,很容易出现会展档次不高、会展现场杂乱无章的状态。要避免出现这种情况,使办展程序和服务标准化是一种有效的解决办法。使办展程序和服务标准化,不仅可以让众多的中小企业按会展的统一标准办事,使会展现场秩序井然,不出现杂乱;还可以用标准化的会展服务来最大限度地满足绝大多数企业的需要。

3.广泛使用招展和招商代理。在零散型产业里,会展一般没有精力一家一家地去拜访众多的中小企业以招展和招商,一家中小企业的参展行动对行业内其他企业的参展决策也基本没有什么示范和带动作用,并且,零散型产业一般注重个人服务和近距离控制,本地化倾向较强。因此,在这种产业里举办的会展,招展和招商难度较大。面对这种情况,会展可以广泛地使用招展和招商代理,通过代理的工作来克服目标企业小而众多的交往和沟通难题,增加会展招展和招商的效果。

4.注意在一些区域集中营销。零散型产业里较少有那些功能齐全的大企业,众多的中小企业都专注于自己的产品生产,行业专业化程度一般较高。这种特点,使行业协作特别重要,而行业协作又使行业生产趋于向一定的区域集中。零散型产业的生产区域集中特点,使该产业里的会展营销也要向这些区域集中,这样,不仅营销更能针对目标客户,还能节约成本,提高效果。

【经典案例】

香港礼品及赠品展览会

在我国,礼品和赠品行业是一个典型的"零散型产业",这个产业里中小企业众多,产业进入壁垒较低。在这个产业,我国目前有很多会展,但在这些会展中,办得较好的并不多。这是一个大家都有机会进入、但很难把会展办好的行业。

不过,由于措施得当,"香港礼品及赠品展览会"却办得十分成功。目前该会展是该产业中亚洲最大的会展。该会展的 2006 年春季展,有来自全球 35 个国家及地区的 3879 家企业参展。会展主办单位香港贸发局的海外办事处组织了超过 80 个买家团来会参观,安排全球 2800 多家企业超过 5000 名重要买家参观会展,买家当中有世界主要百货公司和连锁店的采购人员。会展共吸引了 54875 名买家进场参观,其中来自香港以外的有 26321 名。会展发展成为全世界同类展览中排名第二的国际盛会。

3.5.2 新兴产业中的会展的竞争策略

由于技术进步、新消费需求的出现和社会经济条件的变化而将某个新产品或服务升级到产业水平时,一个新兴产业就不可避免地要诞生了。新兴产业是一个相对的概念,一个产业刚诞生时是新兴产业,但经过数十年的发展以后,它就逐渐变成了成熟的"老产业"了;一个产业在这个市场是新兴产业,但在另一个市场可能已经是"夕阳产业"了。

在新兴产业里,市场机会众多,行业没有成熟的游戏规则,行业成长很快,大量企业期待进入这个产业。新兴产业的特点如表 3-2 所示:

表 3-2 新兴产业的特点及其对会展的意义

特点	特点释义	对会展的意义
市场前景广阔但仍有待开发	市场还没有做好接受该产品的准备,产品前景广阔但目前不成熟	会展发展空间较大
成本下降快且利润较高	行业整体效益较好	企业参展的意愿较强
产业发展较快且新成立的企业较多	新企业很容易找到能发挥自己特长的行业位置	招展策略要灵活多样
技术和战略都存在不确定性	技术往往还处于不断创新和不断进步的阶段	要选择合适的会展主题
存在顾客困惑	产品很多顾客"只听说过但没有见过",更不知道如何使用	要善于运用多种媒体组合营销

新兴产业给产业内所有的企业提供了一个良好的发展环境,在新兴产业里举办的会展一般都很有发展前途。但是,任何会展都需要有良好的长远规划和精心培育,如果不能很好地理解和利用新兴产业的基本产业特点,这个产业里的会展也会遇到很大困难。为此,这种产业环境里的会展应该注意处理好以下一些问题:

1.善用关系营销策略。新兴产业里的企业往往更多地被社会所关注,它们与会展讨价还价的能力一般都较强,仅凭一些简单的营销手段来吸引这些企业参加会展往往是不够的。对这些企业,关系营销策略往往能发挥更好的营销效果。当然,如果关系营销与合作营销策略并用,效果会更好。

2.在标准化的会展服务上倾注更多的个性化服务。新兴产业里的企业往往都是个性化倾向很强的企业,这些企业不仅产品趋于个性化,营销策略趋于个性化,连它们的员工往往也很个性化。对于这样的产业,千篇一律的标准化的会展服务固然可用,但满足不同企业需求的个性化服务一定必不可少。会展要在个性化服务上倾注更多的心思。

3.注意会展定位和会展主题的选择。新兴产业发展很快,新技术、新概念、新思想不断涌现,产业内的新事物层出不穷,这种产业里的会展,其定位和主题一定要紧紧抓住时代的脉搏,把握产业发展的潮流,反映行业的特点和发展趋势,这样,会展才具有号召力。

4.注意对各种宣传推广媒介的组合运用。新兴产业既是社会关注的焦点,也是各种媒体竞相报道的热点,新兴产业里发生的一些事件往往会成为整个社会所津津乐道的话题。对于会展来说,社会及媒体对新兴产业的高度关注既是一种机遇,也是一种挑战。因为,如果新兴产业里发生的事情是"好事",那么该事件就可能在社会上"一夜成名",这对会展营销十分有利;但如果该事情是"坏事",那么引发该事件的当事人很可能在一夜之间就声名狼藉。所以,新兴产业里的会展,要多花心思注意对各种宣传推广媒介的组合运用。

【经典案例】

汽车类会展

在我国,随着人们收入水平的逐步提高,人们对生活质量的追求也越来越高,作为高质量生活品质象征之一的汽车产业,因此也成为一个众所瞩目的新兴产业,汽车的生产和消费都突飞猛进,新车型层出不穷,社会高度关注。

在朝气蓬勃的产业里举办会展,比在夕阳产业里举办会展,不仅其受关注度要高很多,其成功的可能性也要高很多。因此,与汽车有关的会展在全国各地遍地开花,据不完全统计,全国大大小小的汽车类会展数量已经远远超出了 100 个,几乎每一个大一点的有展览馆的城市都有汽车类的会展。

不过,由于汽车行业尤其是汽车整车行业是一个集中度很高的行业,要举办一个以汽车生产企业为主的汽车类会展绝非易事。眼下,我国的许多汽车类会展,往往都是以汽车经销商展出为主的展览。办得较好的几个汽车展,如北京汽车展、上海汽车展和广州汽车展等,无不是注重对会展定位和会展主题的选择,注意对各种宣传推广媒介的组合运用,注意巧妙运用关系营销和合作营销策略,注意对各大汽车生产企业提供个性化的服务的会展。

3.5.3　成熟产业中的会展的竞争策略

产业在经历了高速增长以后会逐步过渡到有节制的增长或者平稳增长,处于这个时期的产业通常被称为成熟产业。相对而言,国民经济中更多的是成熟产业或者是正在走向成熟的产业。成熟产业的特点如表 3-3 所示:

表 3-3　成熟产业的特点及其对会展的意义

特点	特点释义	对会展的意义
产业增长趋于平稳	产业的增长速度也从以前的高速增长逐渐降下来并渐渐趋于平稳	企业参展意愿降低,招展难度较大
企业对市场占有率的竞争更加激烈	无法依靠开拓新市场来保持增长,企业间的竞争转移到对市场份额的争夺上来	企业对会展举办的地点关注度提高,领袖型企业参展示范效应大
价格、成本和服务成为普遍的竞争手段	企业之间的竞争更加趋向于价格导向、成本导向和服务导向	企业对会展价格更加敏感
保住老客户比吸引新客户更加重要	进一步开发新客户的难度很大,成本也很高	企业更注重展示形象
产业创新趋缓,生产能力开始过剩	产业的创新开始趋缓,产业的生产能力也开始过剩	重视客户关系的维护

成熟产业是国民经济中普遍存在的产业形态,这种产业里的会展要注意处理好以下一些问题:

1.善于组合利用各种营销策略。产业发展到成熟阶段,企业在产业内的位置已经基本稳定,对市场的了解也很充分,它们多数已经建立起了完整的市场营销网络和宣传推广模式。这种产业里的会展,要面对的是成熟的产业环境、成熟的企业、成熟的市场以及众多企业成熟的营销手段。为此,会展不能仅以一种营销手段去营销,而是要针对不同的企业,组合利用关系营销、合作营销、直复营销、网络营销以及公共关系营销等多种营销策略,以多种营销手段来赢取胜利。

2.利用好价格策略和服务策略。在成熟产业里,利润下降,企业对价格较为敏感;由于产品同质化倾向较为严重,企业非常注重以服务赢取竞争优势。会展要善于抓住这一产业特点,利用好价格策略和服务策略。

3.重视客户关系管理。在成熟产业里,没有开发的新客户已经所剩无几,企业对现有客户的争夺已经空前激烈,客户基本已经被瓜分完毕,寻找新客户十分困难。成熟产业里的会展尤其要重视客户关系管理,及时了解客户的需求和客户的动向,想办法留住客户。在这种产业里,保住老客户比吸引新客户更加重要。

4.重视产业领袖型企业。在成熟产业里,企业在产业内的位置已经基本定型,产业内的秩序在相当长的时间里将保持不变,产业里一般会有一些领袖型企业,这些企业的一举一动都会被行业所瞩目,如果它们参加某个会展,其在产业内的示范效应和带动作用将非常大。成熟产业里的会展要特别注意与这些领袖型企业结成合作伙伴关系,实现合作、共荣双赢。

3.5.4 衰退产业中的会展的竞争策略

在衰退产业里,产品的市场销售量连年下降,产品种类逐年萎缩,企业的广告投入和研究开发费用逐步减少,整个产业呈现"不景气"的状态。

产业走向衰退是逐步的,没有一个产业一夜之间就从"朝阳产业"变成了"夕阳产业"。引起一个产业走向衰退的原因主要有四个:一是需求的变化,它使整个产业不可避免地出现收缩而走向衰退;二是技术替代,它在创造了一个新产业同时往往也毁灭了一个旧产业;三是社会以及经济环境的变化,它剥夺了一些产业赖以生存的基础;四是人口因素,人口数量的减少引起需求的下降,人口结构的变化又引起需求的转移。如果一个会展展览题材所在的产业变成了衰退产业,这个会展一般也会面临着衰退的危险。这时,会展有四种应对策略可供选择:

1.领袖会展策略。衰退产业给该产业中所有的会展都带来面临衰退的压力,这种压力会打击很多会展继续举办的信心。但是,只要一个产业还存在,它就有举办会展的产业空间。领袖会展策略就是要将本会展办成该产业中的领袖型会展,使本会展成为该行业中唯一的或少数几个会展之一。为实现这个目标,会展可以采取收购其他同类会展等基于夺取市场份额的进攻性竞争手段来实现。

2.局部领袖策略。在衰退产业中选择一个细分市场,这个细分市场的需求相对稳定或下降速度较慢,并且能带来收益,会展定位于这一细分市场而放弃其他题材,使自己在这一细分市场中树立领袖地位。

3.收割策略。在面临衰退的产业压力下,会展力图优化其现金流,削减广告等宣传推广投入,优化办展流程,减少成本支出,尽量从会展过去的声誉以及其他竞争优势中获利。执行收割策略的前提是本会展以前确实有较好的口碑和其他竞争优势,而且本产业的衰退速度也不是很快。否则,收割策略就会自毁形象,变成一场代价高昂的"最后捞一把"式的掠夺。

4.撤出策略。如果很难成为领袖型会展,也找不到成为局部领袖的理由,也难以实行收割策略,那么,会展应该及早策划从该产业中撤出,停止举办。在这种情况下,主动地停办比坚持到走投无路时再被迫停办更有利,因为在后一种情况下,办展单位的声誉和形象往往会严重受累。

本章要点

本章主要介绍会展市场的竞争态势和对竞争者的分析方法,介绍处于不同竞争地位、产业和不同发展阶段的会展的竞争策略。主要内容有:会展市场竞争态势的五因素分析模型及其构成;会展竞争者五因素分析模型及其构成;处于市场主导型会展、市场挑战型会展、市场跟随型会展和市场补缺型会展等不同市场地位的会展的竞争策略;处于培育、成长、成熟和衰退等不同发展阶段的会展有不同的竞争策略;在零散型产业、新兴产业、成熟产业和衰退产业等产业类型里举办的会展所采取的竞争策略差别很大。

思考题

1.试论述会展市场竞争态势的五因素分析模型。

2.如何理解会展竞争者五因素分析模型?

3.何为市场挑战型会展? 其竞争策略主要有哪些?

4.何为市场补缺型会展? 其竞争策略主要有哪些?

5.试论述不同发展阶段会展的竞争策略。

6.试论述在不同产业环境里举办的会展的竞争策略。

第4章

会展市场细分、定位与差异化竞争

从某种意义上讲,会展营销是一种目标市场营销:每一个会展都是在广阔的会展市场中,有选择地将一个或几个目标参展商群体及目标观众群体作为自己的目标市场,并运用自己的各种资源和渠道,专注于为这些目标参展商和目标观众提供各种优质的会展服务。因此,要成功进行会展营销,我们就要对会展市场进行细分,在细分市场的基础上选择好自己的目标市场并进行市场定位,通过差异化竞争来取得市场优势。

4.1 会展市场细分

会展市场细分,是会展按照一定的标准将会展整体市场划分为若干个由需求大致接近的客户群体所组成的子市场群的过程。经过细分后的一个个子市场即为细分市场。在不同的细分市场之间,客户的需求差异比较明显;在同一个细分市场内部,客户的需求比较相似。进行有效的会展市场细分,是会展能准确地找到自己目标市场的关键。

4.1.1 中国会展市场的特征

要进行有效的会展市场细分,我们就必须对会展整体市场有全面而准确的了解,这是进行有效会展市场细分的前提和基础。不了解会展整体市场,会展市场细分就不可能准确。

经过多年的快速发展,我国会展市场成长很快,变化也很大。近年来,我国会展市场呈现出一个主题、两个趋势、三个中心、四个方向和五个产业带等五大显著特征:

1. 一个主题:开放、合作、共赢、发展。

开放、合作、共赢和发展,是我国会展业在近几年以及今后几年中不断前进和壮大的主题。

首先,在开放上,我国会展业是一个相当开放的产业,整个产业呈现出三个层次的开放:一是国家和产业层次的对外开放,我国在加入WTO以后,全国对外开放,会展业作为一个新兴产业,我国在加入WTO时对其没有设定任何保护条款,全行业对外开放;二是区域或城市层次的对外开放,我国各地区和各城市对会展业都持开放的态度,都十分欢迎来自全国或全世界其他地区和城市的办展单位来本地区或城市办展,有的地区或城市还对外来办展单位来自己这里办展给予很大支持和奖励;三是会展主办单位的对外开放,在我国,绝大多数会展主办单位对外来合作、外国参展商到会参展和外国观众到会参观都持开放和欢迎态度。

其次,在合作上,我国会展业是一个非常重视合作的产业,整个产业也呈现出三个层次的合作:一是国家和产业层次的合作,我国会展业与世界很多国家和地区的会展业都在展开国家和产业层次的合作,这些合作不仅带来发展机会,还带来国外的办展经验;二是区域或城市层次的合作,为推动区域经济发展,我国很多地区和城市都合作,一起举办一些会展,如中部一些省份一起合作举办"中部博览会",东北三省合作举办"东北亚博览会",华东各有关省市合作举办"华东出口商品交易会"等;三是会展主办单位之间的合作,我国很多会展都是由几个不同办展单位之间的通力合作才办起来,随着我国会展业竞争的进一步发展,办展单位之间的合作将会更加广泛。

再次,在共赢上,追求共赢是会展业能得以不断发展的动力,我国会展业在追求共赢上也呈现三个层次:一是追求办展单位与参展商及观众之间的共赢,这是会展能得以保持可持续发展的基础和保障;二是追求办展单位之间的共赢,这是在"竞合"的大环境下,办展单位之间能保持长期合作的基础,也是会展产业能快速发展的保障;三是追求宏观层面和微观层面的共赢,主要是会展带动经济及相关产业发展与会展自身发展之间的共赢,以及会展自身发展与借助会展来实现一些其他社会、科技和外交等方面目标之间的共赢。

最后,在发展上,发展是第一要务,我国会展业的开放、合作和追求共赢的目的,都是为了促进会展业的不断发展。保持不断地快速发展,是过去20年以及未来很多年里我国会展业呈现出的最显著的特征之一。

2. 两个趋势:一是国际会展业出现从西欧和美国向中国转移的趋势;另一是亚洲内部会展业出现从东南亚和日本向中国转移的趋势。

目前,世界上有三种典型的选择会展举办城市或地区的模式,或者说有三种主要的会展聚集模式:一是在会展展览题材所在产业的生产集中地举办会展;二是在会展展览题材所在产业的产品消费地举办会展;三是在著名的休闲度假地举办会展。在这三种模式中,前两种模式下举办的会展占当前全世界会展数量的绝大多数。随着世界产业的转移,我国日益成为"世界工厂",很多在会展展览题材所在产业的生产集中地举办的会展也随着产业的转移而转移到我国;随着我国经济的发展,人民收入的提高,市场规模在飞速扩大,一些在会展展览题材所在产业的产品消费地举办的会展也开始向我国转移。世界会展业的这种转移趋势,使我国会展业在世界会展业中的地位越来越重要,所占的比重也越来越大。

3. 三大中心:上海、北京、广州。

近年来,随着会展产业的快速发展,我国逐渐涌现出上海、北京和广州三个具有世界意义的会展中心,我国绝大多数具有较大影响力的会展都在这三个城市举办,在这三个城市所举办的会展不论是在数量还是在质量上在我国都处于前列。上海、北京和广州成为我国最重要的三大会展中心。在这三大会展中心城市里,每一个城市里都有一个居于领先地位的办展单位或会展场馆,如上海的世博集团和上海虹桥的国家会展中心,北京的中展集团和中国国际展览中心展览馆,广州的外贸中心集团和琶洲国际会展中心展览馆,这些办展单位和展览馆形成了这三大中心中的中心,它们的经营活动对我国会展业产生重大影响。

4.四个方向:一是会展功能由单一向多重并重转变;二是产业越来越呈现相对垄断的趋势;三是政府的政策导向更强;四是行业加快整合。

我国会展业的上述发展方向十分明显。在会展功能的发展方向上,以前我国很多会展的功能都很单一,如以贸易成交为单一追求,或以实现一些社会目标为单一追求,随着会展产业的快速发展,近年来,我国很多会展都从单一功能向多重功能转变,如同时兼顾会展的宏观功能和微观功能,或在微观功能中不再只追求贸易成交,而同时兼顾信息、发布和展示等功能。在会展产业集中度发展方向上,会展业优胜劣汰的速度加快,一些产业题材里越来越呈现只有一个或两三个大展对该题材相对垄断的态势。在会展产业加快发展的过程中,为加强行业管理,引导行业发展,政府对会展产业的政策引导和管理也在不断加强,并且方向明确,政府明确提出我国会展产业今后发展的政策方向为法制化、市场化、产业化、国际化和专业化,并遵循这五化原则而不断出台政策,引导会展产业的发展。在产业整合发展方向上,我国会展产业内部的整合在进一步加强,并呈现出与以往不同的特点,以前我国会展业内部的整合基本是小会展之间的合并或小会展被大会展整合,现在大会展联合成一个更大的会展的事例在不断发生并越来越多。

5.五大产业带:以上海为中心的长三角会展产业带;以北京为中心的环渤海会展产业带;以广州和香港为中心的珠三角会展产业带;东北产业带;中西部产业带。

经过多年的发展,我国会展业出现了五个较集中的区域,或者说形成了五个产业带,其中,以上海为中心的长三角会展产业带、以北京为中心的环渤海会展产业带、以广州和香港为中心的珠三角会展产业带是三个较成熟和会展中心比较突出和稳定的产业带,其他两个产业则还在进一步形成之中。例如,东北会展产业带中,大连作为中心的地位还不太稳固,长春等在奋起直追;在中西部产业带中,成都、昆明和南宁都可能成为中心,但其中心地位又都受到其他城市强有力的挑战。随着我国产业逐步从沿海地区向中西部转移,在这五大会展产业带内部,也开始出现了前三个产业带中的部分会展向其他产业带转移的动向。

4.1.2　会展市场细分的依据

会展市场细分,是办展单位按照一定的标准,把整个会展市场细分成若干个有相似需求和欲望的客户群体来形成子会展市场的市场分类过程。经过市场细分,每个子市场内部的客户的需求都基本相似,不同的子市场的需求差别则比较大。市场细分,对于帮助会展深刻认识会展市场、帮助会展发展最佳的市场机会、帮助会展正确地制定办展方向和帮助会展开展富有针对性的营销活动等都具有重要的意义。

选择合适的市场细分标准,是进行有效的市场细分的前提。俗话说"失之毫厘,谬以千里",如果市场细分的标准选择不对,市场细分必然也不会准确。一般地,可用来作为会展市场细分的标准有四个:产业属性、地理因素、会展功能和客户需求。

1.产业属性。会展依托其展览题材所在产业的发展而发展,展览题材所在产业的产业差别、发展前景、规模大小、竞争态势、企业数量和产品使用范围等,都对会展的发展和营销产生影响。如按产业的发展前景,可以将产业划分为新兴产业、成长产业、成熟产业和衰退产业,在这些产业里举办会展和进行会展营销,其策略和方法将会有重大差别。

2. 地理因素。依据地理因素来细分市场是一种传统的市场细分办法,由于地理环境、气候条件、社会风俗和文化传统的影响,同一地区的客户往往具有相似的需求,不同地区的客户的需求往往会有所差异。地理因素中的洲际、国别、区域、行政省市、城市等,都可以用来作为市场细分的依据。

3. 会展功能。会展的两大宏观功能和四大微观功能都可以作为会展市场细分的依据。例如,可以将广交会、华交会和昆交会等以出口商品贸易成交为主要微观功能的会展分为同一类会展。

4. 客户需求。客户需求是进行会展市场细分的重要依据。会展最重要的客户有两个:一是参展商,另一是观众。我们可以分别按参展商和观众的不同需求对会展市场进行细分,也可以将参展商和观众的同类需求结合在一起对会展市场进行细分。

因会展展览题材所在产业的不同,不同会展进行市场细分时,其所采用的细分标准是有差别的,一些对在这种产业里举办的会展进行市场细分有意义的细分标准,对在那种产业里举办的会展可能毫无意义。在使用会展市场细分标准时,要特别注意这一点。

4.1.3　会展市场细分的过程

进行会展市场细分,一般先要对会展市场进行调查研究,对会展的目标参展商和目标观众进行聚群分类,通过这些调查研究来识别和确定进行市场细分的合适标准,并通过这些标准来对会展市场进行进一步的细分。因此,进行会展市场细分一般按照以下三个步骤来进行:

1. 市场调查。会展通过问卷、电话访问等各种调查手段,对会展的拟定目标参展商和目标观众进行调查,了解他们对会展的看法、参展或参观动机、行为模式和需求等,以找出影响目标参展商参展决策的因素和影响目标观众参观决策的因素。

2. 确定细分标准。对上述通过调查分析得来的影响目标参展商参展决策的因素和影响目标观众参观决策的因素进行分类归总,并运用因素分析法将其中的一些高度相关的因素加以剔除,对存在不同需求特点的因素进行综合再分析,找出合适的因素作为细分的标准。

3. 细分市场。通过上述细分标准,对会展市场进行初步细分,得出几组具有相同特征的细分市场;然后,对每一个初步细分的市场进行再考察,看其有没有再进一步细分的必要,或者看这些初步细分的市场中是否有一些市场有共同的特征,是否要重新合并为一个新的细分市场。如果上述步骤顺利完成,会展市场就基本被成功细分了。

在进行市场细分之前,会展市场看上去是由许多无特征和无规则分布的目标客户所构成的,这些客户的需求一般呈群组分布或散点分布状态,他们之间似乎存在一定的共性,但差别好像又很大。进行市场细分以后,通过在差异中寻找共性,通过市场细分的手段将一些具有相同特征的客户聚类分组,并用一些可见的标准或形式将其反映或固定下来,对会展开展有针对性的市场营销非常有利。从这种意义上看,进行会展市场细分的过程,实际上就是在一定细分标准的指导下,对会展市场进行的一种同中求异、异中求同的过程。

4.1.4 会展市场细分的方法

在细分标准确定以后,我们可以遵循一定的步骤,按一定的方法对会展市场进行细分。对会展市场进行细分的方法很多,其中最常用的有四种:完全细分法、单指标细分法、交叉细分法、多指标细分法。

1.完全细分法。理论上讲,只要市场上存在两个以上的客户,就可以对该市场进行细分,因为每一个客户都可能有自己独特的需求,因此每一个客户都可能作为一个潜在的独立子市场而存在。将市场上的每一个客户分别作为一个独立的子市场,为每一个客户设计一套有针对性的营销计划,这样的市场细分即为完全市场细分。完全市场细分只适用于那些客户数量不多且各客户的需求特色明显的会展市场。

【经典案例】

汽车类展会对参展商的细分

完全细分法常被那些在市场集中度高,或者行业垄断现象明显的产业里举办的会展在进行市场细分时所采用。例如,汽车整车类展会在对其参展商进行市场细分时,往往就采用完全细分法。

在全世界,汽车整车生产行业都是一个集中度很高的产业,整个产业里往往只有屈指可数的几家或几十家企业从事汽车的生产,在这样的产业里举办会展,目标参展商的数量很少,每一个目标参展商就是一家整车生产企业,它们的参展需求差异很大。例如,奔驰的参展需求不同于本田,本田的参展需求不同于奇瑞,奇瑞的参展需求又不同于宝马等,这些参展商不仅需求各异,而且都实力雄厚,参展面积和规模都很大,与会展进行讨价还价的能力也很强,将它们每一家企业作为一个独立的子市场来对待,是一种最好的市场细分方法。

当面对众多的客户时,会展难以将所有的客户都作为一个独立的子市场而对其市场化,当客户数量众多时,完全细分市场在经济上将非常不合算。这时,采用一定的标准来对客户进行细分将是一种可行的办法。

2.单指标细分法。即只用一个细分标准来对会展市场进行市场细分。运用这种方法,细分的标准只有一个,但在一个标准下可以有不同的层级或档次,这些不同的层级或档次可以把会展整体市场细分为若干个平行的子市场,这些细分后子市场的数量等于这个细分标准的层级或档次的数量。例如,对参展商,可以按照参展面积这一标准来细分,在参展面积里,可以按各参展商参展面积的不同,划分为 9 平方米(一个标准展位),10~36 平方米,37~72 平方米,73~100 平方米,101~200 平方米,200 平方米以上等不同的层级。

3.交叉细分法。运用两个细分标准来对会展市场进行细分,这种方法又叫双指标细分法。同样,对于每一个细分标准,都可以根据实际情况赋予其不同的层级或档次。用交叉细分法对会展市场进行细分后,其细分子市场的数量等于两个细分标准的层级或档次的数量的乘积。

4.多指标细分法。运用三个或三个以上的细分标准来对会展市场进行细分。当采用多标准时,也可以根据实际情况对每一个细分标准都赋予其不同的层级或档次。用多指标细分法对会展市场进行细分后,其细分子市场的数量等于各个细分标准的层级或档次的数量的连乘积。

一般说来,会展对市场进行细分时所运用的标准越多,其所获得的精确度也越高,每个细分市场的客户数量也越少。但是,随着会展使用细分标准的增多,会展用来进行市场细分的成本也相应增加。因此,在进行市场细分时,既要确保细分市场的精确性和有效性,又要使细分成本是较低的和可以接受的。

4.1.5　会展市场细分的有效性

不管使用哪种方法来对会展市场进行细分,都必须确保最后细分出来的细分市场是有效的,否则,市场细分不仅将变得毫无意义,而且还可能使会展营销误入歧途。有效的市场细分应该具备以下四个条件:

1.客观真实性。采用一定标准和通过一定方法细分出来的细分市场都是客观存在的,其所具有的共同特征也是真实的,不是通过拼凑或主观意愿聚合在一起的。细分市场的客观存在,使这些细分市场能对会展的不同营销策略做出差异性反应。

2.可区分性。采用某种标准对会展市场进行细分后,各独立子市场不仅范围清晰,其市场规模大小可以采用一定的方法度量出来,而且特征明显,与其他子市场之间有明显的差别。

3.可进入性。对于细分后的各独立子市场,应该是会展通过一定的营销策略和营销组合可以到达的市场,会展的营销辐射力能够影响该市场,该市场中的客户能够接触到会展的营销努力。如果会展的营销不能到达某一个细分市场,那么显然,这个市场的存在对会展来说是没有任何意义的。

4.可盈利性。细分后的子市场应该具有一定的规模,有一定的现实或潜在需求,使会展在进入这一细分市场后能有利可图。如果会展进入该市场无利可图,会展就没有必要专门为该市场设计营销计划了。

4.2　会展目标市场选择

会展市场细分揭示了会展所面临的市场机会,其目的在于帮助会展正确地选择其目标市场。所谓目标市场,是指会展在对市场进行细分的基础上根据自身的条件而决定为之服务的那部分客户群体。市场细分是准确选择目标市场的基础,而会展选择目标市场,则通过对细分市场所显示的各市场机会的评估来决定为哪些市场提供服务的过程。

4.2.1　评估细分市场

经过对市场进行有效的细分以后,会展选择目标市场的第一步就是对各细分市场进行评估,通过评估,找到最适合自己经营的那些细分市场。一般地,会展可以从以下四个方面对细分市场的有效性进行评估:

1.细分市场的规模和发展潜力。

细分市场要有一定的规模和发展潜力,换句话说,被评估的细分市场要有一定的产业基础和较大的产品使用范围。如果市场规模过小,潜在的参展企业就会较少;如果产品使用范围小,潜在的观众就肯定不多;如果市场发展前景渺茫,会展未来的发展空间肯定也不大。当然,这里所说的市场规模和发展潜力是相对的:对于一个实力雄厚的办展单位来说,其主要目标可能是办大展,其要求的市场规模当然会相对大一些;对于一些小的办展单位来说,办大展是它力所不能及的,而办一个小展却是一个不错的选择,办一个小展所要求的市场规模当然可以不是很大。又例如,如果一个办展单位注重长远收益,其举办会展就很在乎会展是否有长期发展潜力;如果一个办展单位注重眼前利益,那么即使会展没有发展潜力但只要眼下会展能赚钱,它就可以举办该会展。不过,不管是哪类办展单位,在评估细分市场时,都必须考虑该市场的目前现有规模和增长率,这是进入某一市场的基础。

2.细分市场的盈利能力。

细分市场不仅要有一定的规模和预期增长率,还必须有一定的盈利能力,对于商业性的专业会展尤其如此。当然,不同会展的利润目标不一样,有些会展着眼于长远,它们能忍受暂时的亏损;有些只管当前,它们对眼前的亏损就无法容忍。但不管怎样,对大多数商业性的专业会展来说,都必须保证在预定的时间内有一定的盈利水平,否则,该会展就无法生存。

3.细分市场的结构吸引力。

有盈利能力的市场对大家都有吸引力,但具有不同市场结构差异的细分市场,对不同的会展的吸引力是不同的。评估一个细分市场的结构吸引力通常从以下三个方面入手:首先,细分市场的竞争状态影响会展进入该市场的难易程度。例如,如果该市场已经存在实力强大或者竞争意识强烈的竞争对手,会展进入该市场就应该慎重。其次,新进入该市场的竞争对手的状况。如果该市场盈利能力过高就会吸引大量的办展单位进入该市场办展,如果这些办展单位众多,或者他们进入的决心很大,那么,进入该市场办展就应该慎重。第三,市场的特性。如果该市场是一个相对垄断的市场,除非办展单位与那些垄断企业有很好的联系和沟通渠道,否则,吸引他们参加会展将是很困难的一件事;如果该市场的企业的议价能力很强,会展吸引他们参展将会付出很高的成本;如果该市场的产品用户的议价能力很强,则会展邀请观众将困难重重。

4.办展单位自身的办展目标和资源。

会展进行市场细分的主要目的之一,是通过将纷乱的市场分门别类以发现与自己资源优势能够达到最佳结合的市场需求。市场需求的特点如果能促进会展资源优势的发挥,那将是会展进入该细分市场的好机会;如果市场需求与会展的资源优势背道而驰,会展进入该细分市场将不会取得成功。因此,会展必须清楚认识自己的优劣势:如果自己在某一市场内毫无优势可言,那么,即使该细分市场再适合办展,进入该市场也需要慎重。同时,在进入某一市场之前,会展首先必须明确自己的目标,比如,进入该市场是着眼于利润目标还是社会效益目标?是为自己的长远利益打算还是为眼前利益着想?如此等等,只有目标明确了,行动才更有说服力,才更有成功的保障。

4.2.2 选择目标市场

通过对细分市场的评估,会展可能会发现一个或几个值得进入的细分市场,这时,会展就要做出选择,决定进入哪一个或哪几个细分市场了,这些最后被选择的细分市场就是会展的目标市场。会展有五种进入目标市场的方式,如表 4-1 所示。

表 4-1 会展进入目标市场的方式一览表

进入方式	描述或举例
市场集中化	会展只选择一个细分市场并集中力量为其服务。当会展拥有的资源有限,或在该细分市场中优势明显,或计划以此作为向其他细分市场发展的基点时常采用这种方式进入目标市场。
选择性专业化	会展选择几个彼此之间联系较小或根本没有联系,但对会展的目标和资源都有吸引力的细分市场作为目标市场。当会展拥有较强的资源并希望多样化经营时常采用这种方式进入目标市场。
功能专门化	会展专注于为自己打造一种对某细分市场有吸引力的功能。如专门针对外贸企业提供出口贸易成交的功能。
市场专业化	会展专门服务于某一特定客户群体并尽力满足他们的各种需求。如一些大的汽车展只允许汽车整车生产企业参展并尽力为他们服务,但对所有的经销商参展都拒之门外。
完全市场覆盖	会展全方位地进入某一产业的各个细分市场并为所有的客户提供服务。这种进入方式往往只有那些实力强大的品牌会展在进入目标市场时所采用。

选定了目标市场并确定了进入目标市场的适当方式以后,会展下一步的工作就是要设计一套合适的营销组合,将自己的营销影响力投放到目标市场中去,让目标市场在自己的营销活动的影响下逐步向自己预设的目标发展,如目标参展商真的来参展,目标观众真的来参观等。

会展为目标市场设计的营销策略常常有三种:无差异市场营销、差异市场营销和集中市场营销。

1.无差异市场营销。就是将整个市场作为一个整体,不考虑客户的需求差别而致力于客户的相同之处,会展的营销组合计划是用来迎合最大多数客户的需求。很多会展在推行标准化服务和营销时都采用这种策略。无差异市场营销策略的最大优点在于标准化和其经济性,它可以向所有的客户提供一致的标准化的服务,成本较低,但它无法满足不同客户的不同需求,面对市场却缺乏弹性。

2.差异市场营销。就是充分考虑不同客户的不同需求,对不同的细分市场分别制定有针对性的不同营销组合来为其服务。很多会展在针对大客户营销时都执行这一策略。差异市场营销策略能同时为不同的细分市场服务,满足不同的需求,应变能力较强,但成本较高,管理难度较大,可能会使会展顾此失彼。

3.集中市场营销。就是会展集中所有的力量经营某一个细分市场,力求在该细分市场上拥有较大的市场份额。这种策略被使用最典型的例子是那些补缺型发展的会展。集中市场营销策略有利于在一个细分市场上精耕细作,确立竞争优势,但一旦该细分市场出现变化,会展的回旋余地就较小。

上述三种策略在使用时各有利弊,对于一些题材较宽泛、细分市场覆盖面较多的会展,上述三种策略经常被组合使用。不管如何使用上述策略,在决定最终采用哪种策略时,会展要充分考虑以下四个因素的影响:

1.会展拥有的资源特点。会展拥有的资源以及其对各种资源的使用能力极大地影响着会展进入目标市场的策略选择。例如,如果是规模和影响力都较大的品牌会展,因拥有的资源较多,整合和使用各种资源的能力都较强,可以考虑采用无差异市场营销策略;如果只在某一细分市场拥有优势资源,则可以采用集中市场营销策略。

2.会展本身的特点。会展本身的特点是会展选择目标市场策略时要考虑的另一个重要因素。如会展的功能差异、会展所处的不同发展阶段、会展的发展定位差异等,对会展选择目标市场都有较大的影响。

3.市场的特点。细分市场本身的特点也是会展在选择目标市场策略时要考虑的因素。例如,该市场是处于买方市场状态还是卖方市场状态、该市场的生产集中度和销售集中度如何等,都会影响到目标市场营销策略的选择。

4.竞争者所采用的策略。从某种意义上讲,会展的经营是与竞争对手的不断博弈中进行的,自己的经营活动和营销策略对竞争对手会产生影响,竞争对手的相关活动对自己也会产生很大影响。在进入目标市场和选择适当的营销策略时,竞争对手所采用的相关策略必须在考虑之中。

4.2.3　赢利客户分析

选择了目标市场并为进入该目标市场制定了一套合适的营销策略以后,为尽最大努力争取到那些对会展最有利的客户,会展必须要对客户做进一步的分析,以分辨出那些能给会展带来赢利的客户,以便会展能为这些客户提供一些有针对性的特别服务。

所谓赢利客户,是指在客户关系生命周期里,客户给会展带来的收益大于会展为吸引这些客户而支出的成本的那些客户。并不是所有的客户都能给会展带来赢利,客户能不能给会展带来赢利取决于客户给会展带来的价值和会展发展该客户所付出的成本之间的差额,如果前者大于后者就能带来赢利。

归纳起来,客户给会展带来的价值一般有经济价值、示范价值、推荐价值和能力价值四种;会展为发展和维护客户所付出成本主要包括初始投入成本、维持成本和结束成本三种。如表 4-2 所示。

表 4-2　会展客户价值和成本构成表

关系	价值或成本	描述
客户给会展带来的价值	经济价值	客户能直接带给会展的经济效益,主要表现为其经济赢利性。经济盈利性是所有商业性会展在考虑客户关系时首先考虑的因素
	示范价值	某一特定客户参加会展后给行业带来的示范效应。如果这些企业参加会展,可以带动一大批企业跟进;如果这些企业不参加会展,将极大地影响其他企业参加会展的积极性
	推荐价值	某一特定企业参加会展后向行业同行进行的口碑传播作用。有些客户在参加会展后会充当推荐人的作用,积极向同行推荐该会展;有些客户则相反,他们会积极劝告同行不要参加该会展
	能力价值	会展通过维持与该客户的关系而从他们那里学到和吸收自身缺乏的知识的价值
会展发展和维护客户所付出的成本	初始投入成本	会展与客户建立起最初关系所耗费的成本,它主要花费在客户关系的培育阶段
	维持成本	客户关系建立后,会展为持续维护和培育该关系所花费的成本
	结束成本	客户与会展的关系结束时,会展要对客户施加积极的影响以免客户给会展散布负面的影响,会展为此而花费的成本是客户关系的结束成本

可见,会展在针对赢利客户制定有针对性的营销策略时,不能只关注那些能带来经济价值的客户,还应包括那些能带来示范价值、推荐价值或能力价值的客户,这在会展的大客户营销管理方面表现尤其突出。例如,会展的大参展商一般参展面积大但价格低,有时候,他们参加参展,会展在经济上基本无利可图,可是,这些大参展商往往具有极大的行业号召力,他们的示范价值很大;还有一些客户,如行业专业杂志和行业协会,会展在他们身上基本也无利可图,但他们的推荐价值和能力价值很大。所以,对于那些经济价值很大的客户,由于现行盈利性明显,会展理所当然地应该处理好与他们之间的关系,搞好对他们的营销;对于那些经济价值不大但其他价值很大的客户,由于潜在盈利性很大,从长期看,会展与他们搞好关系不仅不会亏损,反而会收益多多。

4.3　会展定位

确定了目标市场以后,会展还必须规划自己想要在这些市场中取得怎样的市场地位,或者说,会展还必须使自己在这些市场的客户的心里取得一个适当的位置。这个位置的合适与否,直接关系到会展能否在激烈的市场竞争中突出自己的特色,发挥自己的优势并进一步发展壮大。

4.3.1　会展定位的原则

随着会展产业的快速发展,会展之间的同质化竞争越来越明显。一些没有鲜明特色的会展往往很难引起客户的关注。随着市场越来越成熟,对于一些同类会展,客户心里往往自有一种看法,他们往往会在头脑中按照自己认为重要的特点将各同类会展按重要程度进行先后排序,这就如客户脑海里有一架梯子,梯子的每一级都有一个在那个级别位置的会展,处于梯子最高位置的会展在他们心里的位置自然也最高,如"广交会"就是出口类型会展中的第一展,因此它处于客户"心智阶梯"的顶级位置。如果一个会展不能在客户心智阶梯中明确自己的市场地位、特色和发展方向等在哪里,客户将很难认识这个会展,更不用说将它排在优先参加的次序里了。

对于不同的会展,客户头脑里有许多个不同的"心智阶梯"。因为,客户认知会展,是按照不同的品类去建立心智阶梯的,比如,就上面说到的出口类的会展,形成一个心智阶梯;对于汽车类的会展,形成另一个心智阶梯,如此等等。如图 4-1 所示。

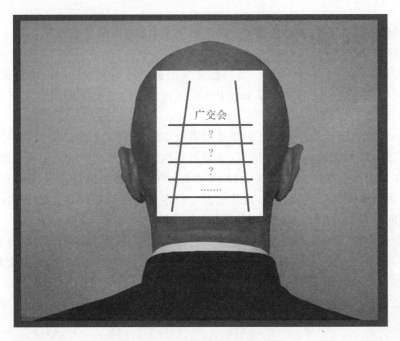

图 4-1　客户心智阶梯

可见,要更好地进行市场竞争和获取客户的认同,会展就必须对自己进行定位,以在客户的心智阶梯中占据一个合适的位置。所谓会展定位,通俗地讲,就是会展要能在参展商和观众的心智中针对竞争确定一个独特而合适的位置。会展通过定位,要能清晰地告诉参展企业和观众自己"是什么"和"有什么",具体地说,就是会展根据自身的资源条件和市场竞争状况,通过建立和发展自己的差异化竞争优势,使自己在参展企业和观众的心智中形成一个与竞争对手相区别的鲜明而独特的印象。

会展定位具有目标性、前瞻性、可行性和阶段性等特征。

1. 会展定位的目标性：会展定位常常是服务于会展发展和竞争的需要，是一种竞争性的定位。会展定位要能包含会展所计划要达到的主要目标，不能泛泛而谈。

2. 会展定位的前瞻性：会展定位往往不仅仅是对会展市场地位现状的描述，更是对会展希望取得的市场地位的规划。会展定位要适度超前，不能只局限于眼前。

3. 会展定位的可行性：会展定位是会展根据自身的资源和市场状况而做出的一种规划，不是凭空想象出来的，是通过努力能实现的，不能脱离实际。

4. 会展定位的阶段性：市场环境对会展的发展有重大影响，会展在不同的发展阶段也会有不同的发展规划，会展定位要紧跟市场形势的变化而有所调整，不能一成不变。

会展定位是会展的一种战略性营销手段，凭此，会展不仅能够清楚地明确自己在市场上现有的位置，也能明确自己在未来希望占有的位置，还能够确定自己可以利用和抓住的市场机遇。会展定位能创造并促使会展形成自己的个性化特征，并能形成竞争优势，使会展在激烈的竞争中获胜。

会展定位的关键，是要能在定位前找到最适合本会展发展的细分市场，并立足于这个细分市场，赋予本会展以区别于同题材其他会展的差异化和个性化特征。如何才能做到这一点？

首先，会展要能客观而准确地分析自己的优劣势，要使自己在进入某一细分市场时，能充分发挥自己的优势，避开自己的劣势。

其次，要使本会展所具有的特征，是同题材其他会展所不能或难以提供和无法模仿的，或者，即使同题材其他会展能够提供和模仿，本会展也能以与众不同的方式向广大参展商和观众提供。

第三，本会展的定位能提供给足够数量的参展商和观众以高度的价值，并且，这些参展商和观众通过参加本会展获取这些价值，比通过其他方式获得相同的价值要来得优越。

第四，在赋予本会展以个性化特征后，举办该会展，对办展单位来说应是有利可图的，对参展商和观众来说，应是他们能够而且愿意支付参加这种富有个性化特征的会展而引起的各种费用的。

第五，会展定位要具有沟通性，会展的个性化特征应能通过某种形式准确地传递给参展商和观众，并且，参展商和观众在会展现场应可以感觉和体验到会展的这种个性化特征。

4.3.2　会展定位的步骤

给会展定位是一个外部性问题，它不是会展内部的问题，而是面向参展商和观众的；它不是针对管理的，而是针对竞争的；它不是针对文案的，而是为了印入客户心中的。因此，给会展定位，可以按发现潜在的竞争优势、选择相对竞争优势和显示独特竞争优势三个步骤来进行。

1. 发现潜在的竞争优势。

会展的竞争优势来源于会展为客户创造的价值的大小，它有三种类型：成本优势、会展功能优势和参展（参观）流程优势。

成本优势：在同等的条件下，本会展的办展成本要低于其他同类会展，成本优势可以转化为价格优势和其他优势。

会展功能优势：本会展能提供更符合目标参展商和观众需要的会展功能。对参展商和观众来说，会展具有成交、信息、发布和展示四大功能，本会展可以集中精力打造上述四大功能中的某一个功能，使它成为本会展参与市场竞争的"王牌"，也可以全面塑造上述四大功能，使本会展成为他人难以动摇的"巨无霸"。

参展（参观）流程优势：本会展的参展（参观）流程比别的会展更加人性化、更简洁和更便利。

给会展定位，第一步就是要识别和发现本会展究竟具有哪方面的潜在竞争优势。

2. 选择相对竞争优势。

由于将不同的潜在竞争优势转化为现实的竞争优势是需要条件和成本的，因此，并不是所有的潜在竞争优势都能转化为现实竞争优势。有些潜在竞争优势可能不具备转化成现实竞争优势的条件，有些可能因为转化的成本太高而不值得转化，还有一些可能不适合会展的定位而必须放弃。所以，并不是所有的潜在优势都有价值，会展必须对它们有所选择。能够被选择作为会展定位基础的潜在竞争优势必须满足以下四个条件：

第一，差异性。它是同题材其他会展所不具备的，或者即使其他同题材会展具备了，本会展也能以比其更优越的方式提供，如果本会展具备了该优势，其他同题材会展将很难模仿。

第二，沟通性。该优势对于参展商和观众来说是可以理解和可以感觉到的，并且，对他们来说是有价值的，是他们期望会展能提供的。

第三，经济性。参展商和观众通过参加本会展来获取该优势带来的利益比通过其他方式要来得优越，他们也愿意为获取该利益而支付参加本会展的有关费用，并且也能支付起这种费用。

第四，盈利性。该潜在优势具有转化为现实优势的可行性，会展将该潜在优势转化为现实优势是有利可图的，是值得的。

只有具备了上述条件的潜在优势才可以被列入考虑的范围，否则，即使选择了某项"潜在优势"，但由于它不具备有关条件，会展定位不会准确，会展在以后的营销执行上也会遭到失败。

3. 显示独特竞争优势。

会展定位最后选定的竞争优势不一定就是某一个单一的竞争优势，它往往是多重的竞争优势的综合体。选定的竞争优势并不会自动地在市场上显示出来，会展必须采取一系列精心设计的策略，通过适当的营销组合来进行宣传推广，才能使它在客户的心目中扎根并保留与会展期望一致的定位形象。这些营销组合包括：

首先，明确目标参展商和观众的范围。通过细分具体产业市场，选定适合本会展的潜在参展商和观众的范围。

其次，执行会展的识别策略。通过对会展市场的细分，明确本会展要向参展商和观众提供哪些富有特色而又与众不同的价值，界定本会展与同题材的其他会展的不同之处在哪里，表明本会展通过怎样的方式向参展商和观众提供这些与众不同的价值。

再次，积极传播会展形象。会展定位确定后，要通过各种手段将本会展的特色告诉潜在的参展商和观众，让他们对本会展的定位有所认知。

最后，创造差异化优势。通过上述办法，将本会展富有特色而又与众不同的价值传递给参展商和观众,并得到他们的认同。由于特色鲜明,本会展与同题材其他会展相比,竞争优势凸现,在众多的会展中就会脱颖而出,取得成功。

4.3.3　会展定位的方法

会展定位最基本的要求就是定位要能明确地显示出会展的竞争优势。显示竞争优势的方式可以有很多种,因此,会展定位的方法也有很多种。常用的定位方法有以下六种:

1.特色定位。根据会展所具有的某一项或几项鲜明的特色来定位。用来定位的会展的特色应是参展商和观众所重视的,并且是他们能感觉得到的,而且是能给他们带来某些利益的。

2.利益定位。直接将会展能带给参展商和观众的主要利益作为会展定位的主要内容。和特色定位一样,用来定位的"利益"可以是一项或者多项。

3.功能定位。根据会展的主要功能来定位。例如,从微观的角度看,会展具有成交、信息、发布和展示四大功能,如果本会展在这四大功能中的一项或几项特别突出,又符合展览题材所在产业的需要,就可以用它们来定位。

4.竞争定位。参考本题材会展中某一与本会展具有竞争关系的会展的定位来给本会展进行定位。这里,"与本会展具有竞争关系的会展"常常是指那些在该行业里具有领先地位的会展。

5.品质价格定位。很多时候,价格是品质好坏的反映,我们可以根据会展的"性价比"来定位。比如,将会展品牌形象定位为"高品质高价格",或者定位为"高品质普通价格"等。

6.类别定位。将本会展与某类特定类别的会展联系起来。可以将会展市场细分成若干细分市场,如出口型会展、国内成交型会展、地区型会展等,然后将本会展归入其中的某一类。

4.3.4　会展定位的误区

好的会展定位犹如给会展发展插上了腾飞的翅膀,差的会展定位就像是给会展发展套上了囚禁的枷锁。如果定位得好,会展的竞争优势将十分明显;如果定位有误,常常会使会展的发展举步维艰。

给会展定位时,要尽量避免出现以下五个方面的问题:

1.定位不够。会展定位对会展所具有的特征、优势以及会展能带给参展商与观众的利益表达不充分,或者是不能全面地概括会展的特征、优势以及会展能带给参展商与观众的利益,导致参展商和观众对会展只有一个非常狭隘的印象。会展定位不够会自动将一部分参展商或观众排斥在会展的目标客户之外,不利于会展的发展。

2.定位过分。会展定位夸大了会展所具有的特征、优势以及会展能带给参展商与观众的利益,或者会展定位所宣扬的会展特征、优势以及会展能带给参展商与观众的利益是不可行的。会展定位过分会使参展商或观众对会展产生不切实际的过高期望,不利于会展的可持续发展。

3.定位模糊。会展定位不能清楚准确地表达会展所具有的特征、优势以及会展能带给参展商与观众的利益,或者是对会展的特征、优势以及会展能带给参展商与观众的利益的表述较为混乱,使参展商和观众对会展只有一个模糊和混乱的概念,不知道其特别之处。会展定位模糊会使会展丧失品牌号召力,不利于对会展竞争优势的培育。

4.定位疑惑。虽然会展定位准确且表述清晰,但由于会展展出现场操作等方面的问题,参展商和观众从会展的现场和实际操作中难以理解和体会到会展的定位宣传,从而对会展的定位产生疑惑,对会展整体产生不信任感。会展定位疑惑会使会展品牌形象缺乏沟通性,不利于会展获取目标客户及大众的认同。

5.定位僵化。会展定位不能紧跟市场形势的变化而变化,市场形势变了,会展的定位却还是老样子,使定位落后于市场形势,不能反映市场对会展提出的最新要求。会展定位僵化会使会展逐渐老化并丧失竞争力,不利于会展随市场的发展而发展。

4.4 会展差异化竞争

会展定位不仅能强化、还能创造会展的差异化竞争优势。会展是为参加会展的各种客户彼此之间建立起各种满意的商业关系而搭建的一个平台,或提供的一种可行和有效的渠道。要使这个平台或渠道比竞争对手更有竞争力,除要给会展准确定位外,还要通过多种途径和办法使会展与竞争对手展开一系列的差异化竞争,并从差异化竞争中取得成功。会展的差异化竞争主要有功能的差异化、形象的差异化、服务的差异化、流程的差异化和价格的差异化。

4.4.1 会展功能的差异化

在第一章里我们提到,会展功能有宏观和微观之分。从政府或产业的宏观角度看,会展具有经济的和社会的双重功能;从会展主办单位或参展商和观众的微观角度看,会展具有贸易、展示、信息和发布四大功能。会展的差异化竞争可以从会展功能的差异化入手进行:全力打造或强化与竞争对手相区别的会展功能,或使本会展比竞争对手具有更全面的功能。

1.全力打造或强化与竞争对手相区别的会展功能。

会展可以根据自己所拥有的资源优势、细分市场的特点和自己的发展定位,全力打造或强化与竞争对手相区别的某一项或几项会展功能,如强化会展的贸易成交功能,或强化会展的信息集散地功能等,使自己与竞争者相区别开来,在客户心目中留下深刻的印象,从而在激烈的市场竞争中获得胜利。

【经典案例】

世界五大汽车展各领风采

汽车产业是一个生产高度集中的行业,全世界的整车生产企业数量屈指可数,要吸引它们参加展会非常不易,如果各展会的功能相同,不仅汽车生产企业将疲于奔命,展会之间的竞争也会因更加激烈而难免彼此受伤。

为此,世界五大汽车展就用不同的展会功能定位来分割市场:德国法兰克福车展打造世界"汽车的奥运会"、法国巴黎车展倾情"新概念、新技术"、瑞士日内瓦车展追求"汽车时尚、汽车潮流"、美国底特律车展注重"娱乐和舒适"、日本东京车展提倡"环保、节能",这五大汽车展将世界汽车类展览会人为地分割成五大块,各自特色鲜明,相互之间的冲突很小,企业参展意图明确,各个展会也因此长盛不衰。

2.使本会展比竞争对手具有更全面的功能。

如果会展拥有压倒性的资源优势,或者会展的各种实力雄厚,会展就可以从宏观和微观两方面全面地强化会展的各种功能,使自己成为一个功能齐全的"巨无霸",牢牢占领市场主导地位。

【经典案例】

广交会全面打造和强化各种会展功能

广交会被称为"中国第一展",是中国最著名的和在全世界都有重要影响力的展览会。为保持其中国第一展的地位,广交会一直在不断努力全面打造和强化其所具有的宏观功能和微观功能。

宏观功能方面:1957年广交会在创立之初即被赋予了宏观方面的重要功能。打破当时西方国家对中国的经济封锁,扩大中国与世界各国之间的贸易,为国家多出口创汇;20世纪80年代以来,随着中国经济的发展和面临的国际环境的改善,广交会在继续为国家扩大出口创汇的同时,将扶植国内相关产业的发展列为重要任务之一;90年代以来,又将扶植民营企业的发展列为重要任务之一;2006年以来,随着我国贸易顺差不断扩大,广交会将扩大进口又作为一项新的任务。

微观功能方面:在保持和不断按国家的需要及时调整宏观功能的同时,广交会的微观功能也在不断完善。广交会的贸易功能享誉全球,其贸易成交额每年占到中国一般出口的1/4;广交会是中国产业信息的大汇集,参观者对在广交会上收集各种信息是乐此不疲;近年来,随着广交会场地得到扩充,其展示和发布功能在不断增强。

广交会通过不断地全面打造和强化其各种会展功能,并不断地完善和创新自己的服务,使其成为无与匹敌的"中国第一展"。

4.4.2 会展品牌形象的差异化

会展品牌形象是参展商和观众所得到和理解的有关会展品牌全部信息的总和,它存在于参展商和观众的心目中。会展品牌是能使一个会展与其他会展相区别的某种特定的标志,通常是由某种名称、图案、记号、其他识别符号或设计及其组合所构成。会展品牌是给会展贴上的一个竞争标签,会展品牌所包含的各种信息经过参展商和观众的感知、体验和选择,形成了会展在他们心目中的品牌形象,它是会展能更好地展开市场竞争并获取竞争优势的有力武器。

随着会展品牌通过营销和传播进入参展商和观众的心智,会展品牌就会在会展定位的促进下,在他们的"心智阶梯"中占领一个合适的位置,这时,会展品牌就能为会展在参展商和观众那里起到"心智预售"的作用,也就是提前让他们认可这样的一个会展,对参加这样的一个会展不抵触,在选择同类会展时优先选择这个会展。这种心智预售,比没有会展品牌、主要由现场销售或人员推广等方式营销的会展要有效得多。

现场销售是我国会展行业对会展进行营销的一个传统做法,随着我国会展业的持续发展和逐步走向成熟,会展业的集中度越来越高,会展品牌对会展的"心智预售"作用越来越明显,那些仍然主要运用现场销售的形式来营销会展的做法已经越来越不适应行业发展的潮流。当会展以品牌为武器对会展进行心智预售时,会展不仅在营销时间上可以比现场销售的时间提前很多,以此来占得销售和竞争的先机,还可以长期不间断地进行,持久地影响目标客户对目标会展的认知和选择,而且还不受空间和地域的限制,可以运用网络、软文、口碑等各种现代营销手段跨地域跨空间地进行。为此,在会展市场营销中,现场销售往往竞争不过心智预售。如图 4-2 所示。

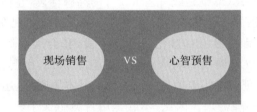

图 4-2　会展品牌的心智预售作用

为更好地展开市场竞争,会展品牌一般要承担起以下四项功能:

1. 会展品牌是一种可以将本会展与其他同类会展区别开来的标志。一方面,品牌要有自己独特的命名、设计、符号等富有个性的表现形式;另一方面,品牌要有自己的核心价值,这些都使得本会展与其他同类会展区别开来。

2. 会展品牌是会展与参展商和观众进行有效沟通的代码。品牌将有关本会展的各种信息浓缩在一起,作为与其他同类会展相区别的标识,参展商和观众则将品牌作为一种对会展的速记符号储存在大脑中,作为他们理解和选择特定会展的对象。

3. 会展品牌是会展对参展商和观众的一种承诺。参展商和观众知道,通过选择特定的品牌,他们的需求和欲望就基本能得到满足,他们的利益就基本能得到保证。

4. 会展品牌是会展价值的集中代表。会展的价值浓缩在会展品牌之中并通过品牌号召力体现出来,品牌浓缩了会展的无形资产。

随着经济环境的变化、技术的进步和传媒的日益发达,品牌作为会展进行有效竞争手段的重要性日益突出,品牌经营和品牌形象差异化是现代会展业展开市场竞争的重要手段。会展品牌形象差异化主要集中在四个方面:品牌名称、会展 LOGO、标识语和主题色。

1. 品牌名称。俗话说:"名不正则言不顺。"在创立会展品牌形象时,给会展品牌取一个好名字非常重要。给会展品牌取一个好的名字,就好比给会展品牌形象插上了腾飞的翅膀,使会展信息和品牌形象能更好地飞进参展商和观众的心扉。会展都希望自己的品牌名字不仅能准确传达会展的信息,还能使人过目不忘。要做到这一点,就必须遵循品牌命名在语言、法律和营销三个方面的基本要求。如表 4-3 所示。

表 4-3　会展品牌命名基本要求一览表

要求类别	对要求的描述
语言方面	1.在语音上:要容易发音;读或听起来让人感到愉快;在不同的语言中最好是以单一的方式发音并不会引起发音困难。 2.在语义上:要有时代感,容易理解和记忆,不因时间的推移而产生歧义,不会引起某些不悦、消极甚至淫秽的感觉和联想。 3.在语形上:简洁、简单,易于传播。
法律方面	1.具有法律的有效性,不侵犯他人的知识产权,为本会展专有。 2.相对于竞争者来说是独一无二的,富有个性。
营销方面	1.具有促销、广告和说服的作用,能对会展价值有所明示或暗示。 2.能与会展的形象匹配,能支持会展 LOGO 及其标识物。

2.会展 LOGO。会展 LOGO 是经过艺术设计的品牌标志,它往往是由一些艺术化的图案、符号和文字等所构成,并以艺术化的符号的形式向参展商和观众传递会展的形象、特征和信息。LOGO 是会展品牌形象有形化的重要手段,和会展品牌的名称一样,好的会展 LOGO 本身也有助于获取参展商和观众对会展品牌的认知,引起他们对会展品牌好的联想。会展 LOGO 的设计创意除了要遵循平面设计的基本原则外,还要注意考虑会展营销的需要和参展商与观众的心理需求。因此,不管是用古典主义手法、现代主义或者是后现代主义的思路来设计会展 LOGO,都要遵循一些基本要求。如表 4-4 所示。

表 4-4　会展 LOGO 设计基本要求一览表

要求类别	对要求的描述
创意要求	1.对品牌的理念和价值有很好的明示或暗示作用。 2.设计新颖独特,直观醒目,有较强冲击力,适合各种媒体。 3.在法律上不会引起纠纷。 4.有国际化的潜力和准备。
设计要求	1.设计清晰简洁、布局合理、整体平衡,注意整体美感。 2.色彩搭配要协调,图案线条要和谐。 3.隐喻或象征要恰当,不能产生歧义。
营销要求	1.能体现会展的品牌价值和经营理念,展现办展机构的实力。 2.能准确地传达会展的信息,体现会展的特征和品质。 3.用容易理解的图案将会展的优势明确化,成为会展的象征。

续表

要求类别	对要求的描述
认知要求	1.遵循参展商和观众的心理认知规律,符合他们的文化背景。 2.通俗易懂,容易记忆,不脱离时代。 3.能很容易地吸引公众的注意,让人产生深刻的印象。
情感要求	1.有较强的感染力,令人愉悦,有美的享受。 2.容易被大家接受,并能使人产生丰富和积极的联想。

【经典案例】

世界三大鞋类展览会的 LOGO

展会 LOGO 的差异化是执行会展品牌形象差异化最为显著的例子,也是最常用的手段。例如,德国杜塞尔多夫鞋展、美国拉斯维加斯国际鞋展和意大利加答鞋展这世界三大鞋类展览会的 LOGO 就各具特色:

德国杜塞尔多夫鞋展是目前世界上规模最大、影响力最强、档次较高的国际性专业鞋类及其配件展,每年分 3 月和 9 月两届举办,每届展出面积都超过 9 万平方米,到会专业买家接近 4 万人次。该展会的 LOGO 如下:

美国拉斯维加斯国际鞋展是由美国世界鞋业协会主办,至今已有 57 年的历史,每年举办两届(2 月和 8 月),是美国乃至美洲地区最大的国际性专业鞋类展览会。2008 年秋季,该展会共有 1500 多家企业参展,展出面积达 110 万平方英尺(1 平方英尺＝0.0929 平方米),到会专业买家近 4 万人次。该展会的 LOGO 为:

意大利加答鞋展始办于 1972 年,每年举办两届(1 月和 6 月)。第 70 届加答鞋展(2008 年 6 月)实际展出面积 50000 多平方米;来自 32 个国家和地区的约 1100 家参展企业同台展出,其中 35% 为意大利本地参展商,65% 为国外企业;到会专业观众来自 100 多个国家和地区,超过 10000 人次,其中意大利本土客商占 38%,国外客商占 62%。该展会的 LOGO 如下:

3.标识语。品牌名称和LOGO构成了会展品牌资产表象的核心,然而,仅仅一个名称和一个图案还是难以很好地表达会展的价值、特征和优势等要素,要想参展商和观众对会展的品牌形象有更快、更好、更准确的理解,往往还是要借助于品牌标识语的帮助。品牌标识语能更直观地提供品牌名称和LOGO所不能提供的信息,能引起参展商和观众对会展更多的联想,它与品牌名称和LOGO一起,能更好更全面地传播会展的品牌形象。

标识语通常是和会展的品牌名称与LOGO一起来创意和使用的。在使用时,标识语主要承担了两项重要的职能:品牌识别和沟通,其中,沟通是标识语最主要的使命。品牌名称的主要使命是品牌识别,它往往在沟通性上有所欠缺;LOGO尽管有一定的沟通作用,但它依赖于参展商和观众对它的理解程度;只有标识语,才能最直接、最准确地将会展的有关信息传达给参展商和观众。这样,标识语就超越了广告传播本身的作用,成了会展品牌形象的重要组成部分。

标识语具有"口号"式的外形、简洁明了的特性,它不可能很长,往往是寥寥数语甚至是仅仅几个字,它不可能包含会展的全部信息,它只能反应会展最本质的特征,或是反映办展机构最希望参展商和观众了解的会展的特质。那种"包含一切"的标识语往往流于形式、内容笼统而空洞,起不到很好的沟通和识别作用。所以,标识语的创意要紧密联系会展的定位和主题,抓住会展的本质特征,既要独特显著,有较强的差别化效果,又要生动有趣,容易理解和记忆,还要注意语言修辞上的技巧,具有一定的心理导向和大众流行语的特质。

【经典案例】

创立准确的会展标识语

标识语一般都很简洁,通常是以"口号"式的语句来表达的。例如,中国出口商品交易会(广交会)是目前我国历史最长、效果最好、规模和成交量都最大、到会外商最多的会展,其标识语是"中国第一展",既简洁明了,又充分体现出广交会在我国会展业中的强势地位,十分准确。

尽管标识语通常以"口号"的形式出现,但它的含义要比"口号"丰富得多。在会展行业,会展的标识语常常是与会展的定位和会展的主题紧密相连,并努力通过会展的标识语来传达会展的优势和特征,以增强会展和参展商与观众之间的沟通,上面广交会的例子很好地说明了这一点。

会展的品牌名称、LOGO和标识语是一个有机整体,通常一起使用。比如,在平面媒体上使用时,通常是会展的品牌名称和LOGO在上,标识语在LOGO之下。所以,在设计会展的品牌名称、LOGO和标识语时,也要考虑它们三者在布局上的可搭配性。

4.会展主题色。根据会展的定位和品牌形象,会展都会选择一种颜色作为自己的主题色。这个主题色是会展品牌形象的组成部分,它贯穿使用于会展品牌名称、LOGO和标识语以及会展的其他各种宣传物、印刷品和广告之中。

会展主题色能从侧面帮助会展进行品牌形象差异化竞争和营销。在各种色彩中,有些色彩能使人精神愉悦,给人丰富的联想,给人美的享受;有些却能使人伤感,让人沉闷。色彩的选择和运用会直接影响到会展品牌形象。几种主要色彩给人的心理和感觉效应如表 4-5 所示。

表 4-5　几种主要色彩给人的心理和感觉效应

色彩	给人的心理和感觉效应	
	正面效应	负面效应
红色	热情、活泼、生动、喜庆、欢乐	不安,冲动
橙色	温馨、明快、柔和、活力、活泼	兴奋
黄色	辉煌、明亮、高贵、醒目	淫秽
绿色	和平、宁静、安全、自然	无力
蓝色	崇高、深邃、沉静、凉爽、希望	苍凉
紫色	神秘、高贵、庄重	奢华
白色	纯洁、和平、单纯、澄清	死亡
黑色	肃穆、深沉、庄重、坚毅	绝望
银色	神圣、清洁、光明、纯真	奢侈

4.4.3　会展服务的差异化

会展服务是一种高接触性的服务活动。和一般的服务一样,会展服务具有以下四个基本特征:

1.无形性。会展服务在本质上是抽象的、无形的,在很多时候,参展商和观众对会展的服务只能通过感觉感受到而不能像触摸有形的物品那样触摸得到。

2.差异性。服务是以人为中心的活动,是由人提供的一种行为或表现,由于服务操作人员的服务经验不同,各人的素质、修养和技术水平存在差异,同一服务由不同的人来操作,其质量可能会出现很大差异;并且,即使是同一个人进行同类的服务,由于服务对象的不同以及不同时间里服务人员心理状态的差异,服务质量也可能有较大的波动;另外,不同的客户享受某种服务的经验和对该服务的期望可能有较大差异,这使得即使是同一种服务不同的客户的评价也不一样。

3.不可分割性。服务的生产、消费与交易是同时进行的,会展工作人员在向客户提供服务的同时,客户也就享受到了这种服务,在很多时候,客户只有而且必须加入到服务的流程中来才能享受到该服务;同一个工作人员,很难同时在两个地方向不同的客户提供服务。

4.不可储存性。服务产品不能像一般物品一样储存、转售和退还,很多服务如果不即时利用就会"过期作废",会展无法将一些服务事先储存起来以满足服务需求高峰时客户的需要,当客户对某项服务不满时也无法像一般物品一样退还给会展。

会展服务的特征和对会展的影响如表 4-6 所示。

表 4-6　会展服务的特征和对会展的影响

特征	对会展的影响		会展应对办法
	有利的一面	不利的一面	
无形性	为会展提高服务的技巧和满足客户的需要提供了极大的空间,为会展服务技巧的发展提供了广阔的天地	参展商和观众不容易识别这些"无形"的服务,服务的质量较难控制和测量,一旦发生纠纷,服务的投诉较难处理	让无形的服务有形化,让客户能实实在在感受到服务的存在
差异性	有利于提高服务的灵活性和进行服务创新;有利于针对不同参展商和观众提供差异化和个性化的服务	使会展服务难以规范化和标准化,服务规范和标准较难严格执行,使服务质量不稳定	保持服务的品质,力求服务始终如一,始终维持高水平
不可分割性	会展为更好地控制服务质量而不得不缩短服务流程,精简服务渠道,更多地采用直接供给的方式提供服务;有利于会展和客户直接交流并建立更紧密的关系	许多服务只能"一对一"地为客户提供,不便且易造成混乱;服务质量的好坏赖于会展所有相关服务人员及部门的配合和协调;把握不好服务人员与客户接触的那一瞬间服务质量将深受影响;服务质量的高低有赖于客户的积极配合	会展需要经常与客户交流,了解客户的需求,不断改进服务流程
不可储存性	使参展商和观众重视亲自参与会展;使会展重视服务的时间效率、重视服务的空间布局、服务流程的设计和服务人员的组织管理	客户为享受某种会展服务而来,如果该种服务供不应求,客户势必失望而去;服务在时间和空间上较难协调,容易出现忙闲不均,影响服务的效率和质量	会展必须充分考虑如何解决服务供求不平衡所引致的矛盾

　　会展服务的基本特性和其对会展的有利和不利影响,是拓宽会展服务的思路,创新会展服务的办法,制定会展服务的差异化竞争策略的基础。会展服务的差异化主要从以下三个方面展开:

　　1.服务内容的差异化。在第一章里,我们提到,从不同角度看,会展服务可以分成许多不同的种类:从服务的对象看,可以分为对参展商的服务、对观众的服务和对其他方面的服务;从服务提供的阶段来看,可以分为展前服务、展中服务和展后服务;从服务的功能上看,可以分为展览服务、信息咨询服务和商旅服务;从服务提供的方式上看,可以分为承诺服务、标准化服务、个性化服务和专业服务等。会展服务内容的差异化,就是从这些不同种类的服务出发,尽量为客户提供其他同类会展所不能提供的服务,使自己所提供的服务在内容上与其他同类会展区别开来,在竞争中取得优势。

　　2.服务交付的差异化。除了服务内容的差异化,会展还可以将自己的服务以比同类其他会展更优越或更便利的方式提供给客户,从而使自己所提供的服务在交付环节上与同类其他会展出现差异化。服务在交付环节上的差异化主要表现在三个方面:一是交付程序的差异化,二是交付时间的差异化,三是交付地点的差异化。交付程序的差异化,是会展以差别与竞争对手的服务交付程序向客户提供各种服务,这个交付程序比别的会展的要更便捷、更快速、更自助化和更人性化。交付时间的差异化,是会展更多地从客户的需求出发并考虑到客户接受服务的便利性,以更受客户欢迎的时间向客户提供各种服务。交付地点的差异化,是会展在服务交付地点的选择、服务交付地点的环境设计和布置以及服务交付地点的社会因素选择等方面与同类其他会展之间的差异化。

3.服务质量的差异化。会展服务质量是一个需要站在客户的角度来理解和度量的概念。从参展商和观众的角度来看,以下三个方面极大地影响到他们对会展服务质量的评价:一是经验属性。参展商和观众对会展服务的评价主要取决于自己对该服务的主观感受,主要根据自己的经验来评价该服务的质量。二是信任属性。其他人对某一会展的服务的评价会极大地影响到参展商和观众对该服务的评价,有些服务,参展商和观众凭自己的经验也难以判断其好坏,这时,他们会征求其他人对该服务的意见,然后以其他人对该项服务的评价来评价该服务。三是需求属性。参展商和观众个人期望得到怎样的会展服务,对他们评价会展服务的质量有很大影响,会展服务即使再好,但如果不是参展商和观众所期望的,该服务也是"形同虚设"。

从以上三个属性出发,参展商和观众主要从以下五个方面对会展服务的质量做出度量和评价:一是可靠性,就是会展是否已经准确可靠地履行其对会展服务所做的各项承诺,如买家到会参观的状况是否如当初宣传那样好。二是责任感,就是会展是否愿意帮助参展商和观众并提供快捷的服务。三是可信度,就是办展单位是否具有举办其所宣称的会展的能力,会展的实际情况是否和当初宣传推广的信息一致。四是同情心,就是会展是否真正介意满足参展商和观众的需求,是否对不同参展商和观众的需求采取有针对性的服务措施。五是有形环境,就是会展现场的环境布置、服务设施、服务人员以及会展的各种宣传资料给他们的印象。对这五个方面的综合度量和评价就是他们对会展服务质量的评价。

所以,提高会展服务质量或进行会展服务质量差异化就有三种基本途径:一是在保持参展商和观众对会展服务期望值不变的情况下提高会展服务水平;二是通过营销策略引导参展商和观众的对会展服务的期望值以使其保持在一个合理的范围内,但实际服务水平高于该范围;三是在适当提高参展商和观众对会展服务的期望值的同时较大幅度地提高服务水平。

4.4.4 会展流程的差异化

举办会展是一项涉及面很广的系统工程。在会展的大系统下,会展的各项工作形成了若干个子系统,如招展、招商、宣传推广、后勤、服务等,各个子系统自成体系,会展的整体工作就是由这些既相联系又各自独立的子系统所组成,是这些子系统的大聚合。同时,会展的各项工作又具有很强的层次的,例如,招展、招商工作最先开始,展会宣传推广和服务紧随其后,展会筹备的外围配套工作紧紧跟上。并且,会展的各项工作又具有很强的相关性,各项工作互相配合、彼此影响、相互关联,如招展工作的好坏会直接影响到招商工作的进程,招商工作的成效又直接影响到招展工作的成绩。会展工作的这些特点,使会展工作的相关流程非常重要:它既是促使会展提高工作效率和成功举办的重要因素,也是会展区别于同类其他会展以取得差异化竞争优势的重要因素。

会展流程的差异化主要表现在参展流程的差异化、参观流程的差异化和服务流程的差

异化三个方面:

1.参展流程的差异化。参展商是会展生存和发展的基础,为参展商参展提供优化、简洁和便利的流程,是会展吸引参展商的一个重要手段,也是一个会展区别于同类其他会展的重要竞争措施。

2.参观流程的差异化。观众是会展得以腾飞的翅膀,没有一定数量和质量的观众,会展就没有持续发展的动力。同样,为观众参观会展提供简洁、便利和人性化的流程,是会展进行差异化竞争的重要手段。

3.服务流程的差异化。会展的主要作用是为参展商和观众等提供达成某种满意的商业关系而服务,会展业是一种现代服务业,会展服务流程在会展的市场竞争中起着重要的作用。以区别并优于同类其他会展的服务流程,向以参展商和观众为代表的各种客户提供优质的会展服务,是会展取得竞争优势的重要竞争手段。

4.4.5　会展价格的差异化

价格是会展进行差异化竞争的一个常用工具。会展价格包括会展的展位价格以及会展各种服务的价格,在这些价格中,最重要的是会展展位的价格。展位价格对参展商的参展决策有重要影响,如果价格过高,参展商可能不堪承受而放弃参加会展,会展的招展工作就会出现困难;但如果价格过低,会展的收入来源又会减少,会展就可能出现亏损。因此,合理的会展价格,对会展的营销和会展的经济效益都有着重大影响。

会展价格的差异化通常从价格目标的差异化、价格策略的差异化和价格折扣的差异化三个方面来进行。

1.会展价格目标的差异化。会展定价目标一般有利润目标、市场份额目标、市场撇取目标、会展质量领先目标和生存目标五种。利润目标,是以盈利为主要目标来给会展定价。这有两种办法:一是以当前利润最大化为目标来给会展定价,二是以会展满意的利润为目标来定价。前者是追求利润最大化,后者则只要利润达到某一个能令人满意的水平即可。市场份额目标,会展的定价目标是最大限度地增加展位销售量、扩大会展规模、提高会展的市场占有率。市场撇取目标,为会展定出尽可能高的价格,争取在会展举办的前几届就获取尽可能多的利润;一旦竞争变得激烈了,会展就有充分的主动权逐步降低价格。会展质量领先目标,是以保证和向客户塑造一个高质量的会展为主要目标的价格定位。生存目标,当市场竞争已经非常激烈,会展为了在市场上先站稳脚跟,就会采取以先求得会展的生存空间为目标的价格定位。

2.会展价格策略的差异化。会展通常有成本导向定价策略、需求导向定价策略和竞争导向定价策略三种价格策略可以选择。成本导向定价策略,是以办展成本作为会展定价的基础;需求导向定价策略,主要是从客户的角度出发,着重考虑客户对会展价格的期望和接受程度,并根据客户对会展价格的反应和接受能力来制定会展价格;竞争导向定价策略,是根据竞争的需要,以与本会展有竞争关系的会展的价格作为本会展定价基础的一种定价办法,在采取这种定价法来给会展定价时,必须根据自己在竞争中的地位,以确保该价格是在加强而不是在削弱自己在市场竞争中的地位。

3.会展价格折扣的差异化。常见的会展价格折扣有统一折扣、差别折扣、特别折扣和位置折扣等四种。统一折扣,是向所有的参展商或观众提供一个统一的价格折扣标准;差别折扣,将价格折扣标准按需要分为几种,针对不同的标准执行不同的价格折扣;特别折扣,通常是给予那些参展规模较大、在行业内有较大影响力和知名度的企业的特别价格优惠,它只适用于少数客户,对于一般客户不适用;位置折扣,针对展馆内场地位置的优劣不同而分别制定的折扣标准。如果执行得好,价格折扣对会展吸引客户有一定的促进作用;如果执行得不好,价格折扣往往会引起会展价格的混乱。会展价格的混乱对会展吸引客户非常不利,在会展营销过程中执行价格折扣时要特别注意。

本章要点

本章主要讲述会展市场细分以及在细分市场的基础上选择目标市场并进行市场定位和通过差异化竞争来取得市场优势的方法。主要内容有:中国会展市场的特征;会展市场细分的依据、过程、方法和有效性;如何评估细分市场的有效性;选择目标市场的方法;赢利客户分析;会展定位的原则、步骤、方法和容易出现的误区;会展的差异化竞争主要有功能的差异化、形象的差异化、服务的差异化、流程的差异化和价格的差异化等。

思考题

1.中国会展市场的特征是什么?
2.可以依据哪些标准对会展市场进行细分?
3.会展市场细分的方法有哪些?
4.如何评估细分市场的有效性?
5.如何选择会展目标市场?
6.如何进行赢利客户分析?
7.如何对会展进行定位?
8.试论述如何进行会展差异化竞争?

第5章

产品与价格策略

会展产品是会展营销八要素组合中的首要要素，它也是会展营销最为核心的要素，这个要素是以会展为载体、以展位或场地为媒介、以提供某种形式的会展服务为核心利益的整体会展产品。尽管有形产品的定价原理、模式和技巧等也适用于会展营销，但由于会展本质是在提供一种服务，因此，会展营销对价格因素的使用也有其自身的特点。

5.1　会展产品与品牌

产品是只能提供给市场以满足需要和欲望的任何东西，它分为有形的产品和无形的服务。会展是以有形的展位或场地为媒介来提供的一种无形的服务，它的本质或核心利益是服务。因此，理解"会展产品"这一概念，更多地要从服务的角度出发去理解。

5.1.1　准确理解会展产品的含义

会展产品是以会展为载体、以展位或场地为媒介、以提供某种形式的会展服务为核心利益的整体。服务在会展产品的内涵里处于绝对核心的中心地位，会展产品的其他一切都是紧紧围绕着这个中心来规划和设计的；会展产品里提到的服务，在狭义上包括会展服务的所有项目和质量，在广义上还包括会展营销活动中为客户提供的各种服务。

从上可见，会展产品不同于通常意义上的有形的产品，也不同于一般意义上的无形的服务，它是一种以服务为核心利益的特殊产品。一个完整的会展产品包括有核心利益、形式产品、期望价值、附加价值和潜在价值等五个层次。如图 5-1 所示。

1. 核心利益，是会展客户所真正追求的服务和利益，是会展产品最为核心的内容。例如，适合客户需要的会展的功能即是其核心利益。

2. 形式产品，是核心利益借以实现的形式。例如，会展的现场布置、有形展示和展位等是客户核心利益借以实现的形式。

3. 期望价值，是客户在参加会展时期望得到的与会展相匹配的一系列属性和条件。例如，参加会展时，客户希望会展的展区划分科学，展位搭建有特色，观众或展商数量和质量都满意等。

4.附加价值,是客户在参加会展的核心利益得到满足后还能得到的附加利益或服务。例如,会展为客户量身定做的个性化服务等。

5.潜在价值,是会展功能或服务创新而产生的所有可能吸引和留住客户的因素。例如,以贸易成交为主要功能的会展逐步增加产品发布的功能,这一新功能即是很多客户的潜在价值。

会展产品的五个层次是由内到外、由核心到一般依次过渡的,越是内层的越基本,是会展产品的核心竞争力所在;越是外层的越一般,是会展产品较能体现差异化和个性化的地方。在开发会展产品时,把握好核心利益层是最关键的,

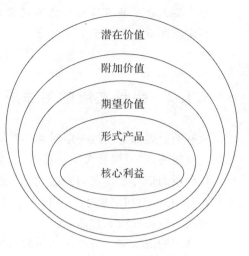

图 5-1　会展产品的层次结构

对其他层次的开发和给予满足时,要充分考虑客户的需求和会展为此投入的成本的大小。同时,不同会展产品各层次的不同就构成了会展产品的差异性和各自的特色,这是会展差异化竞争的根源。理解了这一点,对规划会展的差异化竞争策略有很大的帮助。

【经典案例】

一个专业观众对会展产品的理解

一个去参加某个以贸易成交为主要功能的专业观众,对该会展的"会展产品"的理解如下:

该专业观众参加该会展的主要目的或核心利益,是能够在会展上见到足够数量和质量的、提供自己计划采购的产品的参展商,并在与这些参展商的洽谈中选择和采购到自己计划采购的产品。到达会展后,该专业观众发现会展现场环境布置很人性化,各种路标指示明确,各专业展区划分科学明了,很容易找到自己计划采购的产品大类,而自己计划采购的产品展区,不仅参展商很多,而且质量都符合自己的期望,很多展位搭建都很具特色,该专业观众对会展的"形式产品"和"期望价值"十分满意。该专业观众采购量较大,被会展列为 VIP 客户,为他提供了一系列的 VIP 客户服务和便利,该专业观众对会展提供的这一附加服务非常满意。为发展自己的购销业务和产品品种,该客户还希望在会展上看到一些与自己所采购的产品有关联用途的产品的展示和相关信息,正好该会展有这样的产品专门展区,该观众在完成采购任务之后,又花一天的时间去参观该关联产品展区,为自己的潜在业务做准备。

核心提示:对于不同客户,由于需求不同,其对会展产品五层次内容的理解和需求是不一样的。例如,如果是一个以考察新产品发布情况为主要参观目的的专业观众,其核心利益则不是贸易成交,而是会展的新产品发布的数量和质量等。

会展要充分了解不同客户的不同需求,并在此基础上规划好自己的产品内容,这样才能在市场上立于不败之地。

5.1.2 会展发展的生命周期

所有的会展都要经过一定时期的培育才能发展壮大。和所有产业一样,会展也有它自己的发展轨迹,在发展壮大的过程中,也会有培育、成长、成熟和衰退等发展阶段。

1.会展的培育期。在创立之初,会展还十分弱小和脆弱,就好像是一个刚刚诞生的婴儿,需要精心呵护和培育才能茁壮成长,这是会展的培育期,如果呵护不周,会展就会夭折。这一时期一般要经历三到四届。

2.会展的成长期。当经过几届的培育后,会展开始快速成长发展,这是会展的成长期。这一时期,它就像一个朝气蓬勃但行为莽撞的少年,需要为它的发展指明方向,如果发展方向不明,会展就会误入歧途。会展的成长期长短不一,有的很长,有的较短。

3.会展的成熟期。当会展已经成长壮大,就步入了成熟期,这时,它需要充分发挥自己的影响力和号召力,否则,进入而立之年的它就难以像一个成功人士那样在社会立足,就可能被市场竞争迅速淘汰。

4.会展的衰退期。当会展开始逐届萎缩,就进入了衰退期,这时,它就像一个战战栗栗的老人,办展单位对它最大的期望就是希望它能健康地活下去。

从培育、成长、成熟到衰退,是市场化运作的商业性会展一般所要经历的几个显著的发展阶段。如图 5-2 所示。

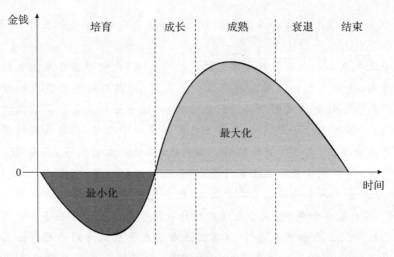

图 5-2 会展发展生命周期

在不同的发展阶段,会展具有各自不同的特点;在不同的发展阶段,会展的营销策略也应该不一样。如表 5-1 所示。

表 5-1　会展发展不同阶段的特点及其对应营销对策一览表

发展阶段	主要特点	营销对策
培育期	会展规模不大,知名度不高 办展成本高,营销费用大 客户参加会展意愿不强	迅速扩大会展规模,做强会展;提高知名度和盈利水平;尽快缩短培育期而进入成长期
成长期	会展规模迅速增长 展商和观众数量和质量都上升 办展成本下降很快,利润上升	重视招商和客户关系管理;完善会展的功能和服务;进入新的细分市场或开发新的营销渠道
成熟期	会展规模增长速度趋缓 展商和观众数量与质量基本稳定 价格和利润都下降	开辟新的市场,增加新功能;增加客户价值,稳定客户群;加强会展品牌和形象建设
衰退期	会展规模萎缩 展商和观众数量与质量下降 利润大幅下降或基本无利润	及时转型为会展寻找新发展空间;或减少投入直至逐步放弃;或放弃举办该会展

5.1.3　会展品牌与品牌会展

会展品牌是能使一个会展与其他会展相区别的某种特定的标志,它通常是由某种名称、图案、记号、其他识别符号或设计及其组合所构成。会展品牌是给会展贴上的一个竞争标签,它是会展能更好地展开市场竞争并获取竞争优势的有力武器。

会展品牌的内涵可以从以下六个方面来理解:第一,属性,即品牌所代表的会展的品质;第二,利益,即会展能带给参展商和观众怎样的利益;第三,价值,即会展在参展商和观众的心目中居于怎样的等级层次;第四,文化,即会展品牌所体现出的会展本身的文化内涵和办展机构的企业文化;第五,个性,即品牌所体现的会展的独特个性和特征;第六,角色,即品牌是某些特定客户群体的特定角色和地位的象征,它为该客户群体所喜欢和选择。

会展品牌是参展商和观众所得到和理解的有关会展的全部信息的总和,它由会展所创立,但存在于参展商和观众的心目中。会展品牌所包含的各种信息经过参展商和观众的感知、体验和选择,形成了会展在他们心目中的品牌形象。

在市场竞争中,会展品牌既是一种可以将本会展与其他同类会展区别开来的标志。也是会展与参展商和观众进行有效沟通的代码。还是会展对参展商和观众的一种承诺。并且是会展价值的集中体现。

会展品牌是一个以参展商和观众为中心的概念。品牌的价值体现在品牌与参展商和观众的关系之中。会展品牌在很多时候不仅仅是将会展“设计成什么样”,或者是怎样地来“表现会展”,而是要努力让参展商和观众通过会展品牌就知道会展“是什么”和“有什么”。只有被参展商和观众认知了的品牌才是有用的品牌。可见,会展品牌一定要能准确地向参展商和观众传达上述四方面的意思,使会展品牌能传达会展的价值和发展方向,能表明会展的核心价值和灵魂,表明会展代表着参展商和观众的什么利益,和希望被参展商和观众如何理解等内涵,使会展品牌在会展与参展商和观众之间架起一座沟通的桥梁。

品牌在会展为获取竞争优势而进行的营销中起着非常重要的作用。由于经济环境的变化、技术的进步和传媒的日益发达,品牌作为会展进行有效竞争手段的重要性日益突出,品牌经营是现代会展业展开市场竞争的重要手段。会展业进行品牌经营的主要目标,是将本会展培育成具有一定的规模、能代表行业的发展动态、能反映行业的发展趋势、能对行业发展具有指导意义并有较强影响力的品牌会展。

品牌会展常常是同类会展中居于市场主导地位的会展,一个会展一旦发展成了品牌会展,该会展在市场上就拥有了强大的"品牌产权"。所谓品牌产权,就是"一组与品牌的名字及符号相连的品牌资产和负债,它能增加或扣减会展所带给其本身或客户的价值"。品牌产权是比知识产权更为高级的现代市场经济的产物,其市场竞争力比威力强大的知识产权更为强大。某个会展一旦在市场上形成了品牌产权,该会展就能在激烈的市场竞争中占据有利地位。

随着品牌在现代会展经济中发挥着越来越重要的作用,品牌产权在会展无形资产的构成中占据着越来越重要的地位。一般来说,一个会展一旦在市场上形成了品牌产权,该会展就会拥有品牌知名度、品质认知度、品牌忠诚度、品牌联想度四大核心资产,这些资产是会展展开市场竞争最有力的武器。

会展的品牌产权是通过进行会展品牌经营和营销来获得的。在进行会展品牌经营和营销时,要注意把握好以下原则:

1. 市场导向原则。就是要从会展目标参展商和观众的需求出发,通过经营会展品牌来促成会展品牌与目标参展商和观众之间建立起一种特殊的关系,最终促成目标参展商和观众对会展的认同。

2. 目标性原则。就是要通过经营会展品牌来形成一种品牌产权,取得会展目标参展商和观众对展会的品质认知,使会展品牌知名,促使他们对展会品牌忠诚,引导好的品牌联想。

3. 系统性原则。就是必须要具有全局的视野、多层次多角度的长远规划。

4. 针对性原则。会展品牌营销主要对象是展会目标参展商和观众以及办展机构的内部员工,极富有针对性。

5. 诚信原则。很多著名品牌最终走向没落的一个很重要的原因,是这些品牌都没有实现自己对市场所做出明示或暗示的"承诺"。一旦发现自己被品牌所欺骗,市场就会毫不犹豫地抛弃品牌,品牌在市场上就没有了立足之地。

5.2 会展产品创新

从会展产品的五层次构成内涵和会展发展的生命周期各阶段可以看出,要有自己的特色并要在市场竞争中取得优势,会展要不断地进行创新。创新是会展在激烈的竞争中取得发展优势的不二法门。一般地,对会展产品进行创新可以从四个方面来进行:题材创新、功能创新、服务创新和流程创新。

5.2.1　题材创新

会展题材是指会展所涉及的产业范围。一般地,每一个专业会展都是立足于一个产业而举办的,不同的产业题材对会展的发展有不同的影响。例如,发展前景广阔的产业里举办的会展,其发展前景就很好;在政府扶持的产业里举办的会展,在营销等各方面都能得到政府部门的大力支持。

会展题材对会展来说是一个相对固定的概念,会展一旦选定了某个产业题材,它往往很难被抛弃或改变。但是,根据市场需求的变化和该产业环境及竞争状况的变化,会展可以采用新立题材、分列题材、拓展题材、合并题材等方式来对会展题材进行创新。

1.新立题材。就是选定一个本会展没有涉及的产业作为其新题材,并与会展的原题材一起来举办一个题材类别多一些的会展。

2.分列题材。就是将会展已有的题材再做进一步的细分,从原有的大题材中分列出更小的题材,并将这些进一步细分的小题材办成独立的展区或分会展的一种题材创新方式。

3.拓展题材。就是将现有会展所没有包含的,但与现有会展的题材有密切关联的题材,或者是将现有会展大题材中的暂时还未包含的某一细分题材列入现有会展题材的一种方法。

4.合并题材。就是将两个或两个以上彼此题材相同或有一定题材关联的会展合并为一个会展,或者是将两个或两个以上的会展中彼此相同或有一定关联的题材剔除出来组成另一个新会展。

以上四种会展题材创新办法都可以在一定的程度上使会展的题材范围扩大,如果为适应市场需求,在扩大会展题材的同时,对会展一些不符合市场需要的题材加以剔除,那么,会展的题材将更有竞争力。四种会展题材创新办法各自的优劣势如表 5-2 所示。

表 5-2　会展题材创新办法及其优劣势一览表

主要途径	好　处	风　险
新立题材	可以进入一个新产业和开发一个新市场;可以避开竞争;成功的可能性较大	进入陌生领域;对该题材缺乏了解;难以抓住行业重点和热点,会展缺乏号召力
分列题材	新会展容易举办成功;原有会展其他题材和新会展有了更大的发展空间;会展更加专业化	分列的时机把握不好题材分列就很难成功;较难把握分列会给原有会展造成多大冲击;较难把握是否已经具备分列独立办展的实力
拓展题材	可以扩大展品范围、参展商和观众来源;拓展会展发展空间;使展品范围更加完整;使会展更加专业;具有行业代表性	可能会使会展变成"大杂烩";使会展专业性不强;影响会展布置和管理;可能"画蛇添足"
合并题材	集中精力做大做强会展;独占该题材展览市场;得到行业内知名企业的支持;使会展更具有行业代表性;提高展览会的档次	对相关会展可能会产生不利影响;给现有会展造成伤害;使新会展成"大杂烩"

5.2.2　功能创新

在第一章里我们提到,会展的功能从宏观和微观两个方面集中表现出来:从政府或行业的宏观角度看,会展具有经济的和社会的双重功能;从会展主办单位或参展商和观众的微观角度看,中小型会展具有贸易、展示、信息和发布四大功能,大型会展除了贸易功能之外,还具有设计引领、时尚发布、渠道维护和行业交流的功能。每一个具体会展对上述功能的选择是不一样的。

会展功能是会展产品的核心利益,有时候,它还是会展产品的期望价值、附加价值或潜在价值所在。例如,当贸易成交是某一会展的主要功能时,它也是该会展产品的核心利益,如果这个会展同时还有展示、信息和发布等其他功能,则对于不同的客户,因他们的需求不同,这些功能又可能是会展产品的期望价值、附加价值或潜在价值。

会展的功能创新可以从两个方面来进行:一是对会展主要功能的调整,另一是对会展附加功能的创新。

1.对会展主要功能的调整。根据自身的条件和市场需求,每一个会展都有其要打造的主要功能,如果一个会展能将其主要功能打造得出类拔萃,这个会展就可能成为同类会展中的品牌会展。会展的主要功能极大地影响着会展的发展方向和竞争能力,如果会展的主要功能不符合市场需要或会展自身无条件对其加以实现,会展就可以对其主要功能加以调整,使其变得更加具有竞争力。

2.对会展附加功能的创新。在打造自己独具特色的主要功能的同时,会展也可以根据自身条件和市场需要,对会展增加一些附加功能。例如,以贸易成交功能为主,以产品展示和发布功能为辅等。

【经典案例】

中国建博会的功能创新

中国建博会是由中国对外贸易中心(集团)和中国建筑装饰协会联合主办的一个大型专业展览会。该展览会创办于 1999 年,逐步从创办之初的约 2 万平方米,发展壮大到如今的 42 万多平方米,从一个区域小展会发展成为如今全世界该领域中规模最大的展览会,其不断地进行展会功能创新,对展会的发展壮大起着不可替代的促进作用。

在展会的创立之初,行业发展也处于初级阶段,许多参展企业都以能够在展会上取得订单为首要目标。为满足参展商的这种需求,展会将"贸易成交"作为首要功能来进行打造。为此,展会广泛发展各种渠道邀请各种终端用户到现场参观采购,促进参展商和专业观众之间的贸易成交。展会为此而广受欢迎,参展企业越来越多,展览面积不断扩大。

随着我国建筑装饰行业的进一步发展,相关企业的经营规模越来越大,单纯的零售或批发的销售形式已经不能满足参展企业大规模生产的需要,越来越多的企业开始改变产品销售模式,开始大量招揽经销商和加盟商铺开销售渠道。针对这种需求,展会在继续邀请批发商、零售商和终端用户到会参观的同时,将"行业交流"增加为展会的一个新功能,开始大力邀请经销商和加盟商到会参观,并策划举办一系列的会议和活动对其进行信息传播。为此,展会继续受到行业的热捧,参展企业继续增多,展览面积继续扩大。

当我国消费者的消费需求普遍从大众化的消费开始转向个性化的消费时,企业的产品也越来越开始追求与众不同,设计的元素在产品中越来越重要,有设计感的产品越来越受到消费者的青睐。针对此行业趋势,展会及时将"设计引领"增加为又一个新功能,通过鼓励参展企业在展会发布新产品、新设计、新材料等为观众提供更多选择,同时还广泛邀请设计师到展会参观,举办有引领性的专题设计展览和会议论坛,增加展会的设计氛围。展会为此继续走在行业前列。

一般地,中小型展会在夯实贸易功能的同时,对展会的功能创新要沿着展示、信息和发布的方向拓展;大型展会在主打贸易成交功能的同时,对展会功能的创新要沿着行业交流、设计引领、时尚发布和渠道维护的方向拓展。

5.2.3　服务创新

在会展竞争的手段和策略日益同质化的今天,会展竞争优势的取得很多时候来源于优质的会展服务。会展服务是一个会展区别于其他会展的重要手段,也是会展取得竞争优势的重要武器。对会展服务进行创新,是会展产品创新的重要内容。从不同的角度看会展服务有不同的类别,如表 5-3 所示。

表 5-3　会展服务一览表

划分角度	服务类别	描述
服务的对象	对参展商的服务	包括:通报会展筹备情况、提供行业发展信息、提供贸易成交信息、展示策划服务、展品运输、邀请合适的观众到会参观、展位搭建、展览现场服务、商旅服务等,其中,邀请到一定数量和质量的合适观众到会参观是会展提供给参展商最重要的服务
	对观众的服务	包括:通报会展展品信息、提供行业发展信息、产品供给信息、招揽合适的参展商到会展出、会展现场服务、商旅服务等,其中,招揽到一定数量和质量的合适的参展商是会展提供给专业观众最好的服务
	对其他方面的服务	主要是对新闻媒体、行业协会和商务、行业主管部门、国际组织、国外驻华机构等的服务,对这些对象的服务包罗万象,其中最主要是信息服务

续表

划分角度	服务类别	描述
服务提供的阶段	展前服务	会展开幕前提供给参展商、观众和其他各方面的有关服务,如会展筹备情况通报、展品运输、参展参观咨询、展示策划服务等
	展中服务	会展开幕期间及以后展览期间的服务,如现场安全保卫、清洁卫生、观众报到登记等
	展后服务	会展闭幕以后会展继续提供给参展商、观众和其他各方面的后续服务,如邮寄会展总结、会展成交情况通报、介绍会展参展商和观众的来源和构成等
服务的功能	展览服务	会展提供的产品展示、贸易成交、新产品发布、展示策划服务等服务
	信息及咨询服务	会展为参展商、观众和其他有关方面提供有关行业发展、贸易需求、行业动态、市场分析等商务信息及其咨询服务
	商旅服务	会展为有需要的客户提供的商旅咨询和组织商旅考察等服务
服务提供的方式	承诺服务	会展事先对自己拟向客户提供的服务方式和服务质量等向客户提出承诺,然后严格按照承诺向客户提供服务
	标准化服务	会展对自己向客户提供的各种服务制定统一的标准,然后严格按照标准向客户提供规范的标准化服务
	个性化服务	会展根据各个客户的不同需求,对不同的客户提供适合其需求的有差别的服务
	专业服务	会展根据展览行业实际需要,由经过培训的专业员工,以专业的手段和方式,为客户提供的各种服务

会展可以根据自身的条件,对自己有所欠缺的服务加以改善和创新,使自己的服务项目设置和服务水平在同类会展中都居于领先地位。

需要特别指出的是,会展服务商,如展位承建商、展品运输商和指定旅游公司等对会展客户提供的服务也是会展服务的重要组成部分,我们不能因为会展将这些服务外包给其他专业机构负责就忽视它们的存在,或者干脆就认为它们不是会展服务的组成部分。对于这些服务,参展商和观众通常都把它们看成是会展直接提供的服务。如果它们服务不好,参展商和观众就认为会展的服务不好,它们服务中的任何失误都将被参展商和观众归结到会展身上。因此,对会展服务的创新不能忽视这些外包服务的存在。

另外,会展所服务的参展商和观众,不仅包括会展现有的参展商和观众,还包括会展潜在的参展商和观众。

【经典案例】

A 会展对展前和展后服务的创新和完善

在实际操作中,很多会展往往只注重展中服务,对展前服务只是被动地提供,对展后服务很不重视或根本没有什么展后服务。其实,展前服务、展中服务和展后服务都是会展服务的重要组成部分,对任何一部分的忽视都会严重影响到会展服务的质量。A 会展在实践中逐步理解到了这一点,并采取一系列措施对展前和展后服务进行创新和完善。

对展前服务的创新和完善:A 会展原来在展前只对客户提供会展筹备情况通报、展品运输、参展参观咨询等服务,随着该会展不断加大对客户需求的调查和对市场的研究,它又逐步增加一些服务:在展前对客户提供展示策划和咨询服务,为客户更完美地参展出谋划策;为客户提供一些产业的需求和供应行情,为客户斟选合适展品到会参展服务;为客户提供事先的买卖家配对,促使客户提供参加会展的效果。

对展后服务的创新和完善:A 会展原来只对客户提供邮寄会展总结和介绍会展参展商和观众的来源和构成等服务,但随着市场竞争的加剧,A 会展觉得要巩固现有客户,就必须为他们增加以下展后服务:通报会展客户满意度调查结果;协助跟踪有兴趣客户之间的联络;组织客户参观考察专业市场等。

经过上述创新和完善,A 会展的市场竞争力有了显著的提高,一部分早先流失了的客户又重新来参加 A 会展了。

5.2.4 流程创新

不论是进行会展题材创新,还是进行会展功能和服务创新,如果没有相应的流程创新,上述创新的效果最终都会被打折扣。人性化和便利简洁的流程能让会展增色不少。对会展流程进行创新,可以从参展流程、参观流程、服务流程和登记流程等方面入手。

1.参展流程创新。从目标参展商向会展报名参展开始,经过彼此协商、展位划分和确认、展品运输、付款到布展和撤展构成了一个完整的参展流程,这个流程延续的时间长,环节多、事务复杂,参展商往往要花费大量的时间、人力和财力去应对。如果这个流程比较繁杂,或者是没有从方便参展商的角度去设计,则参展商的参展过程将变得非常劳神费事。会展对参展流程的创新和完善对便利参展商参展非常重要。

2.参观流程创新。从目标观众向会展预先登记将来参观开始,到会展向该观众邮寄会展通信和参观指南,最后观众到会入场登记并进入会场参观,构成会展的完整参观流程。参观流程的设计要站在观众的角度进行,要以方便观众为出发点,不能使观众面对流程不知所措。

3.服务流程创新。会展向客户提供各种各样的服务,这些服务的提供和实现很多是要客户亲自参与其中的。会展所要面对的客户人数多、种类杂,而服务提供的时间又很集中,因此,服务流程的设计一定要以客户为中心,并以人为本,做到能简洁就简洁,能便利就便利。

4. 登记流程创新。为满足会展安全和会展客户关系管理等方面的需要,很多会展都要对一些会展事务进行登记,如观众入场参观要事先登记、布展和撤展的展品运输车辆进入会展场地要有入场证件等。不论是对人还是对事物,会展的登记流程都要考虑到登记者的便利和登记现场的需要,环节不能过多,但也不能形同虚设。

5.3 基本价格策略

在市场经济环境下,价格既是产品的孪生姐妹,也是竞争的重要手段。会展价格包括展位价格以及会展各种服务的价格。价格对会展客户的决策有重要影响,如果价格过高,他们可能不堪承受而放弃参加展览;但如果价格过低,会展的收入又会减少,会展就可能出现亏损。因此,合理的价格,对会展的营销和会展的经济效益都有重要意义。

5.3.1 影响会展价格的因素

从一般意义上看,影响会展定价的因素主要有三个:成本、需求和竞争。但如果归结到某一个具体会展的定价问题,除上述三个因素外,会展的发展阶段、会展的定价目标和会展题材所在产业的状况等,对会展的定价也有很大的影响。

1. 成本。成本费用是影响会展定价的首要因素。从定价的角度看,成本可以分为固定成本、变动成本和准变动成本三种。固定成本是一定规模的会展所必须要负担的成本,如场地费等;变动成本是如果不提供某项服务就可以不产生的成本;准变动成本是某项成本发生时有一个最低下限但上限是可以控制的成本。成本的变动对会展价格的确定有很直接的影响,例如,在成本导向定价法下,会展的盈亏平衡价格就是会展定价时重要的参考下限值。

2. 需求。需求对会展价格的影响主要通过会展价格的需求弹性来表现出来。所谓价格需求弹性,是指当价格每变动1%时会展相关销售量(如展位或门票等)变动的大小,它是用来表示会展价格的变动对会展相关销售量影响的大小的参数。如果价格弹性较大,会展价格的降低就会引起会展相关销售量的大增;如果价格弹性较小,会展价格的降低对会展相关销售就不会产生什么影响;如果价格弹性为负数,那么,会展的价格的降低不仅不会促进会展相关销售,反而会使会展相关销售量大幅下降。因此,会展价格的高低必须考虑会展价格需求弹性的大小如何。

3. 竞争。会展要充分考虑竞争的需要来定价。制定会展价格时,要充分考虑那些与本会展有竞争关系的同类会展的价格状况,有时候,它们的价格就是我们制定会展价格时重要的参考系。我们要充分评估本会展在市场上处于什么样的地位,是处于市场领先地位还是处于跟随地位。如果是前者,我们就可以将价格稍微定得高一些;如果是后者,我们就必须将价格定得低一些。

4. 要结合会展的发展阶段来定价。每个会展都会有一个从培育、成长到成熟和衰退的发展阶段,在会展的培育阶段,会展价格不宜太高;在会展的成长阶段,会展价格可以适当提高;在会展的成熟阶段,会展价格基本固定,不宜变动;在会展的衰退阶段,会展价格应该较低。会展的发展阶段对会展价格有着十分重要的影响,在制定会展价格时必须充分考虑这一点。

5. 要结合会展的价格目标来定价。出于不同的价格目标,会展价格也不尽相同。会展的定价目标一般有利润目标、市场份额目标、撇取目标、质量领先目标和生存目标等五种,在制定会展价格时,这些目标是我们需要考虑的重要因素。例如,如果会展价格目标是以会展生存为主,那么,会展的"盈亏平衡价格"就是其最后的底线。

6. 要考虑会展展览题材所在产业的状况。主要是要考虑该产业平均利润率的大小和该产业的市场发展状况。产业平均利润率的大小决定了该产业的企业的可能盈利水平和支付能力。如果产业平均利润率较小,会展价格过高,企业将无法承受;反之,会展价格就可以相应地定得高一些。产业的市场发展状况也是制定会展价格时需要考虑的另一个重要因素,例如,如果产业处于买方市场状态,企业参展的积极性就较高,会展价格可以定得高一些;如果产业处于卖方市场状态,企业参展的积极性就较低,会展价格就应该定得低一些。

另外,在制定会展的展位价格时,除要考虑上述因素外,还需要考虑另外两个因素:一是展区和具体展位的位置差别,二是国外参展商与国内参展商的展位价格。对于第一种情况,会展一般是执行"优地优价"原则,即那些位置比较好的展位的价格要比其他地方的展位的价格高;对于第二种情况,我国很多会展目前实行价格"双轨制",即对国外参展商与国内参展商制定不同的展位价格,国外参展商的展位价格一般要比国内参展商的展位价格高。当然,在这种情况下,国外参展商的展位位置一般也要优于同档次的国内参展商的展位位置。

上述影响会展定价的因素往往彼此影响,互相牵制,因此,在制定会展价格时,对上述各因素必须通盘考虑。例如,在会展的培育阶段,会展的价格目标一般就不能以利润目标为主,否则,将不利于会展的发展壮大;当会展在市场上处于领先地位时,即使会展的价格弹性很大,也不宜随便降价,因为降价可能会与会展的档次和品牌不符,如此等等。如果只考虑某一方面而忽视其他因素,会展价格就可能定得不合理。

5.3.2　会展的定价目标

上面提到,给会展定一个怎样的价格,是与会展的定价目标密切相关的,有什么样的定位目标就会有什么样的价格定位。一般地,会展定价目标有以下五种:

1. 利润目标。也就是以盈利为主要目标来给会展定价。这有两种具体办法:一是以当前利润最大化为目标来给会展定价,另一是以会展满意的利润为目标来定价。前者是追求利润最大化,后者则只要利润达到某一个能令人满意的水平即可,两种定价的目标都在于马上获取利润,只不过希望获取的利润的高低有所不同而已。

2. 市场份额目标。有些会展的定价目标是最大限度地增加展位销售量、扩大会展规模、提高会展的市场占有率,为此,他们制定比较低的价格,而不惜放弃目前的利润,甚至不顾目前的成本支出。这种现象在会展的举办初期和培育期十分常见。

3.市场撇取目标。为会展定出尽可能高的价格,争取在会展举办的前几届就获取尽可能多的利润;一旦竞争变得激烈了,会展就有充分的主动权逐步降低价格。

4.会展质量领先目标。就是以保证和向客户塑造一个高质量的会展为主要目标的价格定位。这种价格定位,是利用大众的一种"价格高质量就优良"的常识做文章。

5.生存目标。当市场竞争已经非常激烈,会展为了在市场上先站稳脚跟,就会采取以先求得会展的生存空间为目标的价格定位。以求得会展生存为目标的定价,其价格往往定得较低。

【参考资料】

会展定价要综合考虑定价目标和其他影响因素

定价目标是会展在制定价格时的指导思想,在该思想的指导下,会展定价一定要综合考虑其他因素的影响。

例如,某办展单位计划以较低的价格、以扩大占领市场份额为主要目标来为其会展定价,该公司的这种定价办法要获得成功,就必须满足以下条件:第一,价格弹性系数要较大,降低价格能有效地扩大展位销售;第二,会展的规模效应要明显,会展规模扩大所产生的利润能弥补价格降低所造成的损失,会展这样才会随规模扩大而利润增加;第三,该办展单位要有足够的经济实力能承受一定时期内的低价所造成的利润损失和成本增加;第四,低价能有效地阻挡潜在竞争者加入举办同题材会展的竞争,不因低价而引发恶性竞争。如果上述条件不能满足,该定价目标就可能是有些脱离实际,是不可行的。

5.3.3 盈亏平衡价格

人们在给会展定价时,往往想知道的一个重要事情是:如果会展的规模已经确定,那么,价格应该处于怎样的水平会展才不会出现亏损?

要解决这样的问题,就必须对会展进行盈亏平衡分析。所谓盈亏平衡,就是会展的所有收入恰好能弥补会展的所有支出和成本费用,也就是总收入正好等于总成本,能够使会展达到盈亏平衡的会展价格就是会展盈亏平衡价格。除一些特殊情况,举办会展最起码的要求,应该是能够达到盈亏平衡的状态。

会展的盈亏平衡价格有两种表现方式:一是以单位展位的价格来表示,另一是以单位面积的价格来表示。

1.以单位展位的价格来表示的会展盈亏平衡价格。

如果会展是以单位标准展位来定价的,并且会展的赢利模式是展位费盈余,那么,会展的盈亏平衡价格就等于会展的总成本除以会展的总展位数,公式如下:

$$\frac{盈亏平衡价格}{(单位展位)}=\frac{会展总成本}{会展总展位数}$$

2.以单位面积的价格来表示的会展盈亏平衡价格。

如果会展是以单位展览面积来定价的,并且会展的盈利模式是展位费盈余,那么,会展的盈亏平衡价格就等于会展的总成本除以会展的总展览面积,公式如下:

$$\frac{盈亏平衡价格}{(单位展览面积)}=\frac{会展总成本}{会展展览总面积}$$

按上述两公式求得的盈亏平衡价格,就是能够确保会展不出现亏损的单位价格。如果单位价格低于这个水平,会展就会出现亏损。会展的盈亏平衡价格是以生存为目标和以利润为目标的定价策略的重要参考值。

根据定价时所采用的基本依据的不同,会展定价的方法一般有三大类:成本导向定价法、需求导向定价法和竞争导向定价法。三大类定价方法中,每一大类又包括一些具体的定价方法。不管采用哪一类定价方法,会展的盈亏平衡价格始终是各定价方法的一个重要参考值,即用它来衡量会展的价格高低水平和价格的盈利程度。

【经典案例】

如何确定会展的盈亏平衡价格

经过市场研究和调查,A展览公司计划在B产业策划举办一个面积为22000平方米的展览会。A展览公司计划在D展馆举办该会展。目前,知道D展馆的场地使用率为60%,展馆的场地租金和场地水、电、空调、地毯等固定成本总计约300万元。A展览公司不包括宣传推广费在内的其他变动成本总计计算后约为200万元。现在,为扩大会展影响,A展览公司有投入250万元和350万元做会展的宣传推广两种方案。那么,在这两种方案下,会展的价格分别为多少A展览公司才不会亏本?

250万元做宣传推广的方案:会展最低价格应为每平方米568.18元[(300+200+250)/(2.2×60%)],低于这个价格会展就会亏损。

350万元做宣传推广的方案:会展最低价格应为每平方米643.94元[(300+200+350)/(2.2×60%)],低于这个价格会展就会亏损。

5.3.4 成本导向定价法

成本导向定价办法,就是以办展成本作为会展定价的基础,以成本的高低来确定会展价格的高低的一种定价方法。成本是显示投入大小的重要指标,价格是衡量产出大小的重要指标,如果长期入不敷出,会展经营就难以为继。单位展位的成本需要根据项目财务分析预测的展位销售量来推算。成本导向定价法最为常见的有三种具体办法:

1.成本加成定价法。就是在单位成本的基础上附加一定的加成金额作为会展盈利的一种定价方法。成本加成定价法有两种计算方式:一种是在成本上附加一个对成本而言的百分数作为单位展位的出售价格;另一种是在展位售价中包含一定的加成率作为会展的收益。

成本加成定价法简单易行,很容易给会展定价;它对办展单位和会展的客户都很公平,能将利润控制在一定范围内;如果同类会展都采用这种办法来定价,则行业内难以出现价格竞争的现象。

成本加成定价法也有它的弱点:它"以产定销",忽视市场需求和竞争;它要求必须精确估算成本和销售量,否则,如果实际销售量低于预期销售量,成本就会上升。因此,只有以加成价格的销售量能达到预期的销售量时,这种定价才会有效。

2.边际成本定价法。边际成本是指会展增加一个展位时所增加的成本。边际成本定价法是在会展增加展位所引起的追加支出成本的基础上来制定价格的。边际成本定价法对于已经拥有一定规模的会展,希望在该规模上继续扩大规模时十分有用。

3.目标利润率定价法。即在制定会展价格时,使展位的售价能保证办展单位达到预期的目标利润率。目标利润率定价法着眼于举办会展的总成本来定价,而前面提到的成本加成定价法则是着眼于单位成本来定价的。不过,只有在预期的销售量和估算的总成本都比较准确时,这种定价法所定出的价格才能保证达到预期的利润率目标。

【经典案例】

用成本加成法来确定会展标准展位的价格

如何用成本加成法来确定会展标准展位的价格? 在实践中可以参照以下办法进行:

1.在成本上附加一个对成本而言的百分数作为单位展位的出售价格的计算公式:

$$单位售价＝单位成本×(1＋加成率)$$

例如:某会展标准展位的成本为 8000 元/个,如果加成率为 20%,则该会展的单位标准展位的售价为 9600 元/个。

2.在展位售价中包含一定的加成率作为会展的收益的定价法的计算公式:

$$单位售价＝\frac{单位成本}{1－售价中包含的利润率}$$

仍以上例为例,某会展标准展位的成本为 8000 元/个,如果售价中包含的利润率为 20%,则该会展的单位标准展位的售价为 10000 元/个。

5.3.5 需求导向定价法

需求导向定价办法,就要是从会展客户的角度出发,着重考虑客户对会展价格的期望和接受程度,并根据客户对会展的反应和接受能力来制定会展价格的一种方法。需求导向定价法最为常见的具体办法有三种:

1.市场认可价值定价法。就是以会展客户对会展的认可程度和认可价值而不是以举办会展的成本为定价基础的一种定价方法。办展单位首先通过市场调查来研究该会展在客户心目中所形成的价值,然后结合会展的规模,来确定单位展位的价值,以此价值为基础来制定价格。

2. 需求差别定价法。就是根据市场需求强度的不同而定出不同的价格,所定出来的价格的差别与会展展位成本之间没有直接的关系。这种定价法在具体执行时有多种形式:其一,以客户为基础的差别定价,如对大的参展商,由于他们要的展位面积大,其价格就可以比小的参展商的展位价格低一些;其二,以展位区域为基础的差别定价,如会展业普遍实行的"优地优价"就是一例;其三,以时间为基础的差别定价,如展位订得越早价格优惠就越大就是一种典型的办法。

3. 需求心理定价法。就是根据会展客户参加会展的心理特点来确定会展价格的一种办法。在长期的实践中,由于价格与质量、价格与支付能力之间存在着密切的关系,客户形成了多种与价格有关的消费心理,这些消费心理可以成为定价的基础。例如,根据客户的"从众"心理,会展价格可以随大流,与其他同类会展的价格相同;根据客户的"按质论价"心理,办展单位可以根据自己的良好声誉提高会展的价格。

【经典案例】

用市场认可价值定价法来确定会展展位的价格

采用市场认可价值法来确定会展展位的价格,首先要列出客户对会展最为看重的主要因素,或者是客户用来评价一个会展的价值所主要考虑的因素,并根据客户的认知对其分配重要性权数,加权平均后就得出客户对会展评价的认可价值,再根据这个价值计算出认可价值系数,根据这个系数和市场平均价格计算出市场认可价值。市场认可价值是会展定价的上限。

例如,某产业中存在 A、B、C 三个会展,三个会展的标准展位价格平均为 5000元/个。客户对 A、B、C 三个会展的评价各因素及数值如下:

评价因素	重要性权数（%）	分值分配		
		A 会展	B 会展	C 会展
贸易成交功能	50	45	35	20
产品展示和发布功能	20	35	35	30
服务质量	20	30	30	40
品牌知名度	10	45	25	30

根据上表所列的数据,我们可以计算出 A、B、C 三个会展的市场认可价值系数分别为 40,33 和 27,根据这三个系数,我们可以分别计算出三个会展的市场认可价值为:

A 会展的每标准展位市场认可价值:$5000 \times 40/33 = 6061$(元/个)

B 会展的每标准展位市场认可价值:$5000 \times 33/33 = 5000$(元/个)

C会展的每标准展位市场认可价值:5000×27/33＝4091(元/个)

上述市场认可价值就是 A、B、C 三个会展对自己的标准展位进行定价的上限值。如果它们的定价超出这个范围,市场就难以接受。

如果以下一节要讲的"随行就市定价法"来定价,即都是市场平均价 5000 元/个标准展位,那么 A 会展的定价就偏低,B 会展正好,C 会展的定价就偏高。可见,通过这种方法,不仅可以给会展定价,还可以在一定程度上检验会展已有价格的合理性如何。

5.3.6　竞争导向定价法

竞争导向定价办法,是根据竞争的需要,以与本会展有竞争关系的会展的价格作为本会展定价基础的一种定价办法。在采取这种定价法来给会展定价时,必须根据自己在竞争中的地位,以确保该价格是在加强而不是在削弱自己在市场竞争中的竞争地位。常见的竞争导向定价法具体有三种:

1.随行就市定价法。就是依照本题材会展或者是本地区会展的一般价格水准来制定本会展价格的一种方法。采用随行就市定价法来制定会展的价格时,流行价格水平只是一个参照系数,并不是用此方法定价,价格就要定得和流行价格水平一样。如果办展单位坚信顾客会信赖本会展的质量,那么,会展的价格也可以定得比流行价格要高;反之,就可以定得稍低一些。

2.渗透定价法。就是以打进新市场或者是扩大市场占有率、加强市场地位为目标的一种定价方法。这种定价方法的特点,是在制定价格时完全根据市场竞争形势的需要,不考虑办展的成本利润等问题。采用这种定价方法,办展成本往往需要较长的时间才能收回。

3.投标定价法。就是办展单位根据竞争者可能的报价为基础,兼顾自己应有的利润所采用的一种定价办法。投标定价法在有些会展的主办权需要通过投标的方式来取得的时候被广泛使用。

【参考资料】

会展价格决策的一般步骤

按照怎样的步骤才能给会展定出既合理又有市场竞争力的价格? 一般说来,给会展定价可以按照以下步骤进行:

1.设定会展的定价目标;

2.分析环境和预测需求;

3.预测成本;

4.分析主要竞争者的成本和价格;

5.选择合适的定价方法并定出价格;

6.进行价格适应性监控,如有必要即对价格进行调节或调整。

5.4　价格管理

运用价格策略来帮助会展进行营销,并不是给会展定出一个合理的价格就可以的。给会展定出一个合理的价格以后,由于环境和竞争态势的变化,会展还要不断监管该价格的适应性。如果环境和竞争以及客户需求发生重大变化,会展对既定的价格也要进行必要的调整。只有这样,价格策略才能发挥真正的作用。

5.4.1　价格适应

会展价格制定出来以后,如果能时刻与环境和竞争相适应,价格在会展营销中能被严格执行,那当然是非常好的一种情形。但是,在很多时候,在具体执行过程中,由于种种原因,会展的价格并不是总能与环境、竞争或客户的需求相适应,这时,会展的价格就面临着一个如何保持与它们的适应性的问题。

为保持会展价格的适应性而常采用的策略有:差别定价策略、组合定价策略和价格折扣策略,其中,差别定价策略和价格折扣策略最为常用。差别定价策略我们在前面已经介绍过,下面我们来重点介绍价格折扣策略。

所谓价格折扣,是会展给予客户的一种价格优惠,其主要目的是为了吸引更多的客户到会参加展览或参观。

不管处于什么发展阶段的会展,是否给予客户一定的价格优惠,是与会展本身的发展潜力和会展的价格策略有关的。如果会展发展潜力很大,即使会展是刚刚创立,企业参展仍十分踊跃,甚至展位供不应求,这时,可以严格执行会展价格而不给参展商任何价格折扣;如果会展一开始执行的就是稳定的价格策略,那么,也可以不给任何参展商价格折扣。

在现实中,给予客户一定的价格折扣,在会展营销时是非常常见的一种促销策略。常见的价格折扣有以下几种:

1.统一折扣。所有的客户都适用于一个统一的折扣标准。例如,展位价格折扣标准通常是按参展商参展面积的大小来制定的,参展面积越大,所得到的折扣也越大;当参展面积达到一定的规模时,折扣不再增加,也就是有一个折扣上限。如表 5-4 所示。

表 5-4　会展展位价格统一折扣示例表

参展面积		给予统一折扣
标准展位数	平方米	
2 个及以下	18 及以下	不给任何折扣
3～5 个	27～45	5%
6～8 个	54～72	10%
9～11 个	81～99	15%
12 个及以上	108 及以上	20%

2.差别折扣。将价格折扣标准按需要分为几种,针对不同的标准执行不同的价格折扣。例如,按参展商的地区来源不同分别给予不同的折扣,或者对标准展位和空地展位执行不同的折扣标准等。如果从整个会展的角度看,各参展商适用的折扣标准是不一样的,但从某个具体折扣标准所覆盖的所有参展商来看,它们所适用的折扣标准又是一样的。因此,这种折扣办法一般不会引起会展价格的混乱。

3.特别折扣。通常是给予那些参展规模较大、在行业内有较大影响力和知名度的企业的特别价格优惠。行业知名企业参展对于提高会展的档次和影响力、对于促进其他企业参展选择有重要影响。为了吸引这些企业参展,会展一般会给予它们特别的价格优惠,也就是针对它们专门制定一个特别折扣标准。特别折扣只适用于少数企业,对于一般企业不适用。

4.位置折扣。针对展馆内场地位置的优劣而制定的折扣标准。在同一个展区内,不同展位的位置有好有坏;在同一个展馆内,不同展区的位置好坏也有差别。为了避免相对较差的位置无人问津,对这些较差的位置可以给予较多的价格优惠。

如果执行得好,价格折扣对会展营销有一定的促进作用;如果执行得不好,价格折扣往往会引起会展价格的混乱。会展价格的混乱对会展营销非常不利,在会展营销过程中执行价格策略时对此必须严加注意。

5.4.2　价格调整

当环境、竞争或需求以及会展内部条件发生变化时,为保证价格的竞争力,会展会对价格进行一些适应性调节,但当上述因素发生重大变化时,仅做一些适应性调节还不足以确保价格的合理性,这时,对会展价格就有进行调整的必要了。

调整会展的价格有两种情形:一是将价格调高,另一是将价格调低。当种种原因导致会展的办展成本大幅上升,或者客户对会展的需求显著增加时,会展都可以适当调高价格;当竞争压力加大,或者客户对会展的需求显著减少时,会展就可以适当调低价格。另外,当会展发展到不同的阶段,或者会展在执行不同的市场占有率目标策略时,会展也有必要对价格加以调整。

为使价格调整达到预期的效果,会展在调整价格时,要注意对客户的反应和对主要竞争者的反应加以密切关注。客户对价格的期望值如何以及客户是否接受调整后的价格,直接决定着价格调整是否成功;主要竞争者对价格调整的应对措施和其可能反应的强烈程度,在很大程度上也影响着价格调整能否获得成功。

5.4.3　执行会展价格策略应注意的问题

价格混乱,不管对本届会展营销还是对会展的长远发展,都是一个十分严重的问题。引起会展价格混乱的原因很多,它可能是因价格折扣而起,也可能因展位促销策略而起,还可能是因为会展的招展代理而起。在执行价格策略时,应尽量避免出现价格混乱,做到:

1.严格执行价格及价格折扣标准。价格及价格折扣标准一旦确定,就要求所有的销售人员严格执行,对于不符合折扣标准的参展商坚决不能给予过多的价格折扣;对于某些如果不给予多一些的价格折扣就不参展的企业,要有勇气放弃。因为,如果给予了这些企业过多的价格优惠,那对于其他同类参展商是极不公平的;一旦那些参展商知道了此事,他们必然也会要求享受更多的价格优惠,这势必会引起整个价格体系的混乱。

2.加强对招展代理的会展价格管理。招展代理的佣金一般都是按照他们所招企业的参展面积的多少来确定的,招展面积越多,他们所得到的佣金也就越多。所以,为了获取更多的佣金,招展代理往往会有一种低价销售展位的冲动,这使他们的招展价格往往不符合会展的价格及折扣标准,从而引起整个会展价格的混乱。为避免出现这种情况,我们要对招展代理的招展价格进行严格管理和监督,不容许他们破坏会展价格标准而低价销售,一旦发现就严肃处理。

3.避免在招展末期低价倾销展位。有些会展,眼看会展计划的开幕日期一步步地临近,可会展的展位销售却还不尽如人意。这时,为了能将全部展位都卖出去,有些会展就不顾既定的价格标准,将展位降价出售。这种做法是一种短视的行为,对下届会展的招展和会展的长远发展非常不利。因为,在会展招展末期,对一些后期参展企业的价格特别优惠就是对早期已经决定参展的企业的一种价格惩罚,这对鼓励企业及早预订展位非常不利。这种做法不仅严重挫伤了那些在降价前参展的企业的积极性,还使所有知道在会展招展末期能获得特别价格优惠的企业对下一届会展招展采取观望的态度。如果这种企业数量较多,在它们的压力下,会展到时将不得不降价出售展位,会展的经济效益也难以保证。

4.严格控制差别折扣和特别折扣的适用范围。位置折扣的适用范围一般较好控制,因为会展里相对较差的位置一般都是比较明确的,执行起来比较方便。但是,差别折扣和特别折扣的适用范围有时候较难把握,而一旦把握不稳就会引起价格混乱。在执行差别折扣时,折扣的标准不宜太多;各种折扣的标准划分要非常明确,不能含糊。在执行特别折扣时,可以将适用该标准的企业的名单一一列出,并明确他们达到多大参展面积时能给予的折扣范围。

另外,如果条件适合,会展可以执行稳定的价格策略,对所有参展商都实行统一的价格,不给任何参展商价格折扣,这样,会展的招展价格就可以始终如一,不会出现混乱。当然,实行这样的价格策略需要事先对会展进行充分论证;如果条件不具备,这种价格策略不但于事无补,反而还会对会展营销产生较大的阻碍作用。

本章要点

本章主要讲述会展营销的产品策略和价格策略的基本原理和应用技巧。主要内容有:会展产品的含义,会展发展的生命周期,会展品牌与品牌会展;对会展产品可以从题材、功能、服务和流程等四个方面进行创新;影响会展定价的因素主要有成本、需求、竞争、会展的发展阶段、会展的定价目标和会展题材所在产业的状况等六个;会展定价一般有利润、市场份额、市场撇取、会展质量领先、生存等五个目标;会展盈亏平衡价格的含义及计算方法;给会展定价的三种基本方法:成本导向定价法、需求导向定价法、竞争导向定价法;会展价格管理的办法和注意问题。

思考题

1. 如何准确理解会展产品的含义？
2. 会展一般会经历怎样的发展阶段？
3. 如何对会展进行创新？
4. 影响会展定价的因素主要有哪些？
5. 何谓会展盈亏平衡价格，如何计算？
6. 给会展定价的方法有哪些？
7. 如何进行会展价格管理？

第 6 章

渠道与促销策略

渠道是会展连接客户的中间桥梁,通过合适的渠道,会展信息可以快速准确地传播到目标客户那里;促销则在一定程度上强化和补充渠道的营销效果,通过一定的渠道并配合以一定的促销活动,会展的相关信息不仅可以快速准确地传播到目标客户那里,还可以引起他们的注意,激发他们参加会展的欲望和兴趣。

6.1 会展营销渠道

渠道策略是会展营销的重要策略之一。选择合适的营销渠道,对于实现会展营销计划所要达到的预期目标具有重要的意义。合适的渠道不仅有利于会展相关信息的传播,还有利于会展信息更快、更准确地到达目标受众那里,更好地实现会展的营销效果。

6.1.1 会展营销渠道的种类

会展营销渠道是指会展相关服务从会展传播或转移到参展商或观众那里所经过的途径。不管是什么会展,其营销都要选择一定的渠道来进行。当面对一些不同的细分市场时,会展就必须选择一些不同的渠道来进行营销才会有更好的效果。

按会展服务到达目标客户那里是否要经过中间环节来分,会展营销渠道可以分为直接营销渠道和间接营销渠道两种。会展直接营销渠道是指不经过中间商,会展直接向目标客户提供相关服务所使用的途径;会展间接营销渠道是指经过中间商来向目标客户提供会展服务的一些会展营销途径。会展服务具有的不可分割性、不可储存性等特性,使会展直接营销渠道成为最适合会展营销时使用的渠道;会展服务具有的无形性和差异性等特性,使会展间接营销渠道在弥补直接营销渠道的不足之处时也可以发挥很大的作用。因此,在会展营销的实践中,这两种营销渠道常常被取长补短,组合使用。常见的会展营销的基本渠道如表 6-1 所示。

表 6-1　会展营销的基本渠道一览

基本渠道	描述
专业媒体	针对参展商、专业观众；合作招展、招商、宣传推广
大众媒体	主要是针对普通观众；建立会展良好形象
行业协会和商会	利用它们在行业里的重要影响力和强大号召力
同类会展	展览题材相同或相似，客户的范围也基本相同
参展企业	会展为企业提供了一个与客户进行交流和联络的有益平台，很多企业会借此机会主动邀请自己的客户到会参观
互联网	自己建立专门网站，也可以与其他有影响的网站进行合作；可以利用各种社交媒体如微信、微博、脸书、Twitter，以及视频网络如抖音、Youtube，还有二维码、手机 APP 等
其他办展单位	合作营销，优势互补
国际组织	利用其权威性和在国际上的较强号召力
各种代理	合作营销，优势互补
外国驻华机构	它们的推荐一般更能取得该国企业的信任
政府有关部门	政府的行业主管部门对行业的影响很大
相关活动	一些针对性较强的相关活动也能给会展带来声誉

下面，我们重点介绍三种常见和最常使用的主要渠道：专业媒体、大众媒体和同类会展。

6.1.2　专业媒体

会展营销所说的专业媒体，包括与会展展览题材行业有关的专业报纸、杂志、网站、会展目录、行业协会或商会的内部刊物、同类会展会刊和网站等。这些媒体直接面对会展的目标参展商与目标观众，是会展营销首选的渠道。在专业媒体上进行会展营销有许多优点，也有一些不足之处，如表 6-2 所示。

表 6-2　在专业媒体上进行会展营销的优缺点对比

优缺点	特性	描述
优点	受众稳定，适应范围广	每一种专业媒体都有自己固定的读者群，这些读者是营销的稳定目标受众
	针对性强，富有专业特性	每一种专业媒体都专注于自己特定的领域，并对这一领域产生影响
	表现手法灵活，信息容量大	总体篇幅较长，容量较大，可以采用图文并茂的形式，对会展做较详细深入的介绍
	寿命较长，重复出现率高	常常被读者长期保存，并重复阅读

优缺点	特性	描述
局限性	时效性较差	发行周期一般都较长,时间较滞后
	版面选择性较差	版面多样性不够
	受众局限性	主要是针对专业观众

　　会展在专业媒体上进行营销的方式主要有广告、文章、图片、机构推广四种,会展通常是将这四种方式结合使用以求达到最佳效果。其中,机构推广的具体做法很多,如委托专业媒体随刊邮寄会展邀请函、宣传单张和门票等。会展一般根据需要,将上述方式组合制作成"会展专业媒体营销计划表"来确保计划的实施,如表 6-3 所示。

表 6-3　会展专业媒体营销计划表

媒体名称	期数	时间	推广形式	规格尺寸	价格	金额合计	备注

　　在专业媒体上进行会展营销,不管是选择广告、文章、图片还是机构推广,都必须考虑使该营销发挥最大的效用。为了达到此项目的,会展在选择某专业媒体时要考虑好以下问题:

　　1.客户规模与市场占有率。某专业媒体所覆盖的目标客户规模越大,在它上面做宣传的效果越好,对每一个目标客户单项推广的成本越低。市场占有率对会展的营销决策有重大影响,当会展的市场占有率还较低时,营销的边际效用随着营销预算的提高而上升很快;当市场占有率达到一定的程度时,营销的边际效用就开始下降。所以,对于市场占有率较高的会展,增加营销预算的效果不大;但对于那些市场占有率较低的会展,适当地提高营销预算则会达到更好的效果。

　　2.竞争与干扰。如果在同一专业媒体上做宣传的同类会展较多,会展的营销预算就要大一些,这样才能让客户在众多的竞争者中听到本会展的声音;如果其他会展对本会展的替代性较强,营销的力度就要加大。此外,如果一个媒体上的广告很多,不管这些广告是竞争者的还是非竞争者的,它们都会分散客户的注意力,这时,营销的力度就应该适当提高一些。

　　3.会展发展阶段。在会展发展的不同阶段,营销的力度是有差别的。在会展的创立阶段,为了让市场尽快知道本会展,营销的力度要大一些;在会展的培育阶段,为了建立会展品牌,营销的力度也不应缩减;在会展的成熟期,因客户对会展已经比较了解,营销的力度可以小一些;当会展进入衰退期,营销的力度也可以小一些,但如果会展此时正在转型,为了突显会展的创新措施与服务,营销的力度又应该大一些。

　　4.营销的频率。对于一般的广告信息,客户一般要接触几次才能产生印象或者记忆。一般认为,目标客户在一个参展周期里需要接触到 3 次会展信息才能产生对该会展的记忆;接触的次数超过 5 次,影响力就开始递减;当接触的次数超过 8 次时将产生负面作用。所以,营销的频率并不是越密集越好。会展在进行营销时,要结合营销的有效传递情况来确定适当的频率,通常认为,在一个参展周期里让目标客户接触到 6 次会展信息为最佳频率。

6.1.3　大众媒体

会展营销所指的大众媒体,包括各种大众性报纸、电视、广播、户外广告媒体、交通广告媒体、包装媒体、焦点媒体、大众性网站等,这些媒体的普及性较强,社会接触面较广,它们既面对会展的目标参展商与专业观众,也面对会展的普通观众,是会展常用的营销渠道。

会展营销对大众媒体的使用与对专业媒体的使用有一定的差别:首先,从使用目的上看,会展在大众媒体上进行营销一般是为了更好地树立会展的形象,建立会展品牌,或者是吸引普通观众到会参观,它对会展招展与吸引专业观众的作用不如专业媒体大;其次,从使用的阶段上看,会展在大众媒体上进行营销一般是在会展刚创立时,或者是在每届会展即将开幕时进行,而在会展筹备的其他时候进行得较少;第三,从功能上看,会展在大众媒体上进行营销在很多时候是作为对会展其他营销渠道的一种补充而出现的,它往往不是会展营销的主要渠道。

尽管如此,在大众媒体上进行营销对会展来说还是必不可少的。因为,大众媒体具有其自身的许多优点:第一,时效性强,传播速度快。第二,覆盖面广,读者群大。第三,制作简单,手法灵活。第四,具有一定的新闻性和可信度。会展可以充分利用大众媒体的上述优点,采取合适的形式进行会展的营销工作。

和专业媒体一样,会展利用大众媒体进行营销也可以采用广告、文章、图片、机构推广等形式。其中,广告在大众媒体方面的选择与专业媒体相比将更为广泛:除了报纸、电视、广播和网站外,户外广告媒体、交通广告媒体、包装媒体和焦点媒体也是会展广告经常出现的地方。户外媒体广告是指在户外公共场所使用广告牌、霓虹灯、灯箱等进行的广告宣传;交通媒体广告是指利用车、船、飞机场和地铁等公共设施所做的广告;包装媒体广告是指在包装袋和包装盒等上面做的广告;焦点媒体广告是指在展馆、大型商店和酒店等里面或周围所做的广告。大众媒体广告的多样性使得会展的广告形式更为多样化。

确定了以何种形式和在哪些大众媒体上进行会展营销以后,会展常常用"会展大众媒体营销计划表"来确保营销计划的实现。如表 6-4 所示。

表 6-4　会展大众媒体营销计划表

媒体类型	推广形式	规格尺寸	时间	地点	价格	金额合计	备注

大众媒体数量众多,发行数量和覆盖的地域及读者群差别很大。在大众媒体上进行会展营销,媒体选择的正确与否对会展营销的效果极为重要。一般来说,选择合适的大众媒体需要考虑以下一些因素:

1. 营销的主要目标。前面提到,会展营销有五大任务。这五大任务并不是每次营销活动都要达到的,具体到某一次的营销活动,其主要任务可能只是其中的某一个或两个,如招展或者招商。会展营销的主要目的不同,其选择的媒体也不一样,例如,招展和吸引专业观众一般选择专业媒体,吸引普通观众则多选择大众媒体。

2.媒体的特点与覆盖范围。媒体的表现力和渗透度、媒体的读者群的大小、媒体是全国性的还是地区性的等是影响媒体选择的一个重要因素。另外,该媒体主要是针对哪些类型的读者和在哪些地区发挥作用也是影响媒体选择的一个因素。

3.费用。在不同的媒体上进行宣传推广的费用有很大的差别,宣传的费用也是影响媒体选择的一个重要因素。宣传费用的大小,不仅要考虑绝对宣传成本,还要考虑相对宣传成本。绝对宣传成本是指每次宣传推广的费用总支出额;相对宣传成本通常用每一千个目标客户接触到媒体的费用来计算,它更能反映宣传的实际效果。

4.时间安排。在媒体上做宣传的时间安排方式一般有三种:一是集中时间安排。即将宣传推广集中安排在某一段时间内,以在较短时间内迅速形成强大的宣传攻势。二是连续时间安排。即在一定时间里均匀地安排宣传推广活动,使会展的信息经常反复地在目标市场出现,以逐步加深客户的印象。三是间歇时间安排。即间断地安排会展的宣传推广活动,在一段时间的宣传推广后停一段时间再做宣传。这三种时间安排方式各有利弊。例如,集中时间安排方式适合在开拓新市场、集中招展或招商时使用;连续时间安排方式适合会展已经有一定影响、客户参展参观安排以理智动机为主的时候使用;间歇时间安排方式适合在产品季节性较强或者会展宣传费用不足时使用。至于究竟采用哪种时间安排方式,会展要根据自己的实际情况来确定。

6.1.4 同类会展

所谓同类会展,是指在国内外举办的与本会展的题材相同或相似的同类会展。同类会展是同一类型题材的会展的目标客户最为集中的地方,在这些会展上进行营销,针对性强,费用较低,效果很好。

在国内外同类会展上进行营销,可以根据它们与本会展的竞争关系的不同而采取不同的营销方式。如表 6-5 所示。

表 6-5　在同类会展上进行会展营销的常用方式一览

常用方式	描述
互换展位	互相在对方会展上设立展位进行会展营销
会刊信息或广告	可以是单方面付费有偿刊登的,也可以是双方免费互换的
新闻发布会	在对方会展开幕期间选择合适的地点举行关于本会展的新闻发布会
网上营销	互相在对方会展的专门网站里发布关于本会展的信息或广告,或者双方网站互相建立友情链接
互代为派发对方会展的宣传资料	可以是单方面付费有偿的,也可以是双方免费互换的
人员推广	派出人员到该会展上进行专门的宣传推广活动

表 6-5 中的营销方式不是互相排斥的,它们有很多是可以组合起来使用,并且,组合使用的效果往往会更好。例如,互换展位、互相在对方会展会刊里做广告、网站互相链接等可以同时进行,这样会展信息传播的范围将更广泛,营销的目标更容易达到。在同类会展上进行营销,通常通过制定一个"同类会展营销计划表"来确保营销计划的实施。如表 6-6 所示。

表 6-6　同类会展营销计划表

会展名称	时间	营销方式	费用预算	营销目标	备注

一般来说,在进行会展营销时,被作为营销渠道而选中的同类会展往往都是具有一定规模、在国内外有一定影响的会展,在这些会展上进行营销有许多优点:第一,可以直接面对目标客户,与客户进行面对面的交流;第二,信息传达灵活,可以给目标客户以最直接的宣传刺激;第三,容易与目标客户建立关系,可以即时得到客户的反应;第四,容易引起目标客户的注意,迅速产生营销效果。

在同类会展上进行营销也有其局限性:第一,营销方式的选择受会展彼此之间竞争关系的影响较大,缺乏一定的灵活性;第二,有些营销方式费用较高;第三,每个会展的客户群都是有限的,营销的目标客户的范围因此也有一定的局限性。

6.2　会展营销渠道组合

会展营销对营销渠道的使用很少是单一的使用,它往往是按照一定的渠道目标和任务,在确立了可行的渠道结构方案的基础上,对一系列营销渠道进行的组合使用。要使各种渠道能得到最佳的组合使用,就必须了解影响渠道选择的因素,并事先就协调好渠道之间可能出现的冲突。

6.2.1　影响会展营销渠道选择的因素

选择合适的营销渠道是实施渠道策略的基础,也是渠道策略的出发点。没有合适的营销渠道,再好的渠道策略都无法得到贯彻执行。因此,选择合适的渠道,对于有效执行会展营销的渠道策略十分重要。

一般认为,影响会展营销渠道选择的因素主要有:

1.会展的类型。不同题材和功能的会展,其对营销渠道的要求不同。对于不同题材的会展,由于其所处的产业环境和市场环境不同,其目标参展商和目标观众也不一样,会展营销的渠道选择也应不一样;即使是同题材的同类会展,由于其主要功能不同,营销渠道的选择也应不同。另外,处于不同发展阶段的会展,对会展营销渠道的选择影响很大,例如,处于培育期、发展期、成熟期和衰退期等不同发展阶段的会展,其对营销渠道的要求重点各有不同。

2.会展营销的主导思想。一方面,会展是采用"推"的营销思想还是采用"拉"的营销思想来制定营销策略,对会展的营销渠道的选择有较大的影响;另一方面,会展的规模、会展的基本目标和营销管理水平等也影响着会展对营销渠道的选择和使用。

3.客户特性。客户参展和参观决策受他们对会展认识深度的影响。一般认为客户的认识深度可以分为三个层次:认识阶段、动心阶段、行动阶段。认识阶段是指客户对会展开始认识到初步了解会展的这一阶段;动心阶段是指客户对会展开始产生兴趣并逐步信赖会展的这一阶段;行动阶段是指客户进行参展或者参观这一阶段。对会展处于不同认识深度阶段的客户,采用不同的营销渠道的营销效果差别会很大。

4.市场特性。一方面,会展展览题材所在的产业的市场是处于"买方市场"状态还是"卖方市场"状态,对会展营销渠道的选择影响很大;另一方面,市场的竞争态势也极大地影响着会展对营销渠道的选择;另外,中间商的能力和使用成本以及他们所能提供的服务,对会展营销渠道的选择也有一定的影响。并且,市场的规模大小和市场在地理上的分散程度如何也影响着会展营销渠道的选择。

5.营销费用预算的大小。费用预算的大小对营销渠道的选择具有很大的制约作用。如果预算不足,有些较昂贵的营销方式就不能使用。决定会展营销预算的方法有四种:一是量入为出法,二是收入百分比法,三是竞争对等法,四是目标任务法。上述四种方法影响着营销预算总额的大小,并进而影响着会展营销渠道组合的选择。

6.2.2　渠道冲突与协调

会展营销渠道冲突,是指同一渠道内部不同层次之间或不同渠道之间出现的相互矛盾、不协调或营销效果彼此抵消的现象。由于各种渠道对客户可能产生的影响不一样,如果营销渠道结构不合理,在进行会展营销时,渠道冲突往往难以避免。

按不同的标准,会展营销渠道冲突可以分为不同的类型,如表 6-7 所示。

表 6-7　会展营销渠道冲突类型

划分标准	冲突类型	描述
作用方向	垂直冲突	指同一渠道内部不同层次之间所产生的冲突,又称为纵向冲突
	水平冲突	指同一渠道内部同一层次的不同成员之间所产生的冲突,又称为横向冲突
	交叉冲突	指构成同一渠道策略方案中的不同渠道之间所产生的冲突
产生原因	竞争性冲突	指两个或多个渠道在相同或相似的目标市场上因本身的业务范围而存在竞争关系时所产生的冲突
	非竞争性冲突	指渠道成员在目标、角色定位、策略分配和利润等方面存在不一致而产生的冲突

续表

划分标准	冲突类型	描述
冲突性质	功能性冲突	指因渠道功能定位模糊而导致同一渠道不同层次之间或不同渠道之间产生的冲突
	破坏性冲突	指不同渠道之间或同一渠道不同层次之间的对抗超越了一定限度而对整体渠道策略产生破坏性影响的冲突

渠道冲突一旦产生,同样力度和费用预算约束下的会展营销,其效果往往会大打折扣。可以说,渠道冲突的产生是让会展营销费用上升、效果打折、事倍功半的吃力不讨好的事情。所以,在设计会展营销的渠道策略时,要尽量避免渠道冲突的产生。

而一旦渠道冲突产生,会展要能根据冲突的类型和冲突产生的原因,尽快采取协调措施,尽量使冲突的强烈程度降低,或将冲突尽快化解。用来协调渠道冲突的策略主要有以下几种:

1.让各渠道成员在统一目标下协同行动。对所有的营销渠道,会展必须为它们建立起一个共同的统一目标,并使它们认识到,它们是一个利益共享和奉献共担的整体,它们只有团结合作,统一的共同目标才能实现。否则,大家的利益都要受损。这样,各渠道之间以及同一渠道的不同层次之间才不会为了不同的目标而行动,才不会在追求不同的目标的行动中产生这样或那样的冲突。

2.严格制定和执行渠道成员条件。营销渠道成员之间常常因为彼此之间的营销角色定位模糊、功能分配不清、目标设定不明确或利润分配不公平等原因而产生冲突,要消除这些冲突,在制定营销渠道策略和选择渠道时,会展必须制定严格的渠道条件,对上述各种问题加以一一明确,并采取一些切实可行的手段确保这些条件能够被贯彻执行。这样,不仅可以预防一些渠道冲突的产生,还可以使冲突一旦产生,对冲突的协调也可以有据可依,有法可循。

3.巧妙运用渠道权利来协调渠道冲突。营销渠道是会展建立起来的,不管渠道的实力有多强,它们都不能凌驾于会展之上,会展要掌握好调整和改变渠道的权利。会展对渠道的权利表现为五种:奖赏权、强制权、法定权、专家权和参照权。会展在管理营销渠道时,对于不同的营销渠道,不仅要善于分配和授予不同的权利,而且要善于运用这些权利来影响不同的渠道的运作。通过巧妙运用这些渠道权利,会展可以有效预防、化解和协调一些渠道冲突。

4.熟练运用信息策略。很多渠道冲突产生的原因是各渠道之间的信息沟通不畅或彼此掌握的信息不对称,作为所有渠道的总协调者和指挥者,会展可以充分利用信息公开和共享的策略来协调和化解渠道冲突。信息公开和共享不仅可以促进渠道之间加深彼此之间的了解,促进彼此之间协调行动,还可以将一些因沟通不畅而产生的冲突消灭在萌芽状态,从而促进渠道之间除进行良性的竞争外还进行更多的合作。

6.2.3　渠道评估

对营销渠道进行评估的作用或者目标主要有两个：一是在选择营销渠道或设计营销渠道组合时，对有关渠道或渠道组合进行评估，目的是根据评估结果来选择最佳的营销渠道或渠道组合；二是在实施了营销渠道策略以后，对某一具体渠道或渠道组合的营销效果进行评估，目的是检测营销渠道的作用和适用性。前者属于事前评估，后者属于事后评估。

1.事前评估。事前评估主要是为了在众多的备选渠道或渠道组合中选择最合适的渠道或渠道组合来为会展营销服务。为选择合适的会展营销渠道或渠道组合，可以采用成本分析法、财务分析法和加权计分法等方法来对备选的渠道或渠道组合进行评估。

在上述评估方法中，加权计分法是一种常用的和简单可行的评估方法。加权计分法强调用定量的方法来评估营销渠道或渠道组合方案是否最佳，一般步骤如下：

第一步：列明对渠道选择决策有影响的因素。将对营销渠道选择决策有影响的各种因素都列出来，并加以分类。

第二步：赋予各因素一定的权数。根据各因素的相对重要性，在总权数为 1 的前提下，给各因素赋予一定的权数，越重要的因素的权数越大。

第三步：对所有备选渠道方案进行加权记分。记分的大小反映出各因素对会展影响的大小。

第四步：从众多备选渠道方案中选择记分最高的作为最佳方案。

上述四个步骤常常汇集成"会展渠道加权计分评估表"来简洁地进行。如表 6-8 所示。

表 6-8　会展渠道加权计分评估表

评估因素	权数	记分						加权记分
		0	1	2	3	4	5	
合计	1							

2.事后评估。事后评估既是对已经采用的营销渠道所进行的一种绩效评估，也是对其可控性及适应性进行的评估。通过这些评估，不仅可以评价已选择的渠道的效应，还可以借此改进会展营销的营销渠道，对一些绩效不好的渠道进行调整和再组合，以形成更加有效的营销渠道方案。

对会展营销渠道的绩效进行评估可以从市场占有率、渠道费用和渠道盈利能力等方面来进行，如表 6-9 所示。

表 6-9　会展营销渠道绩效评估指标一览表

指标	详细指标	描述
市场占有率	整体市场占有率	指会展的展览面积或销售额占同类会展的比例
	可达市场占有率	指会展在其认可的市场上的销售额或展览面积占它所服务的市场的比例
	相对市场占有率	指会展的展览面积或销售额与主要竞争对手的比例。主要竞争对手可以是最大的主导型会展,也可以是前三位的大型会展
渠道费用	直接渠道费用	渠道费用应与渠道的营销功能分配相匹配;
	渠道促销费用	渠道费用与会展销售额或销售面积之间应保持一个合理的
	间接渠道费用	比例
渠道盈利能力	销售利润率	是渠道的税后利润与其销售额或销售面积之比
	费用利润率	是渠道的当期利润额与渠道的费用总额之比

　　对会展营销渠道进行可控制性评估,主要是要了解该营销渠道的可控制性和可协调性如何。由于渠道冲突的可能存在,不可控制和难以协调的营销渠道不仅会增加营销的难度,还会给营销带来意想不到的风险。会展营销部门总是希望各营销渠道与会展之间、各营销渠道之间以及同一营销渠道的不同层次之间的关系越容易协调越好。因此,会展营销部门在选用营销渠道时,必须对不同的营销渠道的可控制性和可协调性做出正确的判断,在采用了该渠道后,对其可控制性和可协调性进行评估,以确保最后能使用适合会展控制标准的营销渠道。

　　对会展营销渠道进行适应性评估,主要是要评估会展营销渠道对环境变化的适应性如何以及会展能否根据环境的变化来对其营销渠道进行灵活的调整。一方面,会展建立起自己的营销渠道一般要一定的时间和费用,为保证营销效果以及与渠道合作的稳定性,会展一般不希望频繁地更换营销渠道,这要求营销渠道本身要能够根据环境的变化而变化,不能僵化地履行与会展之间的营销协议,营销渠道本身要对环境有一定的适应性。另一方面,如果某些营销渠道对环境缺乏适应性,会展要有一定的空间和时间去调整它们,会展不能因它们的不适应而束手无策。

6.2.4　渠道组合策略

　　分析影响会展营销渠道选择的各种因素、渠道冲突和对营销渠道进行评估,目的都是为了在制定或调整会展营销渠道策略时能组建"最佳"的会展营销渠道组合。

　　组建"最佳"的会展营销渠道组合一般按以下步骤来进行:

　　1. 设置并协调渠道目标。在选择会展营销渠道时,会展不仅要对每一个营销渠道设置明确的营销目标,还要对所选择的各营销渠道的营销目标进行协调,使各营销渠道不仅目标明确,而且相互不冲突或重叠。此外,由于渠道策略仅仅是组成会展整体营销策略的众多策略中的一个,会展还要对渠道目标与其他营销策略的目标进行协调,尽量避免重复投入和各策略之间产生矛盾。

2.明确渠道任务。渠道目标设置完毕,还要根据目标,明确渠道策略所要完成的各项具体任务,如销售额或销售面积是多少、能邀请到多少专业观众到会参观采购、要与多少机构或客户进行有效沟通等。

3.分析渠道的投入产出。要达到上述目标和完成上述任务,各渠道需要多少费用投入? 这些费用投入能够有多少的产出? 渠道的投入和产出必须保持平衡。一些有特殊营销任务的渠道,其长期营销效果必须要有可衡量的指标。

4.制定渠道组合方案。完成上述步骤后,就可以制定会展营销渠道组合方案。制定会展营销渠道组合方案一般要从三个方面入手:一是要采用合适的渠道长度,即营销渠道的级数要符合渠道目标、任务和投入产出的要求;另一是要采用合适的渠道宽度,即要对每个渠道级次上要使用多少个中间商进行决策;还有一个是要明确各渠道内各中介机构的类型,只有合适类型的中介机构才能更有效地承担起专业的营销任务。

会展营销渠道组合建立起来以后,在实际使用的过程中,可能会发现这样或那样的问题,这时,就要对渠道及其组合进行分析,并对相关渠道进行评估。经过分析和评估,如果发现是渠道本身不适合会展的需要,就要对渠道组合进行调整。"最佳"的会展营销渠道组合,是在对渠道及其组合不断进行分析、评估和调整之中才诞生的。

【经典案例】

第 20 届中国国际陶瓷工业展览会的媒体渠道

中国国际陶瓷工业展览会是中国陶瓷工业领域的盛会,第 20 届中国国际陶瓷工业展览会展览面积 4 万平方米,有 500 多家企业参展,3 万多名观众到会参观,展会取得了巨大的成功。除使用国外 13 家专业网站和国内 23 家专业网站对展会进行宣传推广外,该展会营销的平面媒体渠道组合如下表所示:

媒体类型	具体媒体渠道
指定宣传媒体	Asian Ceramics
海外支持媒体	Ceramics World Review,Brick World Review International Ceramics Journal Ceramica Informazione,Ceramic Forum International Interceram International,A＋Trade Magezine Interceram Refractories Manual 2005 L'Industrie Ceramique & Verriere Tile & Ceramics Magazine,China Ceramics Industry
国内支持媒体	陶城报、陶瓷周刊、中国装饰报、中国卫浴报、亚太涂料报、亚太经济时报陶瓷信息、建材周刊、陶瓷、东西传讯、环球资讯、中国陶瓷、山东陶瓷、建筑装饰材料世界、佛山陶瓷、国际建材设备

6.3　促销策略

促销是会展营销的基本策略，它是指会展以各种有效的方式向目标客户和目标市场传播会展的相关信息，以提醒、推动或创造对参展或参观会展的需求，并促使客户最终参加会展的一种会展营销活动。促销是通过与目标客户的有效信息沟通来实现其营销目标的。

6.3.1　促销目标

目标不明会导致方向错误，方向错误会带来行动混乱，明确促销目标是制定会展促销策略的前提和基础。所谓促销目标，是指会展促销策略所希望达到的目的。对会展促销的目标，不能仅仅狭隘地理解为实现销售。一般地，会展促销策略的目标有以下几个：

1.告知。会展促销策略最基本的目标是向目标客户和目标市场提供和传播会展的相关信息，如会展的功能、服务、价格、展品范围、市场地位等。通过提供和传播会展相关信息，让目标客户和目标市场对会展由不知名到知名、由不了解到了解、从知道不多到知道较多。客户总是喜欢参加那些他们知道和较了解的会展，会展向他们提供和传播的信息让他们对会展的了解越深入，他们参加会展的可能性越大。并且，即使他们最终不参加会展，这不论是对提高会展的声誉还是建立会展的良好品牌形象都很有帮助。

2.突出差异。促销的另一个基本目标是在向目标客户和目标市场提供和传播会展信息的同时，强调本会展的价值，突出本会展和其他同类会展之间的差异。强调价值和突出差异不仅能加深客户对本会展的认识，还可以使本会展在客户心中留下深刻的印象。

3.刺激需求。会展促销措施，使目标客户了解参加会展的好处和收益，可以使一部分原来没有计划去参加会展的目标客户重新计划去参加会展。好的促销活动可以刺激起目标客户沉睡的和潜在的需求并将这些需求转化为实际行动。

4.说服和影响。会展促销活动可以通过展示效果、解释疑虑和做出承诺等手段，来说服一些对会展还有疑虑的目标客户，增强他们对本会展的信心；会展促销活动还可以通过广泛的信息传播，不断加深目标客户的印象，甚至可能形成一种行业心理和社会舆论，使目标客户在不知不觉中受会展促销活动的影响而参加本会展。

5.促进客户参展或参观。会展促销活动的最终目标之一是促进目标客户到会展参展或参观，这是会展促销活动所主要追求的经济绩效。有足够数量和质量的目标客户到会参展或参观，是确保会展实现其经济效益和社会效益的重要因素。

会展促销的上述目标是通过不断向目标客户和目标市场提供信息来实现的。不同的信息会带来不同的影响，在向目标客户和目标市场提供信息时，要注意做到：首先，信息要能全面、准确地表达会展传播该信息的思想；其次，信息要能被目标客户所感知和接受，并且在目标客户接收信息时，能在其选择性注意、选择性理解和选择性记忆的过程中，使这种感知和接受与会展传播信息的初衷有共识；再次，信息能成为促进目标客户采取实际行动的促进力量，并能引导他们采取行动的方向。

6.3.2　会展基本促销方法

传统营销理论认为,促销一般有四种方式:广告、人员推销、营业推广和公共关系。前面我们提到,会展产业是一个特殊的产业,公共关系在其营销中的地位和作用不可替代,如果把公共关系仅仅归结为促销的方式之一,不仅难以制定合适和有效的会展营销策略,还将远远不能发挥公共关系应有的作用。因此,在会展营销中,公共关系应单独成为营销要素和策略之一来使其发挥作用。

从会展业的实际出发,会展促销策略主要有广告、人员推销、营业推广三种方式,具体有很多方法,如表 6-10 所示。

表 6-10　常见的会展营销方法一览表

基本渠道	描述或补充说明
广告	包括在专业报纸杂志、大众媒体、网站、广播电视、户外媒介和包装媒介等上面做的各种广告
文章和图片	包括在专业报纸杂志、大众媒体、网站、广播电视等上发布的各种对会展的评论、报道、特写和消息及图片等
直接邮寄	包括直接邮寄的各种会展宣传资料如会展宣传单张、会展说明、观众邀请函等
新闻发布会	包括记者进行现场采访
人员推广	包括对各机构和客户的直接拜访
电话营销	包括传真,能和客户进行一对一的沟通
电子邮件	能和客户进行一对一的沟通
会展推广	包括在国内外各种同类会展上宣传推广活动
机构推广	包括与各行业协会和商会、国内外的办展机构、国际组织、外国驻华机构和政府主管部门合作进行的各种推广活动
优惠与折扣	对客户参展或参观提供价格或其他优惠或折扣
相关活动	如会议、表演和比赛等
网上营销	能不限时空和距离地与客户沟通
抽奖	通过各种形式的抽奖来促进目标客户参展或参观

在会展业的营销实践中,上述促销方法通常被组合使用。组合使用能使各促销方法在一个促销方法组合中有主有次,各促销方法取长补短,优势互补,往往能产生比单独使用更好的效果。在组合使用上述促销方法时,主要考虑会展类型、客户和市场特性、会展所处的发展阶段、环境和促销预算等因素的影响。

1.会展类型。不同类型的目标客户采集信息的渠道和对信息内容的要求是不一样的,不同类型的会展要采取的促销方法因此也应有所不同。例如,工业题材的会展的促销方法组合与消费品题材会展的促销方法组合就不应相同;以贸易成交为主要功能的会展与以展示为主要功能的会展的促销方法组合也不应一样。

2.客户特性。客户对会展的认知程度一般分为认识、了解、信任、参加、再次参加等不同阶段,对处于不同认知阶段的客户,会展应采取的促销方法组合应不一样。例如,在认识阶段,广告的作用很重要,在了解阶段,人员推销作用很大等。

3.市场特性。目标市场的集中程度、销售和购买习惯、经济状况和接收信息的便利程度等,无不对会展促销方法组合产生影响。例如,对于市场集中度较小的市场,广告的作用要大一些;反之,人员推销的效果会更好一些等。

4.会展所处的发展阶段。处于不同发展阶段的会展,不同的促销方法所起的作用差别会很大。例如,在培育期的会展,广告对提高会展的知名度效果更好;在成长期的会展,人员推销更能产生直接的效果。

5.环境。营销环境对促销方法组合选择的影响长久而深远。例如,《广告法》《反不正当竞争法》等一些政策法规对促销方法的采用会形成促进或制约;一些重大的政治或社会活动会产生良好的促销机会;一些社会舆论导向会使一些促销方法比其他方法能产生更好的效果等。

6.促销预算。费用预算对会展促销方法组合的选择影响很大。例如,如果费用预算不足,那么,像电视广告等较昂贵的促销方法就不能重点使用;如果费用预算充足,促销方法组合的选择余地会大很多。会展促销方法组合常常是在一定的费用预算约束下进行的,预算的大小直接影响到促销方法的选择和组合的深度与宽度。

6.3.3 广告

广告的形式多样、影响广泛,是会展最常用的促销方式之一。在规划会展的广告时,需要重点解决以下几个问题:在哪里做广告、何时做广告、做什么样的广告、广告的效果如何评估等。

1.在哪里做广告。会展广告要通过一定的媒体才能对外发布。广告媒体是连通会展与目标受众的中介,不同的媒体拥有不同的读者群体和影响地域,在不同媒体上做广告,广告的效果会有很大的差别。会展广告经常使用的媒体一般有八种,如表 6-11 所示。

表 6-11 主要会展广告媒体一览表

媒体类别	描述或举例
印刷媒体	在广告的制作和发布中主要依靠印刷技术的媒体,如报纸、杂志、书籍、各种宣传册和宣传单张等印刷品
广播电视	主要包括广播、电视以及近年来兴起的电影、VCD 和 DVD 等
户外媒体	在户外公共场所或公共设施上使用广告牌、灯箱、霓虹灯、旗帜、横幅和 LED 等发布的广告
直复媒体	包括直接邮寄资料、电话、传真、电视直销、电子邮件等
互联网	如门户网站、专业网站和会展的官方网站等
焦点媒体	如在一些门面、橱窗进行的广告布置以及在会场内外的海报、灯箱和横幅等

媒体类别	描述或举例
包装媒体	如在一些包装纸、包装袋和包装盒上发布的广告
交通媒体	如在公共汽车、飞机、船、火车和地铁等交通工具上发布的广告

要选择合适的媒体发布会展广告,就要综合考虑以下一些因素的影响:媒体的特点和覆盖范围、目标受众采集信息时对媒体的偏好、广告的时效性要求和费用预算约束等。

2. 何时做广告。规划会展广告的发布时间主要要解决三个问题:一是会展广告发布的时间范围,即什么时候开始发布会展广告和到什么时候结束会展广告的发布;二是会展广告发布的时间频率如何,即在一届会展期限内发布多少次会展广告;三是会展广告发布的具体时间安排方式,即是集中、间歇还是连续的方式发布会展广告。

会展广告发布的时间范围:根据会展广告的目标、类型和会展筹备需要的不同,不同的会展广告的发布时间范围是不一样的。例如,招展广告在会展筹备一开始就可以发布,到会展招展完毕就应该结束;招商广告可以在招展有一定成效以后才开始,在会展开幕当日结束。

会展广告发布的时间频率:一般认为,目标受众在一个参展或参观周期里需要至少结束三次广告信息才能对该广告产生记忆,当结束次数超过五次以后,广告对目标受众的影响力开始减弱,当广告的次数超过一定的限度,广告将产生负面影响;通常认为出现六次为广告出现的最佳频率。所以,会展广告不是发布得越频繁越好,而是要掌握一定的发布频率才能既省费用,又能取得最佳效果。

会展广告发布的时间安排方式:会展广告发布的具体时间安排可以采用集中的方式进行,也可以采用间歇或连续方式进行。集中方式是指将会展广告集中安排在某一时间段进行以形成强大的宣传攻势;间歇方式是指间断地安排会展广告的发布,在一段时间做广告,停一段时间,然后再做广告;连续方式是指将会展广告均匀地安排在一定时期内发布。这三种时间安排方式各有利弊,会展要根据自己的需要进行选用。

3. 做什么样的广告。会展广告将以什么样的形式或内容出现在目标受众面前?要使会展广告发挥作用,广告的形式或内容设计十分重要。一个好的会展广告设计要处理好创意、主题、文案、图画和技术五个方面的内容。

(1)创意。创意既是会展广告设计的基础,也是会展广告的艺术魅力、吸引力和感染力的源泉,一个有好的创意的会展广告不仅能使受众有愉悦的艺术享受,还可以给其以强烈的感染和感召,使其对广告内容印象深刻。广告创意的成败直接影响到会展广告的效果。不过,会展广告创意要根据会展的品牌形象和办展目标等来进行,有很强的目的性,不能天马行空地进行。

(2)主题。会展广告要有自己的主题,没有主题的会展广告就像没有主题的文章,给人的印象是杂乱无章。会展广告的主题来源于广告创意,是广告创意的表现。会展广告的主题必须明确,不能模糊不清;每则广告的主题都要唯一和突出,如果是系列广告,每则广告的主题之间要有一定的关联性和延续性;广告的主题要包含目的、承诺和利益等主要内容。

(3)文案。广告文案是用来表现广告创意和主题的文字内容部分,主要由三个部分组成:广告标题、口号和正文。广告标题是会展广告的题目,它概括或提示广告的内容,好的广告标题必须与广告主题方向一致,并且言简意赅。口号又称广告语,是反应会展特征和会展品牌形象的宣传语句,一般简洁明了并富有流行感。正文是对广告内容和主题的具体文字说明,一般都很简短、层次分明和陈述清晰。

(4)图画。图画是广告内容的重要组成部分,它通过图片、线条和色彩及其组合来艺术地表现广告的创意和主题。好的图画及其组合不仅可以美化广告形式,突出广告主题和内容,还可以吸引受众注意力,给受众留下深刻印象。

(5)技术。不同的广告形式,其技术设计的重点和难点是不一样的,例如,平面广告的重点在版面布置和安排,电视广告的重点在画面和视觉效果,广告的技术设计要将广告的各种组成元素进行最佳组合,使广告尽可能地以理想的形式出现以取得最好的效果。

【经典案例】

第二届中国企业跨国投资研讨会广告

会议的广告一般也要考虑在哪里做、什么时候做和做什么样的广告等问题。不过,和展会的广告相比,会议的广告往往比较简单,版面设计往往也没有展会广告那么复杂。例如,第二届中国企业跨国投资研讨会于 2008 年 4 月 1 日在《中国贸易报》上做了这样的广告:

第二届中国企业跨国投资研讨会

时间:2008 年 4 月 22 日至 23 日

地点:北京长城饭店

主办单位:商务部(待确认)、中国贸促会

支持单位:外交部、财政部、农业部、海关总署、国家税务总局、国务院发展研
　　　　　究中心、国家外汇管理局等

主要内容:国家鼓励"走出去"政策发布、国外投资环境和项目介绍、企业"走
　　　　　出去"成功经验交流、跨国投资配套服务介绍

电话:(省略)

传真:(省略)

网址:(省略)

4.广告效果的评估。会展广告发布以后,它会产生怎样的效果,它能达到发布广告的预期目标吗?要了解这一点,就必须对会展广告的效果进行评估。

会展广告效果具有滞后性、交融性和难以定量化评估等特点,会展广告效果的产生又常常有短期效果、近期效果和远期效果之分,要准确评估会展广告的效果往往很难。一般地,对会展广告效果的评估可以从三个方面来进行:一是对广告传播效果的评估,它是评估会展广告的本身;二是对广告促销效果的评估,它是对广告所产生的经济效益的评估;三是对广告形象效果的评估,它是对广告产生的心理效果的评估。对这三个方面进行评估,要分别借助一些专业的指标来进行,如表 6-12 所示。

表 6-12　常用会展广告效果评估指标一览表

评估方向	评估指标	描述
广告传播效果	广告接收率	指接收该广告的人数占目标市场总人数的比率,是用来评价广告传播广度和深度的指标
	广告注意率	是注意到该广告的人数和接触该媒体的总人数之比,是评价广告接收的最大范围即广度的指标
	广告阅读率	是阅读过该广告的人数和接触该媒体的总人数之比,是评价广告接收广度的指标
	广告认知率	是理解该广告内容的人数和注意到该广告的总人数之比,是评价广告接收深度的指标
广告促销效果	销售增长率	是广告实施后的销售额与广告实施前销售额所增长的比率,能一定程度上反映广告的促销作用
	广告增销率	是销售增长幅度和同期广告费增长幅度之比,是用来反映广告费增长对销售带来影响的指标
	广告费占销率	是广告费占同期销售额之比,是反映广告费与同期销售总额之间关系的指标
	单位广告费收益率	是销售增长额和同期广告费之比,可以用来对比同一媒体不同时期或不同媒体同一时期的广告效果
广告形象效果	总体形象	主要评估会展的知名度、美誉度和品牌忠实度等
	个体形象	是对会展服务、功能、价值等方面的个别评估

6.3.4　人员推销

人员推销是会展派出营销人员,直接同目标市场的客户沟通信息、建立联系和促进他们前来会展参展或参观的活动。人员推销是会展最常用的营销方式之一,在针对大客户或 VIP 客户时尤其如此。

1. 人员推销的作用。人员推销与客户面对面地直接交流,具有灵活性强、信息反馈及时、亲切感强等特点,并具有一定的亲和力和说服力,能对客户的参展或参观决策、客户对会展的评估、促使客户对会展建立起信任等方面产生强大的促进作用,主要表现在:

(1)寻找客户,发现需求。通过派出人员到目标市场进行实地研究或开展各种活动,发现新需求、开拓新客户是人员推销最主要的功能之一。

(2)宣传会展,沟通信息。推销人员以会展代表的身份,向目标客户传递会展的各种信息,让目标客户更深入和直接地了解会展的有关情况;同时,推销人员通过与目标客户的沟通,也了解目标客户对会展的看法和需求,进行有效的信息交流和双向沟通。

(3)主动协调,提供服务。当目标市场或目标客户对会展的看法出现偏差,或目标客户与会展之间产生了一些矛盾或不协调的地方时,推销人员可以承担起提供服务和进行协调的功能,解决目标客户和会展之间产生的这样或那样的摩擦。

(4)推销会展,反馈需求。促进目标客户到会展来参展或参观是人员推销最直接的目的之一,在促进目标客户到会展来参展或参观的过程中,推销人员还可以直接了解到目标客户对会展的各种需求,并及时将这些信息反馈回去,促进会展改进,最终满足目标客户需求,促进目标客户到会展来参展或参观。

(5)与客户建立长期关系。人员推销还可以利用会展人员与目标客户直接交流和打交道等优势,与客户建立起长期的合作伙伴关系。当生意人通过多次接触而彼此互相信任并成了好朋友时,长期的合作关系也就建立起来了,客户也就变成了会展的忠实客户了。

2.人员推销的过程。在会展对推销人员进行了必要的培训并经过选拔和建立起一套可行的报酬与激励机制以后,人员推销可以按以下六步来进行:

(1)发现需求。会展推销人员首先应该知道如何和到哪里去寻找和发现目标客户,如何去发现客户对会展的参展或参观需求。这是一切推销工作的前提和基础。

(2)激发兴趣。发现目标客户及其需求以后,会展推销人员还要懂得如何去引导目标客户的需求,使他们的需求转化为对自己所推销的会展的参展或参观兴趣。

(3)增强信任。面对客户的兴趣,会展推销人员要能够并善于向他们提供具有说服力的有力证据,证明自己所推销的会展可以满足客户的需求,使他们对自己所推销的会展产生信任。

(4)促使接受。通过提供会展宣传资料和积极的游说,促使目标客户接受自己所推销的会展。

(5)促进欲望。在使目标客户接受自己所推销的会展的基础上,进一步引导和促使他们产生参加本会展的欲望。

(6)导致行动。目标客户的参展或参观欲望一旦形成,会展推销人员就应抓住时机,促使其迅速做出参展或参观的决策。

3.人员推销的组织模式。会展的人员推销活动竞争性很强,需要有一支素质较高、组织合理的推销人员队伍来完成。合理的组织模式有助于发挥推销人员的才能,取得更好的推销效果。会展一般可以按以下四种模式来建立推销人员组织:

(1)地理区域导向模式。就是会展推销人员按目标市场的地理区域来组织和分配推销任务的一种组织模式。这种模式让每一个推销人员或推销小组负责一定的区域范围,让其在该区域内推销会展。这种模式便于明确推销人员的业务范围,也便于会展对推销人员的管理,推销的差旅费也较好控制。但这种模式容易出现推销人员偏好推销好销的题材或展位,消极推销新题材、新项目或较难销售的展位的现象。这种模式适合于那些市场分布较广的会展所采用。

(2)会展题材导向模式。就是按会展题材的不同来组织会展推销人员的一种组织模式。一个会展在一个大题材下一般会有很多细分题材,会展让每一个推销人员或推销小组负责一定题材的推销工作。这种组织模式专业性较强,有利于推销人员对某一个或几个特定题材的深入研究和了解,收到专业化推销的效果。但这种模式也容易出现重复推销和差旅费上升等问题。这种组织模式适合那些题材组合较广的会展使用。

（3）客户结构导向模式。就是按会展客户类型的不同来组织会展推销人员的一种组织模式。在这种组织模式下，每一个推销人员或推销小组分别负责向一类或几类客户推销会展。这种模式的好处是有利于推销人员全面了解其所负责的客户群体的需求和特点，有利于他们建立起长期的关系和友谊，更好地为该类客户服务。但这种组织模式也容易出现差旅费上升等问题。这种模式适合那些同类客户比较集中或客户需求差别较大的会展使用。

（4）复合结构导向模式。就是将上述三种模式中的两种或三种进行组合使用的会展推销人员组织模式，如会展题材导向和客户结构导向相结合等。复合结构导向模式有利于取长补短，发挥一些模式的优点，同时用其他模式来弥补其缺点，更好地为会展服务。这种模式适合那些规模较大的会展使用。

6.3.5　营业推广

营业推广又称为销售促进，是会展在某一特定的时间内，以特殊的推销手段来对客户实行强烈的刺激以促使他们参加会展的一种推销方式。营业推广主要是以强烈的呈现和特殊的优惠为特征来刺激客户，从而激发他们参加会展的欲望和采取行动。

营业推广的对象主要是包括目标参展商和目标观众在内的客户和营销中介，针对不同的对象，营业推广的具体方法也有所不同，如表 6-13 所示。

表 6-13　会展常用营业推广方法一览表

推广对象	推广方法	描述或举例
客户	赠送	如向参展商赠送一定的参展面积，或向参展商或观众赠送一定数量的参观门票或礼品等
	优惠	如向参展商提供一定的价格折扣优惠，向一定范围的观众发放免费参观券等
	抽奖	如观众可以凭参观门票抽奖，或者参展商可以按一定的标准参加抽奖等
	评奖	如按一定的标准对参展商或其参展的展品、展位设计和搭装等进行评奖
	组织活动	如组织各种表演、比赛、招投标、晚会、招待会等活动来推广会展
	推销会议	召集客户举办专门的推销会议
	参加同类会展	选择一些影响较大的同类会展参加，可以直接面对客户，吸引他们前来参展或参观

续表

推广对象	推广方法	描述或举例
营销中介	合作推广	采取合作广告、共同举办活动等方式来对营销中介的推销活动加以支持
	推广津贴	根据营销中介的业绩,对其提供一定的推广津贴来激励其推销热情
	价格折让	对达到一定销售数量的营销中介提供一定标准的价格折让,鼓励他们多销售
	销售竞赛	让多个营销中介参与销售业绩竞赛,并根据一定的标准对营销中介进行表彰或奖励
	招待会	举办专门针对营销中介的招待会,沟通信息,促进联络,扩大销售

值得一提的是,由于营业推广的推销形式特殊,且一般都表现为会展对客户的一种利益让渡,所以,尽管营业推广是会展推销的有效方式之一,但它却不是一种可以经常采用的方式,它常常是作为其他营销手段的一种补充或配合方式而出现,一般只在特定的时间内,或在有特殊的事件配合时才被使用。

6.4 沟通与促销

不论采取哪种促销方式,使会展与客户之间进行有效的信息交流和沟通是会展取得成功的关键。没有有效的信息交流和沟通,客户就不能全面、准确地了解会展,会展也不能达到促销的既定目标。为使促销活动取得较好的效果,会展在采取合适的促销方法的同时,一定要确保与客户的信息交流和沟通能有效进行。

6.4.1 信息沟通

在信息社会,要想在激烈的市场竞争中与客户保持良好的信息交流,使自己的信息能准确传播出去并被客户所理解和接受,会展在向市场和目标客户传播会展信息的时候,就必须遵循信息传播的基本规律。提高促销活动中的信息传播效果是提高促销效果的重要手段和前提。

会展向市场和目标客户传播会展信息的过程一般包括五个要素和三个阶段。如图 6-1 所示。

会展信息传播的五个要素:会展、客户、信息符号、信息载体和噪音。其中,会展是信息的发出者,是信息源,为了向目标客户推销自己,会展一般会将一些思想、理念或会展其他信息传播给客户。客户是信息的目标受众,主要是目标参展商和目标观众,会展为建立良好形象,客户也可能是一般大众、媒体、政府部门或行业组织等。信息符号是会展要传播出

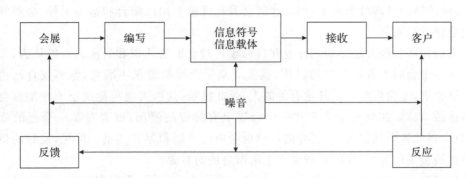

图 6-1　会展信息传播过程图

去的一些有关会展的资料、图片、LOGO、形象和标识语等。信息载体是用以传播会展信息的各种媒介和其他载体,如报纸杂志、广播电视、户外广告等。噪音是与本会展信息同时存在的、一些对本会展信息传播起干扰作用的其他信息,噪音对会展、客户和信息载体等都有影响,对客户对会展信息的反应和反馈形成干扰。

　　会展信息传播的三个阶段:信息编写阶段、信息接收阶段、信息反应反馈阶段。其中,信息编写是会展将计划要向市场和目标客户传播的思想等编写成能为客户所感知的信息符号;信息接收是客户对会展传播的信息符号进行接受和理解;信息反应反馈是客户接收到会展信息后,对该信息的反应反馈情况。

　　要确保会展能与客户进行有效的信息交流和沟通,会展在上述传播信息的过程中必须做到:

　　1.信息符号必须能全面、准确地反应会展的思想,必须要能被客户所接收、感知和理解。

　　2.用客户和行业所熟知的语言,使会展和客户对信息符号的理解趋向一致,尽量不产生误解或歧义。

　　3.由于客户接收、理解和记忆信息都具有一定的选择性,会展信息要有一定的抗干扰性。

　　4.要形成信息的双向传递和交流,重视客户对发送出去的会展信息的反应和反馈,不能信息发出后就不闻不问,要像发送信息一样重视收集客户反馈的信息。

6.4.2　口碑传播

　　所谓会展口碑传播,是指关于会展的特点、功能、效果和服务等信息从一个人口头传播到另一个人的过程。使会展在客户和行业中建立起良好的口碑,既是会展与客户进行有效信息交流和沟通的途径,也是会展与客户进行良好信息交流和沟通的结果。口碑传播是会展目标客户获取会展信息的一个重要方式。

　　在客户和行业中建立起良好的口碑,是会展利用口碑传播来促进销售和营销沟通的前提。良好的口碑不仅依赖于会展良好的营销策略而建立,更依赖于客户参加会展后对会展的经历和评价而建立。当一个客户参加会展效果良好、被服务周到时,他可能会对会展产生好感,并把这种好感告诉自己的朋友或合作伙伴。如果这样的人很多,随着传播范围的扩大,会展的良好口碑就形成了;如果这时会展在营销上加以配合和适当引导,会展的良好口碑就会建立起来。

口碑的好坏能极大地影响到行业和目标客户对会展的认识和看法。一般认为,如果一个客户在一个会展上有过不好的经历,或者对某一会展的效果不满意,他不仅自己将不会再参加该会展,还会将此告诉其他有关的人,受此影响,这些人也可能决定不参加该会展并继续传播该口碑。如果一个客户在一个会展上有过好的经历,或者对某一会展的效果满意,他也会将此告诉其他人,会展好的口碑也会由此不断积累并传播。可见,良好的口碑能自动地扩展会展的客源,坏的口碑会严重阻断会展的客源。

会展的口碑一旦形成,它往往在行业和客户中自动传播,会展在短期内常常难以改变它。因此,会展要十分重视综合运用会展营销的八要素,尤其要重视会展信息的传播和与客户的沟通,力求在行业和客户中建立起良好的口碑,让客户来免费为自己做宣传和促销。

【参考资料】

口碑传播的乘数效应

口碑传播具有强烈的乘数效应,这种效应因口碑的好坏不同、行业不同而不一样。一般认为,坏的口碑比好的口碑的乘数效应更大,传播得更快;不同的行业的乘数值在 3 到 30 之间,服务业一般在 12 左右。

也就是说,在服务业,如果一位客户有过一次不好的服务经历,在通常情况下,他不仅会停止继续购买该项服务,还会将他所遭受的不好的服务和经历告诉12 个他所认识的人,这些人在听了他的口头传播以后一般也不会考虑购买该项服务;如果一位客户有过一次好的服务经历,他也会把他的经历和享受的服务的好处告诉其他人,但告诉的人数一般要比前者少。

会展业是现代服务业的一种,口碑传播的乘数效应对它也会产生一定的作用。会展促销既要重视为会展建立良好口碑,也要重视跟踪会展的口碑传播,要善于利用口碑传播来促进营销效果。

在会展业,较好利用口碑传播这一营销模式的是微信。信息通过微信朋友圈的传播,其传播速度和效率是惊人的。

6.4.3 整合促销沟通

在进行会展促销时,会展向目标市场和目标客户传递的信息应该是基于一种统一的会展营销定位,会展与客户所进行的各种交流和沟通应该也是在这种统一的定位下进行的,会展传递信息和与客户的沟通不能前后不一致,更不能让客户不知所措。

要实现这一点,在促销时,会展就必须要注意与客户进行整合促销沟通。所谓整合促销沟通,就是会展在统一的营销定位和营销理念下,通过有计划的组合各种促销方式与沟通措施,来传播会展信息的一种营销办法。会展整合促销沟通的关键,是要确保客户不论是从哪个渠道或媒体接收到的信息,都是在会展统一的营销定位和营销理念下传播的。

　　会展促销的三种主要方式广告、人员推销和营业推广不论是在形式上还是在内容上差别都很大,具体促销方法在内容上也存在很大的差异,这常常会使会展与客户之间的信息传递和沟通出现前后不一致、不连贯和不协调,使会展促销的效果下降。会展整合促销沟通通过有计划地组合各种促销方式和沟通措施,将这些不一致和不协调消灭在萌芽之中,确保会展促销能取得满意的效果。

本章要点

　　本章主要讲述会展营销中的渠道和促销策略的基本原理和应用。主要内容有:会展营销渠道的主要种类,最常用的渠道有专业媒体、大众媒体和同类会展;影响会展营销渠道选择的主要因素,会展营销渠道冲突及其协调办法、会展营销渠道的评估办法和渠道组合策略;会展促销的目标,会展促销的基本方法和影响因素;会展广告的基本原理和做法,人员推销的作用、过程和组织模式,营业推广的基本方法;信息沟通和口碑传播在会展营销中的基本原理和做法。

思考题

　　1.会展营销的渠道主要有哪些?

　　2.对比专业媒体和大众媒体在会展营销中的作用。

　　3.如何利用同类会展进行会展营销?

　　4.如何合理选择和组合合适的会展营销渠道?

　　5.会展促销的基本方法和影响因素有哪些?

　　6.如何做会展广告?

　　7.会展人员推销的组织模式有哪些?

第7章

人员与过程策略

会展业是现代服务业的重要组成部分。办展单位本质上是一种服务提供商。会展服务的无形性特征,使参展商和观众很多时候都把会展服务人员的行为看成是会展服务的组成部分。保持会展服务人员与参展商和观众之间的良性互动,是会展服务能成功传递到客户那里的保证;而拥有一个为客户着想、从客户需求出发的,简洁、快速、便利的参展和参观及服务流程,更是会展赢得客户和取得竞争优势的重要手段。

7.1 会展服务人员与客户

会展营销的人的策略中的"人"包含两方面的含义:一是指会展的服务人员,另一是指会展的客户。会展服务通过会展服务人员与客户之间的双向交流和良性互动才得以顺利实现和成功传递,会展服务人员是会展服务的执行者,以参展商和观众为代表的会展客户是会展服务的接受者,会展服务人员和会展客户都是会展服务的参与者,两者任何一方的行为都对会展服务的提供及其质量产生影响。

7.1.1 会展服务人员

与参展商和观众或其他会展客户直接或间接接触的所有会展工作人员都可以看作是会展服务人员。会展服务人员是会展在进行营销时不可或缺的重要因素,他们和会展的客户一起,共同成为会展营销"人"的策略的主体。会展服务人员在会展营销的人的策略中居于核心地位,主要表现为以下几点:

1.会展服务人员是会展营销承诺的实践者。从本质上看,会展营销向广大目标客户和其他利益攸关者营销的是会展的服务,在营销会展的过程中,会展会有意或无意地向他们做出一些承诺,如向参展商承诺会展的参展手续和流程是简洁、便利和人性化的,向观众承诺参观会展的时候会得到会展在餐饮、住宿和交通等各方面的指引等。会展在营销时向外所做的各种承诺,很多是依靠会展服务人员的工作才最终得以实现的。如果会展服务人员不知道会展营销对外所做的各种承诺,或者对会展营销对外所做的各种承诺不认真执行,则不仅会展营销的效果难以得到切实保证,而且使会展营销也难以持续进行。

2.会展服务很多要靠会展服务人员与客户之间的交流才能实现。会展业是一种高接触性的现代服务业,客户如果不跟会展服务人员面对面地接触和交流,客户往往就难以享受到会展的很多服务;如果会展服务人员在与客户的接触和交流中出现技术差错或疏忽大意,客户不仅享受不到会展的有关服务,还会对会展产生不满。

3.会展服务人员是会展服务质量能得以保证的关键因素。没有满意的会展服务人员就没有令客户满意的会展服务质量。会展服务很多要靠会展服务人员的工作才能得以实现,会展服务人员的工作态度、工作技能、工作的主动性和工作的专业性,都会对会展服务的质量产生重大影响。

4.会展服务人员是促进会展营销改进的重要信息反馈来源。会展往往是要一届接着一届地不间断地办下去,在进行会展营销时,每一届会展都是在对往届会展营销经验和教训的总结的基础上不断改进和提高的。会展服务人员是促进会展营销不断提高和改进的重要信息反馈来源,会展服务人员通过与客户的交流和接触而从客户那里得来的信息反馈,是会展进行营销改进的重要依据。

5.会展服务人员本身也承担了一部分会展营销的任务。在现代会展业,会展营销是一种全员营销,它不仅仅是会展营销部门的事情,也是所有会展服务人员的事情。会展服务人员,尤其是那些与客户直接接触的会展服务人员,也承担了一部分会展营销的任务。

会展服务人员是构成会展营销“人”的策略的一个主要方面,在制订会展营销计划和设计会展营销组合时,不能忽视会展服务人员的营销作用,更不能漠视会展服务人员的存在。

7.1.2　会展客户

会展客户是构成会展营销“人”的策略的另一个主要方面。所谓会展客户,是指会展的参展商、观众和会展服务商。会展服务人员主要通过自身的服务工作来影响会展营销的效果,会展客户则主要是通过口碑传播来影响会展营销的效果。

1.参展商。包括会展现有的参展商和潜在的目标参展商。会展现有的参展商是已经参加了会展的参展商,潜在的目标参展商是因种种原因目前还未参加会展、但会展认为他们将来有可能参加会展的那些参展商。参展商在会展客户群体中处于核心地位,是会展经济效益的主要来源,参展商在行业中的影响力和代表性直接关系到会展的品质和档次的高低;参展商是否连续参加会展是一个会展成功与否的重要标志;一个参展商对一个会展的印象和口碑会直接或间接地影响着其他参展商的参展决策。

2.观众。观众是会展的另一个重要客户,很难想象,一个会展只有参展商而没有观众。和参展商一样,观众也有现有观众和潜在的目标观众之分。现有观众是已经来参观会展的观众,潜在的目标观众是目前还没有到会参观、但会展认为他们将来可能来会展参观的各种业内人士。潜在的目标观众是会展扩大观众数量的基础。

3.会展服务商。会展服务商是指那些为会展提供各种服务的单位或机构,主要包括会展的展位承建商、展品运输代理、餐饮提供商、旅游代理、指定接待酒店、指定清洁和保安机构等。

在会展客户群体里,会展服务商是与参展商和观众不一样的客户:参展商和观众基本都是向会展支付费用,会展为他们服务;但会展服务商却相反,会展向他们支付费用,他们为会展服务。基于这种不同,很多会展在考虑客户时往往忽视了会展服务商。其实,会展服务商也是会展客户的重要组成部分,原因如下:第一,会展一旦将一些服务事项交给会展服务商去完成,会展服务商即与会展融为一体,会展服务商这时是代表会展而去与参展商、观众以及其他各有关方面打交道的,会展服务商的形象直接影响到会展的形象,会展服务商的办事效率和办事结果直接影响到会展的声誉。第二,参展商和观众一般都会将会展服务商提供的各种服务视为会展本身提供的服务,将会展服务商的服务失误直接视为会展的服务失误。这样一来,会展服务商服务的好坏和服务质量的优劣直接影响到参展商和观众对会展的整体评价。

不论是参展商、观众还是会展的其他客户,对于潜在的目标客户,他们对会展一般都会有一个从不信任到信任、从不熟悉到熟悉的过程;对于现有客户,他们对会展也常会有一个从信任到不信任、从熟悉到逐渐陌生的过程。一旦一个潜在的目标客户对会展产生信任,他必将会成为会展的现有客户;而一旦一个现有客户对会展产生不信任,会展就很可能会失去这个客户。客户从对会展的不信任到信任,从信任到不信任的过程,就是会展客户关系生命周期的变化过程。

所谓会展客户关系生命周期,是指会展与客户之间的关系所能维持的时间。在会展客户关系生命周期这段时间里,会展与客户之间的关系变化一般会经历以下五个阶段,如表 7-1 所示:

表 7-1　会展客户关系生命周期的变化规律表

主要阶段	描述	对会展的意义
关系培育阶段	客户此时只是本会展的潜在客户;本会展只是客户可选择参加的目标之一	会展宣传推广及其他营销手段和口碑传播直接影响着客户的决策
关系确认阶段	客户在持续认知本会展的基础上开始考虑是否参加该会展	客户通过对参加本会展所期望获得的价值和准备付出的成本的评估,决定是参加该会展还是参加其他同类会展
关系信任阶段	参加几次本会展以后,客户已经完全信任该会展能实现自己参加会展的目标	客户成为本会展的忠实客户
关系弱化阶段	客户参加会展的需求和目标随着时间变化而不同,一旦不能满足就对会展产生不信任	会展需要不断创新以满足客户新的和变化着的需求
关系消失阶段	当弱化的客户关系达到客户不能容忍的临界点时,客户就将不再参加本会展	会展需要及时采取补救措施挽留客户

会展客户关系生命周期的上述五个阶段描述了会展与客户之间关系发展的一般过程,揭示了会展与客户的关系由弱到强又由强到弱的一般变化规律。当然,并不是所有的会展客户关系都要经历上述五个阶段。例如,有些客户可能刚一参加会展就对该会展产生信任,这时,关系的确认阶段和关系的信任阶段就基本会合二为一;有的客户刚一参加会展就

立即发现该会展根本不适合自己并从此不再参加该会展,这时,客户关系就直接从关系确认阶段进入关系消失阶段了。尽管如此,认识会展客户关系生命周期的五阶段变化规律,对于我们制订富有针对性的会展营销策略仍具有重要的意义。

7.1.3　会展服务可见线

因工作分工的不同,会展服务人员可以分为两类:一类是直接与客户接触的会展服务人员,另一类是间接与客户接触的会展服务人员。前者经常与客户直接接触,对客户所经历的会展服务的感知的影响最大;后者通过对前者的工作提供支持和服务,间接地对客户所经历的会展服务的感知产生影响。

良好的会展服务不仅依赖于那些直接与客户接触的会展服务人员对会展客户提供的各种服务活动,也依赖于那些间接与客户接触的会展服务人员的幕后支持。因为,那些间接与客户接触的会展服务人员尽管属于后台服务人员,他们的工作和举止尽管不能被客户所注意,但他们的工作却极大地影响着与他们相接触的那些直接与客户接触的会展服务人员,如果他们的工作出现偏差,后者的工作也会出现失误或衔接不上等问题。

不过,对会展客户来说,会展后台服务人员是他们所不能接触和看到的,他们所能看到的只是那些直接与客户接触的会展服务人员,那些直接与客户接触的会展服务人员的服务工作及其工作态度,就成为他们所感受到的会展服务。这样,在会展服务人员和会展客户之间,就形成了一条会展服务可见线,如图 7-1 所示。

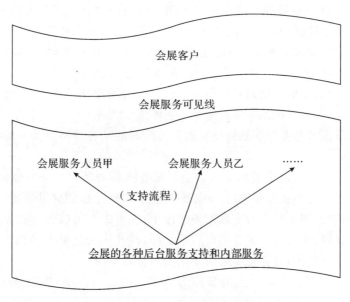

图 7-1　会展服务可见线示意图

通常,为向客户提供最好的服务,会展的后台支持流程往往不止一个环节。从图 7-1 可以看到,尽管后台支持流程简化到只有一个环节,如果会展的各种后台服务支持和内部服务不够好而导致支持流程的断裂,就会破坏会展向外部客户提供的各种服务;如果对某一位直接与客户接触的会展服务人员的支持流程断裂,就会导致该位服务人员不能按要求完成其所承担的服务工作。所以,会展不仅要重视对服务可见线的维护和保持,还要重视使后台支持流程尽量简化和不断裂。

7.1.4 真实瞬间

在制订营销策略时,很多会展对会展服务可见线都予以足够的重视,往往都会将这条线建设得富丽堂皇,但对这条线上的每一个节点,即每一个会展服务人员与客户接触的"真实瞬间"却不够重视,结果不仅浪费人力和财力,而且客户也得不到满意的服务。

所谓真实瞬间,是指会展服务人员因向客户提供服务而与客户接触或交流的那一刻。在这一刻,会展服务人员与客户碰在一起并互相交流和作用,会展服务真实地从会展服务人员那里传递到客户,客户在这一刻真实地享受到会展提供的服务。从客户的角度看,在真实瞬间发生的事情往往决定着一切,如果客户对这一瞬间所享受的服务和所接受的待遇不满意,则会展前期的努力和后台的支持常常都变得无足轻重了,会展的客户关系因此会遭到破坏;如果这一瞬间为客户留下了美好的印象,会展的客户关系就会得到某种程度的强化。

由于会展服务具有不可储存和不可分割的特性,真实瞬间对会展服务营销极为重要。如果在真实瞬间发生服务差错或质量问题,由于服务的生产和消费不可分割,我们只能眼看着劣质的服务被生产出来并被客户在自己的眼皮底下消费了。如果服务不能在这一瞬间做得圆满,则事后的补救措施往往不仅费时费力,而且代价高昂。

良好的真实瞬间主要是靠会展服务可见线上的每一个会展服务人员来实现的,因此,会展服务人员的专业技能、服务态度、个人愿望、角色冲突、工作技巧和会展的组织激励等,无不对真实瞬间的实际效果产生影响。例如,在向客户提供服务时,会展服务人员常常会存在角色冲突的困扰:由于与客户直接接触,在接触过程中会展服务人员会形成自己对客户的一种看法,但会展却要求他们必须用另一种眼光去看待该客户,冲突由此产生,当角色冲突不能调和时,不合服务标准要求的服务就会产生。

为使会展服务人员与客户接触和交流的真实瞬间能给客户留下美好的印象,会展可以采取以下几个措施:

1. 对会展服务人员提供必要的培训。会展服务人员对客户服务的经验、技能和技巧,一方面来源于他们自己的经验积累,另一方面来源于会展对他们提供的系统培训。相对来说,培训往往更重要。因为培训有事前准备的作用,它可以事前就告诉服务人员该怎么做,使他们到时少犯错误;个人的经验总结是后事之师,往往出错之后才能知道。因此,加强对会展服务人员的必要培训,是保证真实瞬间质量的重要举措。

2. 合理设置会展服务可见线上的节点的数量。按一般概率,当服务人员的数量较多时,出错的机会也会相应增加。会展在设计服务可见线时,要尽量合理设置该服务线上的服务人员的数量,要尽量避免因数量而产生混乱和问题。举一个极端的例子,在对媒体提供服务时,一些会展将该服务可见线上的节点简化为一个,即只设置一个新闻发言人来面对媒体以使信息发布的口径统一。

3. 完善和简化会展服务的后台支持流程。会展一线服务人员的服务工作的圆满完成有赖于会展后台服务的支持,没有强大的后台支持就没有完美的一线服务。会展服务后台支持流程的完善和简化,可以尽量减少因流程问题而产生的服务问题。

4.加强内部营销。举办会展是一个涉及方方面面的庞大系统工程,为确保会展成功和客户满意,会展服务人员只有一个环节连着一个环节,一个过程连着一个过程,如此环环相扣才不会出问题。如果上下环节之间出现差错,整个会展服务系统就会受到影响。因此,在办展单位内部,业务流程的上下环节之间就形成了供应方与客户之间的关系。会展要加强对各服务流程和环节的服务人员的培训,强化他们的服务意识,使他们像服务于外部客户一样地服务于会展内部上下流程或环节的工作人员。

【经典案例】

×××展览会对真实瞬间的管理

真实瞬间之所以"真实",是因为在像会展业这样高接触性的服务业,对客户而言,他们所体验到的服务和所感受到的服务质量很大程度上来源于他们与服务人员接触和交流的这一瞬间。

为确切了解真实瞬间对客户满意度的影响,×××展览会连续三届对展会的参展商和观众进行服务满意度调查,并对他们的不满意和抱怨进行聚类分析,结果发现:参展商和观众对展会服务产生抱怨和不满意67%来源于真实瞬间所产生的问题,9%的不满意和抱怨间接与真实瞬间所产生的问题有关。在真实瞬间产生的一些问题不仅使一些本来对展会的参展效果很满意的参展商也对展会产生抱怨,还使一些观众对展会望而却步。

针对这种情况,×××展览会开始高度重视加强对真实瞬间的管理。首先,该展览会将连续三届调查的结果向所有的员工公布,让所有的员工在思想上认识到真实瞬间的重要性,让员工理解"没有美好的真实瞬间就没有满意的客户";其次,加强对展会高层管理者和中层管理者的培训,让他们切实关注员工在与客户交流和接触中遇到的一些员工本身难以解决的流程性或结构性的问题,让他们理解"没有满意的员工就没有满意的客户";再次,针对问题产生的原因,对所有员工进行有针对性的技能培训,让员工能有更娴熟的技能与客户接触和交流;最后,加强内部营销,让员工明白展会的经营理念、办展宗旨,理解和支持展会的对外营销和对外所做的各种承诺,使员工加强内部协调和配合。此外,×××展览会还对办展流程的一些结构性问题进行调整,并在绩效考核上加入一些针对真实瞬间的考核因素。

通过上述措施,在接下来的一届展会里,×××展览会发现,因真实瞬间产生的问题而导致的客户不满意和抱怨明显减少,客户对展会的满意度也明显有所提高。

7.1.5 会展与客户之间的关系

基于会展这个平台,会展与客户之间会形成各种各样的关系,如纯粹的买卖关系、互相依存的客户关系和合作共赢的合作伙伴关系等。在会展与客户所形成的各种关系中,合作共赢的合作伙伴关系是会展最应该努力去建立的客户关系。

会展与客户之间如形成了一种纯粹的买卖关系,则会展只会将客户看作是自己利润的来源,但对客户参加会展的实际效果却不太关心;如果客户和会展之间也是这种关系,则客户对会展的发展会漠不关心,但只专注于自己的利益的实现。这样的客户关系,不仅对会展的长远发展没有太多的帮助,对客户的长远利益也没有太多的裨益。

在现代会展业里,会展追求单方面盈利的"零和游戏"的做法是不为广大客户所接受的,也不是会展发展的主线。会展只有在自身利益与客户利益之间找到平衡点,不断地提高会展的品质,健全会展的功能,充分为客户着想,满足客户的需求,才能最终实现会展与客户的精诚合作,并最终实现会展与客户的合作共赢,使会展和客户共同成长壮大。

一旦会展与客户建立起合作共赢的合作伙伴关系,客户也会给会展以丰厚的回报:持续的参加会展,给会展以良好的改进建议,发挥自己的影响在行业里传播会展的"口碑",向有关企业和行业人士推荐本会展等。会展与客户之间合作共赢的合作伙伴关系如图7-2所示。

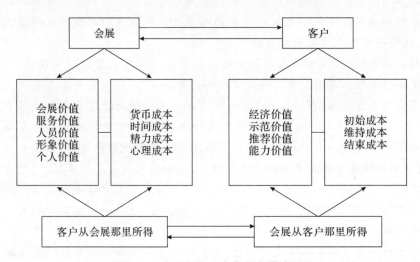

图 7-2 会展与客户合作共赢模式图

为和客户建立上述关系,会展的每一个员工都应该有这样的一个观念:不论客户的大小,每一个客户都应该得到应有的重视;不论客户的大小,每一个客户都有一种能力和影响力,它既可以给我们带来一定数量的业务,也可以导致我们丧失一些业务;不论客户的大小,每一个客户都代表着某种水平的参展(参观)能力和利润率。如果没有这种观念,就有一些客户会感到自己被忽视,会展与客户之间就难以建立起真正的合作共赢的合作伙伴关系。

【经典案例】

广交会与客户共成长

广交会凭什么称为"中国第一展"？国内企业为什么对参加"中国第一展"广交会趋之若鹜？为什么广交会的展位长期以来一直"一位难求"？探究其中的原因，广交会长期坚持为客户服务、与客户合作共赢是一个重要原因。

广交会作为我国第一展，负有特殊的社会使命：为中国的经济发展服务、为中国外贸发展服务。为达到这一目标，广交会的重要任务之一就是大力扶植一些有发展潜力的中国企业和中国品牌产品发展壮大和走向国际市场。从 1957 年创立到现在 60 多年来，成百上千的企业在广交会上找到国外的客户和开辟了国外市场，成功地从广交会走向了国际市场，企业也通过参加广交会而发展壮大，一些企业从年出口 100 万多美元的小企业发展成为年出口上亿美元的大企业。一直以来，广交会为推动中国企业和中国品牌产品的成长和走向国际市场而不懈努力，每年都大力对外邀请国际买家到会参观、采购和洽谈，目前，每届展会都有 20 万左右的国际买家到会参观、洽谈和采购，一些国际买家也通过广交会上的不断采购，生意越做越大。随着以参展商和观众为代表的客户的成功，广交会也从一届 18 万多平方米的规模发展到目前每届近 100 万平方米的规模。

从这种意义上讲，广交会的成功，是它与客户合作共赢和共同成长的成功。

7.2　内部营销

在会展营销"人"的策略中，会展客户是外部因素，他们既是会展营销的目标受众，在一定程度上也是会展营销的参与者，如果营销组合设计得好，他们将可对会展营销起很好的辅助作用。不过，外部因素往往难以控制。会展服务人员是内部因素，是会展进行营销时可以协调、计划和控制的。对会展服务人员的协调和计划主要是通过内部营销来进行的。

7.2.1　营销三角

过去，我国会展业很多是在传统的营销 4P 组合（产品、价格、渠道、促销）策略指导下进行的。由于这种营销组合是基于指导有形的产品的营销而产生的，因此，在这种营销组合中，在考虑"人"的因素时，往往只关注推销人员的作用，对客户对会展营销的辅助作用较少关注，对会展服务人员的营销作用更是视而不见。

其实，会展营销是对一种服务的营销，在设计营销组合时，要充分考虑人的因素。并且，在考虑人的因素时，不仅要考虑推销人员的作用，还要考虑客户和会展服务人员的营销作用，这样才符合服务业的营销规律。

在设计会展营销组合时考虑到会展推销人员、客户和会展服务人员的营销作用并充分利用和发挥他们的作用,会展营销仅仅靠对外部客户的营销是不够的。如果仅仅依靠会展营销部门来对会展外部客户进行营销,则会展很多可利用的资源将被浪费。为最大限度地利用和整合各种可利用的资源为会展营销服务,会展营销"人"的策略,不仅要求会展要对外部客户进行营销,还要对内部的员工进行营销,并且还要鼓励每一个会展员工在与客户进行接触时与客户进行互动营销。在此思想的指导下,会展营销就形成了一个营销三角,如图 7-3 所示。

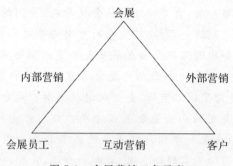

图 7-3　会展营销三角示意

从图 7-3 可以看到,按会展营销"人"的策略的要求,会展营销是一种整体营销:会展营销计划是由会展对外部客户的外部营销、会展对内部员工的内部营销和会展内部员工与客户之间的互动营销三部分组成的;会展营销的目标对象不仅仅是会展的客户,还有会展的内部员工。

1. 外部营销。会展运用各种营销策略和营销组合对参展商、观众等会展客户所进行的营销。外部营销是由会展发起的,营销的目标对象是会展的外部客户。

2. 互动营销。以会展服务人员为主体的所有会展员工在与会展客户进行接触和交流时,把握好每一个真实瞬间,与会展客户进行互动,在为客户服务的同时也营销会展。外部营销的发起者是会展员工,营销的目标对象也是会展的外部客户。

3. 内部营销。会展针对其内部员工所进行的营销活动。此时,会展内部员工成为营销的目标对象。成功的内部营销活动是一切外部营销活动能够得到切实贯彻执行的基础。

4. 营销的目标对象。在整体营销的规划下,会展营销的目标对象不仅仅是会展的外部客户,还有会展的内部员工。会展内部员工是传统营销组合容易忽视的一个重要的营销目标对象,使内部员工具有市场营销导向和客户导向,对会展外部营销的成功具有重大意义。

7.2.2　内部营销的含义

可见,会展营销"人"的策略要求会展必须进行有效的内部营销。所谓内部营销,是会展在整体营销思想的指导下,把会展员工看作会展的内部客户,通过各种措施向其营销会展,使其能以营销的意识参与会展服务和与客户接触。内部营销的目的是通过各种内部营销活动,使会展员工都具有市场营销导向意识,能了解和支持会展的外部营销活动,并能自觉地参与和客户的互动营销。

内部营销强调的是会展在成功进行外部营销活动之前,必须要在内部进行会展组织与员工之间的有效交流和沟通。通过内部的交流和沟通,使会展内部所有级别的员工都能理解并体验会展的外部营销,并使所有的内部员工都能像服务外部客户那样服务业务流程中的其他员工。

【经典案例】

以服务客户的方式服务业务流程中的其他员工

会展服务可见线告诉我们:尽管客户能感受到的只是一线员工向其提供的服务,但如果会展内部服务搞不好就会影响甚至破坏会展向外部客户提供的服务。会展内部营销的功能之一,就是促使会展的内部员工能像对待外部客户那样对待业务流程中的其他员工,促使业务流程畅通。

A展览公司是一家依照专业化进行分工的展览公司,该公司根据业务专业分工的需要,在公司内部设立业务部门、营销部门、展务部门和客户管理中心。其中,业务部门主要负责招揽参展商来展会参展,营销部门主要负责对展会进行市场营销和各种招展、招商资料的编写,展务部门主要负责展会的展务后勤、各种招展和招商资料的印制,客户管理中心主要负责管理展会的参展商、观众和其他客户,并负责管理展会的网站和数据库。

这样,A展览公司的很多业务活动都需要上述各部门的通力配合和协作。例如,向参展商发送招展书或向观众发送参观邀请函就要经过以下流程:

业务部门向营销部门和客户管理中心提出向参展商发送招展书或向观众发送参观邀请函的要求,营销部门按业务部门的要求策划和编写招展书和参观邀请函,编写好以后,再将该招展书和参观邀请函交展务部门设计版面和印刷,展务部门印好上述资料,再按营销部门和业务部门的要求将其交给客户管理中心,由客户管理中心根据客户数据库向参展商和观众发放资料。

在内部营销思想的指导下,上述流程中,各部门之间就形成了一种服务提供者与内部客户的关系:业务部门是营销部门和客户管理中心的客户,营销部门和客户管理中心以服务于外部客户的良好态度和心态服务于业务部门,使业务部门向外部客户发送资料的需求能及时和圆满得到满足;营销部门是展务部门的客户,展务部门以服务于外部客户的良好态度和心态服务于营销部门,使营销部门要求的资料能按要求及时印制出来;业务部门和营销部门都是客户管理中心的客户,该中心以服务于外部客户的良好态度和心态服务于这两个部门,使招展书和参观邀请函能按要求及时发送出去。

内部营销既是一种营销行为,也是一种管理行为。从营销的角度看,内部营销的主要目的是使会展员工都具有市场营销导向意识,能了解和支持会展的外部营销活动,并能自觉地参与和客户的互动营销;从管理的角度看,内部营销是端正工作态度、保持内部业务流程顺畅和提高工作效率的一项重要举措。所以,从上述两者出发,内部营销主要包括意识培训、态度管理和沟通管理三大内容。

1.意识培训。通过培训,在办展单位内部创造出一种市场营销导向的企业文化,同时,通过对员工进行以客户需求为导向的市场营销导向的培训,使员工逐步在思想上和行动上对客户需求导向和市场营销导向等意识产生认同。

2.态度管理。从客户服务导向和市场营销导向思想出发,对员工的工作态度、服务意识、客户意识和服务的自觉性进行有效的管理,使员工不仅能以正确的态度服务外部客户,也能以正确的心态服务内部客户。"客户就是上帝"的服务理念贯穿于员工的各种对内对外服务工作中。

3.沟通管理。通过各种内部信息的双向交流和沟通,不仅使会展内部各级员工都有充分的信息来完成其本职工作并为会展的外部和内部客户提供服务,还使会展的所有员工都理解和支持会展的外部营销活动。沟通管理强调的是一种信息的双向沟通,它既看重信息的上传下达,也看重信息的从下向上反馈。

7.2.3 内部营销的办法

会展外部营销和内部营销互相影响,互相配合,内部营销最终还是为外部营销服务,为外部营销巩固和留住忠实的客户;外部营销很多时候在营销会展对客户的承诺、会展的经营和服务理念,这些都可以用来引导内部员工如何去对待会展外部的客户。内部营销和外部营销之间的这种相互关系,使得会展在实行内部营销时,既有外部营销痕迹的存在,也有内部营销的独特之处。

会展可以从以下五个方面在会展内部实行内部营销:

1.为开展内部营销提供必要的管理支持。前面说过,内部营销既是一种营销行为,也是一种管理行为,为内部营销提供必要的管理支持是开展内部营销的前提。市场营销导向的企业文化必须从会展的管理层就开始培养和具备,没有管理层的支持和参与,作为一项管理活动的内部营销就难以真正取得成功。会展要将内部营销作为战略管理的一个组成部分加以规划和贯彻执行,要从战略的高度在会展内部培养出一种客户导向和市场营销导向的企业文化,否则,内部营销活动就可能会被没有市场营销导向的企业文化氛围所破坏,也可能会被一些部门经理或业务主管的个人管理风格所拖累。

2.为开展内部营销提供必要的组织支持。内部营销的目标对象是会展的全体员工,这些员工可以分为四个群体:高层管理者、中层管理者、与客户直接接触和交流的会展服务人员、与客户间接接触和交流的会展服务人员。在这些员工中,与客户直接接触和交流的会展服务人员直接面对客户并经常与客户打交道,与客户间接接触和交流的会展服务人员通过对前者的支持而间接地与客户打交道,他们都是会展的"兼职营销员"。会展要建立起一种便利这些"兼职营销员"对会展的内部和外部客户做出直接和及时反应的组织结构,只有这样,会展的内部营销才能富有成效。

3.对会展全体工作人员进行相关培训。员工的客户导向意识和市场营销导向意识要通过会展内部系统化的培训来培育,员工的服务意识、服务观念、服务价值观等也不是生来就具有的,也要通过相关培训来学习和提高。为开展内部营销而进行的培训,首先要培育员工的上述意识,在员工具有上述意识之后,会展还要对员工进行服务技能和服务技巧等方面的培训。这样,员工才能在思想上认同内部营销的主张,在行动上能贯彻执行内部营销的理念。

4.进行良好的内部沟通。会展所有员工不仅要明确知道自己部门以及自己个人的职能和服务目标,还要明确知道会展的经营理念、发展历史、发展远景规划,更要知道会展对外部客户所做的各种营销的目标和宗旨,对外部客户所做的各种承诺,只有这样,相关员工才能清楚地知道自己所肩负的工作的重要性,才能知道自己对其他员工的服务和业务支持是如何富有意义。要让会展所有的员工都明确地知道这些,没有良好的双向的内部沟通是不可能办到的。

5.制定一套持续和长期的内部营销计划并加以贯彻执行。和对会展外部的客户进行市场营销一样,会展的内部营销也要从一开始就进行规划并持续不断地进行。会展要针对内部的组织和文化特点,制定出一套持续和长期的内部营销计划,并通过各种支持措施,保证内部营销能有计划、有目的和持续不断地长期进行。

7.3　会展流程

会展服务的递送过程在会展营销中十分重要。会展运作是一个系统的过程,这个系统是由多个子系统密切配合和协调而成。在多个子系统的密切配合和协调下,会展服务才得以在一定的流程成功传递。态度良好的服务人员能弥补展览中存在的许多问题,但不能弥补服务流程存在的缺陷。和流程有关的会展运作程序、参展或参观手续、服务中的器械化程度、工作人员的裁量权、顾客参与的程度、咨询与服务的流动性等,都是会展营销需要特别关注的事情。如果上述过程有阻滞,会展营销的效果将会遭受巨大的打击。

7.3.1　会展流程分类

顺畅和合理设置的会展流程是确保会展服务能及时和按要求传递到客户的基础。所谓流程,是指以确定的方式发生或执行的一个或一系列有规律的行动,这些行动会导致特定结果的实现。最简单的流程是有一个输入,输入经过流程后变成了输出。流程中的每一个输入构成流程的一个节点。会展流程就是会展把一个或多个输入转化成对客户有用的输出的过程。

会展流程可以按不同的标准进行分类。

1.按流程与客户接触的程度不同,会展流程主要可以分为参展流程、参观流程、后勤服务流程和现场工作流程等四种。

(1)参展流程。就是从参展商报名申请参展到其最后完成到会展展出的整个过程。参展流程涉及很多中间环节,如参展商如何向会展报名提出参展申请、展会如何确认参展商申请成功、参展商如何向展会支付参展费用、会展如何与参展商协调一致划定其具体的展位位置、展品如何运输和进展馆或撤离展馆、展位如何搭装和拆除等。

(2)参观流程。就是从观众与会展接触并表达要参观会展的意愿开始到其最后完成到会展参观的整个过程。一些观众会向会展报名预先登记将来会展参观,一些观众不向会展预先报名而是在会展开幕后直接来会展参观。不管哪一种,从观众与展会接触并表达要参观的意愿开始,参观流程就开始启动。参观流程也包含很多中间环节,如观众预先登记参观、会展向观众发放参观证、会展对观众进行现场登记、观众入场参观等。

(3)后勤服务流程。后勤服务流程是由众多更细的子流程所汇集而成,如资料印刷流程、财务管理流程、营销支持流程、展馆清洁和安保流程、信息收集和处理流程等。

(4)现场工作流程。会展现场工作流程也是由众多更细的子流程所汇集而成,如开幕式流程、VIP接待流程、布展流程、撤展流程、观众登记流程等。

2.按流程形式的不同,会展流程可以分为线性流程、订单流程和间歇性流程三种,如表7-2所示。

表7-2 按流程形式分类的会展流程一览表

	线性流程	订单流程	间歇性流程
含义	各种业务活动按线性方式以一定的安排顺序进行,各种服务依据这个既定的顺序而产生	使用不同的活动组合和安排顺序而产生出各种各样的服务	各服务项目独立进行和计算,做完一件就完成一件,是一种非经常性重复的过程
优点	具有一定的弹性,可经由专业化和例行化而提高效率	具有很强的弹性,可以根据不同客户的需求来提供不同的服务,服务还可以特别设计、定制或提前预订	有利于专案管理技术和关键途径分析方法的应用,有利于培育团队合作精神
缺点	流程各节点之间的相互关系可能会导致整个流程遭受连接不足的限制,或可能因此造成流程阻滞	难以协调服务供应和需求之间的矛盾,难以用机械化的操作来代替人工的操作	需要较强的团队合作精神,如合作和协同较差则流程会难以为继
适用范围	适用于可以标准化和有大量持续性需求的服务和办展环节	适用于个性化的服务和办展环节	适用于一些非经常性重复的服务和办展环节

会展的有关流程极大地影响着客户对会展服务的满意度。流程中的每一个输入构成流程的一个节点,办展单位的员工一般把流程中的各个节点都当作业务来看待和完成。当流程节点是直接面对客户时,客户就会在经历流程的过程中对流程中的每一个节点都做出评价,一个节点的阻滞和不合理设置将会导致客户对整个流程的不满意,进而对会展服务产生不满意。因此,建立简洁、便捷、人性化和为客户着想的流程应该是展会努力追求的方向。

7.3.2 会展服务利润链

从本章前面各节论述的内容我们可以看到,会展的内部员工、外部客户和办展流程三者对会展来说都非常重要,但它们结合在一起时究竟如何对会展发生作用呢?要弄清楚这一点,我们就要理解会展服务利润链及其所揭示的营销意义。

会展服务利润链将会展的盈利能力、外部客户的忠诚度与会展内部员工的满意度和服务能力之间建立联系,揭示了会展盈利能力与会展外部客户、内部员工以及办展流程之间的关系。会展服务利润链及其联结环节告诉我们:

1. 会展的利润及其增长主要由客户对会展的忠诚度来激发和推动;

2. 客户的忠诚度是客户对会展满意的结果;

3. 客户对会展满意与否在很大程度上受会展提供给客户的服务价值的大小的影响;

4. 会展的服务价值是由满意的员工所创造的;

5. 员工的满意度来源于一个能使员工有效服务于客户的高质量的会展流程和服务支持体系及相应的政策。

会展服务利润链如图 7-4 所示。

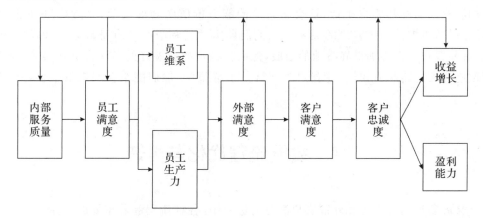

图 7-4　会展服务利润链及其联结环节

在图 7-4 所示的会展服务利润链中,内部服务质量是起端,是会展服务工作的基础。没有良好的内部服务质量,就没有满意的员工。我们在前面提到,会展内部营销的功能之一就是引入"内部客户"概念,让员工把自己流程上下环节的员工当作客户来看待,引导员工像服务外部客户那样来服务流程上下环节的员工,以此来提高内部服务工作的质量。

图 7-4 中的终端说明,忠诚的客户对会展的收益和利润增长的作用非常大,忠诚的客户不仅是会展利润稳定的基础,更是会展进一步发展的基础。通过合理的流程将高质量的服务从会展满意的员工向会展客户传递,满意的员工带来的将是满意和忠诚的客户。

所以,人(包括会展的员工和客户)和流程是成功会展营销不容忽视的两个重要因素。成功会展的竞争,不是在某一个点上的竞争,而是扩展到整个会展服务利润链上的竞争。

7.3.3　客户满意

在第一章里,我们曾经提到,会展营销有一种导向是"客户满意导向"。不过,在应用这种营销导向来对会展进行营销时,很多会展都会犯一个同样的错误:只是关注会展的外部客户是否满意,对会展"内部客户"即员工的满意与否却不太关心。

通过会展内部营销的思想我们知道,在进行会展营销时,会展"客户"的概念有两方面的含义,即内部客户和外部客户;会展"营销"也有两个方面,即内部营销和外部营销。通过会展服务利润链我们知道,没有满意的员工就没有满意和忠诚的外部客户,而没有满意和忠诚的外部客户就没有会展的利润和未来。所以,会展在追求客户满意时,一定要兼顾内部客户和外部客户。

会展内部客户即会展的员工满意不仅能为会展带来满意和忠诚的外部客户,还能为会展带来许多其他的好处。如员工满意会使员工长期在会展工作,这不仅极大地节省了会展招聘和培训新员工的时间和费用,稳定的员工队伍还有助于会展形成学习型的工作团队,有利于会展通过员工这个纽带与外部客户之间维持长期稳定的关系等。

会展外部客户的满意不仅是会展利润稳定的基础,还会为会展带来许多其他的好处。如满意的客户一般都会将自己的满意尽情地向朋友和客户扩散,这不仅会使会展在业内形成良好的口碑,还极大地节省了会展招揽新客户的各种费用。并且,满意的客户不仅会将自己的满意向朋友和客户扩散,还会将自己的能力价值向会展展示。所谓客户的能力价值,即会展通过维持与该客户的关系而从他们那里学到和吸收到自身缺乏的知识的价值。例如,有些客户经常参加世界各地的会展,他们会将别的会展好的做法告诉本会展,帮助本展会改进办展思路和方式;有些客户对某行业了解很深,他们能给会展提供很多好的改进建议等。

7.4 会展流程优化与再造

在会展争取内部员工和外部客户满意的过程中,各种流程起着重要的作用。如果流程不合理,即使是满意的员工往往也难以带来满意的客户。对于不合理的流程,会展要采用一些适当的办法来对其进行优化或再造。进行流程优化或再造的前提,则是要发现流程的不合理之处,即要能发现流程的各种瓶颈。

7.4.1 发现流程瓶颈

瓶颈是阻滞流程通畅或妨碍产出提高的暂时性障碍。合理的流程向客户输送的是"满意",不合理的流程向客户输送的往往是"不满意"。不合理的流程往往都会存在这样或那样的瓶颈。发现并消除这些瓶颈,是进行会展流程优化和再造的前提。

一般地,会展流程往往会存在四种类型的瓶颈。如表 7-3 所示。

表 7-3 会展流程常见瓶颈一览表

常见瓶颈	描述	产生的原因
静态瓶颈	是流程的某一个节点上出现的瓶颈。在这种瓶颈旁,工作任务或客户会大量积压而通过能力却很小	瓶颈产生的原因是静态的,如服务器具坏了、关键岗位的服务人员缺勤了、某环节的服务需求量上升了等

常见瓶颈	描述	产生的原因
动态瓶颈	是在流程的不同节点之间游动不定的瓶颈。出现这种瓶颈,会使流程在不同的时间和地点产生工作任务和客户的大量积压	瓶颈产生的原因是动态的,但具体导致某一瓶颈产生的原因往往又需要具体分析才能确定
慢性瓶颈	指循环多次发生的瓶颈	瓶颈产生的原因常常是服务供给能力不足,或者是流程设施和节点的设置不当,或者是流程缺乏柔性
突发性瓶颈	指一些无规律并突然发生的瓶颈	瓶颈产生的原因常常是服务设施突然出现故障;或者某些岗位的服务人员缺位

对于不同的瓶颈,我们应该采取不同的方法对其加以消除以恢复流程的通畅。对于静态瓶颈,由于它是在流程的某一个节点上静止地出现的,消除它的办法往往很容易找到。对于动态瓶颈,由于其出现的时间和节点游移不定,导致其产生的原因又多种多样,要消除这类瓶颈,详细的调查和分析必不可少。对于慢性瓶颈,由于其经常循环发生,消除它很不容易,对付这类瓶颈,服务人员和流程管理者需要更多应变能力和周密计划。对于突发性瓶颈,服务人员和流程管理者则需要有一种很强的应对突发事件的能力。

如果瓶颈长期存在又无法彻底消除,为提高服务质量和不降低客户的满意度,会展必须采取适当的办法对相关流程进行优化或再造。对流程进行优化或再造,关键是要从客户的需求出发来对流程要素进行重组。常用的流程优化或再造方法有流程图法、流水线法、授权法和服务利润链法等四种。

7.4.2 流程优化与再造方法一:流程图法

流程图法是从客户的需求出发来对流程要素进行重组,以修正或重新设计一个流程来描述它应该如何运作的一种流程优化或再造方法。用这种方法来对流程进行优化或再造的步骤如下:

1.切实和全面了解客户的需求,并尽量从客户的角度出发来安排会展的相关程序和过程。如参观流程的设计就要尽量全面了解观众的需求,要尽量从观众便利的角度来安排和设计流程的方方面面。本步骤的关键是要明确制定流程图的主要目的是什么,如本流程图适用于哪种类型的服务,是什么样的客户在什么样的条件下使用等。

2.确定特定的客户在使用特定的服务的过程中与会展发生的每一个相互作用,并区分出关键性接触和辅助性接触。如参展流程的设计就要尽量详细了解参展商需要与会展接触的每一次时机,要尽量从参展商便利的角度来安排和设计流程,以使参展商能便利地与会展接触。本步骤的关键是要把相关客户所要与会展进行的所有接触都汇总成一张清单,不能有所遗漏或忽视。

3.把会展与客户的这些相互作用按发生的时间顺序进行排序,并把客户与会展接触的每一步画成框图。如果有不同的服务形式来解决客户的相关需求,就要在该框图后面保留由该不同服务形式而形成的备选框图。

4.把每一个为前台服务提供支持的后台活动画成框图附在该前台服务后面。

5.对流程图进行初步验证。将通过上述步骤形成的流程交到相关服务人员和客户手里,让他们对流程图提出修改和改进意见。

经过上述步骤,一项服务所需要的每一个工作及各工作间的相互关系都将在流程图中出现,各服务所涉及的所有程序和变化点也在流程图中标出,一项服务的完整流程就设计出来了。

不过,要设计出一张完美的流程图,仅仅列出该做什么还是不够的。一张完美的流程图,除了要列出该做什么外,还要指明流程中可能出现的错误并破坏客户感知服务质量的失误点,包括:

1.流程中的一些环节非常需要客户的积极参与和合作才能顺利进行,但客户可能事先并不知道这一点;

2.流程中的一些环节非常强调员工个人的应变能力和临场判断力,但负责该环节的员工可能并不具备这样的能力;

3.客户可能对流程中的一些环节的便利性存在过高的期望,但会展在提供该服务前可能并没有采取措施对客户的上述期望进行调整;

4.流程中的一些服务让度系统本身在某些环节上可能已经有一些设计的缺陷或存在一定的不稳定性,但会展暂时还无法对此加以改进;

5.流程中的一些环节只是完成整个流程的必需步骤,但它们往往不能明显地增加客户享受服务时的价值,如果这样的环节重复过多,它们不仅不能增加客户的价值,反而会引起客户的不满意。

7.4.3 流程优化与再造方法二:流水线法

当一项会展服务可以用程序化和标准化的流程向会展客户提供时,用流水线法来对该项会展服务的流程进行优化或再造就不失为一种有效的办法。当会展的有关服务人员在一个已经程序化和标准化的流程上向客户提供服务时,服务的效率不仅会非常高,还不容易出错。

用流水线法来对会展的有关流程进行优化或再造一般可按以下步骤进行:

1.为相关服务制定规范化的内容和提供方式,并将此制度化和标准化,使相关服务人员有章可循;

2.对相关服务的提供方式和中间环节进行适当简化,保留其中的控制性和关键性的步骤和环节;

3.明确有关服务人员的职责分工,使他们分工明确,各司其职;

4.对于一些可以用机械设备来代替的服务环节可以尽量安排使用有关机械设备而不是使用人工服务;

5.适当地控制服务人员的决策权。

用流水线法而产生的服务流程,其服务的提供和服务的内容都非常规范,服务的效率也很高。如果该流程在设计时就已经充分考虑到客户的需求,那么,客户在该流程上享受会展提供的相关服务时,就会觉得会展服务非常规范,客户因此会对会展服务留下较好的印象。

【经典案例】

用流水线法设计的会展流程

在会展的众多流程中,观众入场登记流程是比较常见的用流水线法而产生的服务流程。会展观众入场登记手续比较简单,同样的工作重复次数多,较容易规范化和标准化。

×××展览会用流水线法来设计和规划自己的观众入场登记流程如下:

1.展会将观众分为三类:VIP观众、持邀请函或持预先登记表的观众、其他观众。

2.展会规定:除VIP观众、持邀请函或持预先登记表的观众外,其他观众都必须在观众领取入场证前填写相关登记表。展会设立三种类型的观众入场通道:VIP观众通道,供VIP观众凭VIP观众卡直接刷卡入场;持邀请函或持预先登记表观众通道,供持邀请函或持预先登记表观众凭邀请函或持预先登记表直接换卡入场;其他观众通道,供其他观众入场使用。

3.其他观众入场的流程如下:第一步,填写观众入场登记表;第二步,接受会展服务人员核查观众入场登记表是否填写完整,如填写不完整则需要补充完整;第三步,持填写完整的观众入场登记表交电脑登记人员登记;第四步,从服务人员处领取入场参观证。

4.会展安排四个服务人员:一个在观众填入场登记表处对有需要的观众进行填表指导,一个在观众交表之前核查登记表是否填写完整,一个负责将观众的基本信息输入电脑,一个负责打印入场参观证并交给观众。

5.服务人员要特别注意流程中容易出错的三个环节:一是观众入场登记表没有填写完整就让该观众交表;二是向电脑输入观众基本信息容易出错;三是打印的入场参观证不符合要求。相关岗位的服务人员要对上述三个环节严格把关。

核心提示:在上述流程中,很多环节都被规范化和标准化了。例如,观众入场登记表采用标准化的内容和格式,要求输入电脑的观众基本信息标准化了,打印出来的入场参观证的内容和格式也标准化了。同时,现场服务人员与观众进行交流的语言也被规范化了,如指导观众填表的语言,提示观众应该将表填写完整的语言,将入场参观证交给观众时的语言等。上述流程和标准化与规范化的相关规定,使观众入场登记流程的效率非常高。

7.4.4 流程优化与再造方法三:授权法

当一项会展服务难以规范化和标准化,或者该服务的完成需要客户的积极参与时,用流水线法来优化或再造服务流程就不太适用了。这时,授权法会是一个不错的选择。

所谓授权法,就是根据特定会展服务项目的特性,不对相关服务内容和程序进行详细的制度化的规定,而是赋予相关服务人员一定的权力,发挥他们的主动性和创造性,让他们在授权范围内按会展的指导性要求来完成相关服务的一种方法。

授权法是一种柔性的服务流程优化或再造的方法。运用这种方法,会展一般只对有关服务流程的关键环节提供一些指导性的意见或要求,对服务的结果提出要求,但对服务过程中的程序和方法等许多细节都不做具体规定,而将这些交给服务人员去临场处理和发挥。授权法将服务人员从一些严格的服务规章制度中解脱出来,让他们在为客户服务的过程中遇到问题就自己按会展的指导性要求和意见,自己去寻找解决问题的办法,并对自己的行为负责。

用授权法来优化或再造一些特定的服务流程有以下一些好处:

1.授权法授予员工一定的权力,让员工遇事有一定的度量权和决策权,并要求员工对自己的行为负责,能极大地激发员工的工作投入感、责任感和创造性,有利于培育出“满意的员工”。员工的这种自我负责、对客户周到而热情的服务将是会展的一种持久的竞争力。

2.授权法有利于员工对客户的需求或不满意做出迅速的反应。客户都希望自己的需求或不满意能够得到迅速的反应,一个被授权的员工在接待客户之前,一般都会积极准备足够和必需的资源或知识来满足客户的需求,特别是在时间较紧而来不及请示上级主管时尤其如此。被授权的员工不仅能及时对客户的需求做出反应,还能及时处理服务中可能出现的各种问题,让客户不带着抱怨离开。迅速的反应会让客户感觉到真正被关怀,客户对会展的满意度会由此而上升。

3.授权法可以促使员工对工作和自身产生更高的要求。授权法使员工感到自己被组织重视和尊重,也会使员工对工作更富有责任感。当一项事情被授权给自己负责时,员工也希望自己能将该项事情完成得更完美,员工就必须使自己具备完成该项事情的知识、技能和资源,这会使员工不断学习而提高自己。同时,员工通过与客户的接触和很多时候的遇事临机决断,还会发现流程中的一些问题,并发现解决问题的办法,这对促进会展进一步提高服务质量非常有用。

4.授权法可以使员工对客户的服务更热情和温馨,能为会展带来更好的声誉和口碑。授权法使员工在一种“满意”和负责任的状态下为客户服务,员工的服务状态和服务态度会极大地影响着客户,客户会感到被关怀和被重视,这会极大地提高客户对服务的满意度。当满意的客户在不断增多和当客户在不断重复着满意时,会展的良好声誉和口碑就会形成。

要真正获得授权法带来的好处,会展在利用授权法优化或再造有关服务流程时,就必须做到:

1.在会展组织内进行适当的分权和授权。这是采用授权法的前提,而且授权要是明确的和职责分明的。

2.使会展组织内的有关信息和知识能被相关员工共享。员工在服务客户时,不仅仅是向客户提供服务,很多时候还要担当客户的"向导",如向客户介绍会展的有关情况、指引客户到他们想要去的展区或展位等;同时,员工还常常要向客户解释本流程上下环节或相关流程中的一些相关问题,如果有关信息和知识不能被共享,员工不仅难以完成上述工作,还难以根据相关情况对有关问题做出临机决断。

3.使薪酬体系和绩效考核体系中有与员工的工作结果有关的因素。这是授权法用以增强员工的责任感、对员工加以激励和进行软约束的辅助措施。

7.4.5　流程优化与再造方法四:服务利润链法

当会展的流程问题主要是由会展服务利润链方面存在问题而造成的时候,用服务利润链法来对相关流程进行优化或再造就非常有效。

会展服务利润链揭示了两个正相关关系:一是会展内部员工的满意度与外部客户满意度之间的正相关关系,另一是外部客户的满意度与会展利润之间的正相关关系。用服务利润链法来对相关流程进行优化或再造,主要是从这两个正相关关系入手。

1.从组织机制和企业文化再造入手来提高员工的满意度。

主要有三种措施:

(1)将会展的组织机制塑造成以市场和以客户需求为导向的服务型组织机制。

(2)加强对员工的相关培训。通过培训,不仅要让员工理解和认同会展的经营理念、文化导向,还要让员工理解会展的组织机制要以市场和以客户需求为导向的必要性;同时,通过相关培训,提高员工的岗位工作技能,提高员工与客户打交道的能力。

(3)建立相应的激励机制,用相应的激励机制来巩固会展以市场和以客户需求为导向的服务型组织机构,也让体现新的企业文化的考核因素在相应激励机制里有所体现。

2.从重塑会展与外部客户之间的关系入手来提高外部客户的满意度。

重塑会展与外部客户之间的关系,最主要的是要能真正地从客户的需求出发来重塑会展的有关功能及其服务,要能从尊重客户的角度出发来把握每一个与客户接触和交流的真实的瞬间,要让客户不仅对会展的功能满意,也对会展的相关服务满意,还对会展的相关流程满意。只有这样,客户的满意度才会在会展重塑与外部客户之间的关系的过程中得到提高。

本章要点

本章主要讲述会展营销中的人员策略和过程策略的基本原理和应用。主要内容包括:会展服务人员在会展营销的人的策略中的地位,会展客户的含义及其生命周期,真实瞬间在会展营销中的重要作用和优化办法,会展与客户之间合作共赢的合作伙伴关系是会展最应该努力去建立的客户关系。会展营销三角,内部营销的含义和办法;会展流程的种类,会展服务利润链的含义和对会展的意义,会展客户满意包含内部客户和外部客户满意两个方面。会展流程常见的四种瓶颈,会展流程再造的四种方法:流程图法、流水线法、授权法、服务利润链法。

思考题

1. 为什么说会展服务人员在会展营销的人的策略中居于核心地位？
2. 何为"真实瞬间"？如何优化真实瞬间？
3. 如何理解会展客户与会展之间的关系？
4. 何为内部营销？如何实行会展内部营销？
5. 会展服务利润链对会展有何意义？
6. 常见的会展流程瓶颈有哪些？
7. 试论述会展流程再造的方法。

第8章

有形展示与公共关系策略

会展在鼓励和引导参展商等将自己的企业形象和好的产品等用最好的方式展示出来给他们的客户看的同时，也要善于将自己的服务和形象等展示出来给自己的客户看。如果因为服务等是无形的而难以展示，会展也要尽量向客户提供一些有形的线索来让客户感受到它们的存在。为此，有形展示是会展营销的重要策略之一。同时，为适应会展是一项商业活动也更是一种社会活动的特征，会展营销也不能不重视公共关系的作用。

8.1　会展有形展示概述

在会展营销中，有形展示策略强调会展要通过多种有形的线索来展示、强调和提醒客户，让他们在参加会展时，能像在触摸有形的物品一样感受到他们参加会展的过程中所享受到的各种服务。会展的有形展示对于增强客户对会展的整体感受，提高客户对会展的理解和认识具有不可替代的作用。会展的有形展示有时候还能成为客户回忆会展的记忆线索。

8.1.1　会展有形展示的含义和作用

所谓会展有形展示，就是会展想方设法将无形的会展服务用可以看得见的有形事物表现出来，让客户对无形的会展服务看得见摸得着。会展的有形展示主要是借助于会展现场环境、会展服务设备的实物装备和一些其他有形线索来实现的。所谓有形线索，是指那些能明白地提示客户其所享受的服务及其质量和提醒客户其正在享受哪些服务的有形指示物，或那些可传达会展服务的特色和内容、暗示会展提供服务的能力和种类、可让客户对会展服务产生认知和记忆的有形指示物，如会展环境、员工形象、品牌形象、会展的广告及宣传推广计划等。

会展业是现代服务业的一种，其主要职能是向客户提供各种服务。由于服务具有无形性和不可触摸性，客户无法触摸得到，也无法用眼睛看到，因此，客户有时候明明在享受一些服务，但往往又难以明确地说出自己享受到了哪些服务及其质量如何。如果没有一些有形线索的提示,客户对自己曾经享受过的服务及其感受也会很快地淡化和遗忘。因此,会展用有形的线索将无形的服务用有形的形式表现或提示出来,使看不见的服务变得看得见,不可触摸的服务变得可以触摸,对提高客户对会展的满意度和支持会展营销具有重要的作用。

客户在享用会展提供的服务前,会根据一些他们可以感知到的有形线索来对会展及其服务做出自己的评价和判断,如果会展的有形展示规划合理,它们不仅可以帮助客户感知会展及其服务的内容和特点,还可以提高客户在享用会展服务时所获得的价值。

具体说来,有形展示对会展具有以下八个方面的积极作用:

1.向客户展示或提示其所享用的各种会展服务。会展有形展示最基本的作用是将无形的服务有形化,通过有形的线索向参展商和观众等展示会展为他们所提供的各种服务,以使他们切实感知到自己在会展上所享用的各种服务及其内容。

2.影响客户对会展的第一印象。当一个参展商或观众第一次来到某个会展时,他对会展的第一印象往往是来自会展的有形展示,如会展序幕大厅环境及其公共环境布置、会展工作人员的仪表等。客户对会展的第一印象有"心理第一印象"和"真实第一印象"之分,心理第一印象是客户通过会展营销或口碑等而对会展产生的心理印象,真实第一印象是客户亲临会展后对会展所产生的第一印象。较好的心理第一印象往往会极大地激起客户参加会展的欲望和信心,但当心理第一印象与客户的真实第一印象之间出现落差时,客户在到达会展的第一时间就会对会展产生失望的看法。

3.使客户切实感受到会展给自己带来的价值。会展是一个综合的平台,借助于这个平台,会展向客户提供多种服务。客户对会展服务的总体评价来自他们对自己所享受的所有服务的综合感受,对于一些较明显的服务,不用会展展示和提醒客户就能感知到,但对于一些不太明显的服务,如果会展不通过有形线索展示出来,客户就可能以为自己根本就没有享用过那些服务,更不用说对服务的质量进行评价了。会展为客户服务过程中提供的每一个有形展示,如先进的观众登记设施、服务人员良好的仪态等,都会影响到客户对会展及其服务的评价。

4.帮助客户识别会展及其服务的形象。会展有形展示能很具体和很形象地将会展及其服务的形象传递到客户那里。例如,一份印刷精美、内容翔实的招展书能让参展商觉得该会展是一个较好的会展,反之,显然会引起相反的印象;一个设计富有创意和新颖的会展LOGO及其标识语,能让客户对会展产生很多好的联想。

5.影响客户对会展及其服务所产生的期望。客户对会展是否满意,一方面在于会展本身真实地为客户提供了多大的价值,另一方面也受客户最初对会展所产生的期望的高低的影响。如果因为种种原因,客户一开始就对会展产生了过高的期望,那么,要使这样的客户对会展满意将是十分困难的事情。会展有形展示可以极大地影响客户对会展及其服务所产生的期望,能较好地引导客户对会展产生合理的期望。

6.引导客户感受会展及其服务的质量。会展有形展示把无形的服务有形化,使客户能真实地感受到会展及其服务的质量如何。例如,汽车类的展览会经常会向外宣传有多少辆新车、概念车、全球或全国首发车在本展会展出,其实,这是在提示观众:我为你们提供了这么多可以看的车辆,多好啊;汽车类的展览会也会向外公布有多少媒体和记者来本展会采访和报道,有多少观众到会参观,其实,这是在提示参展商:我为你们提供了多少对外宣传的机会,参展多值啊。

7.成为客户回忆会展及其服务的记忆线索。当一个客户满怀喜悦地离开一个令他十分满意的会展后,随着时间的流逝,会展的很多无形服务在他的印象里会逐渐模糊甚至消失,会展靠什么来成为客户回忆会展及其服务的记忆线索?会展有形展示能很好地担当起这个重任。例如,会展的 LOGO 会让客户回忆起某个会展,给客户留下过深刻印象的会展工作人员会让客户回忆起他享用其提供的服务的美好时刻。

8.协助培训会展内部员工。会展有形展示可以向内部员工展示会展要向客户提供什么样的服务、会展应该在客户那里保持什么样的形象、会展服务的质量应该怎样等,这些不仅可以教育员工按会展的要求办事,还会激励员工为达到工作的要求而不断提高自己的技能。

如上所述,良好的会展有形展示的积极作用非常明显,不过,如果会展有形展示规划和展示不好,就会向客户传达错误的信息,会错误地引导客户去认识和评价会展及其服务。所以,在策划会展营销计划和策略的开始,就要对会展有形展示加以重视,要规划好会展有形展示要向客户展示什么、传递怎样的信息、希望客户对会展及其服务留下怎样的印象和记忆等。在会展营销的组合策略中,会展有形展示占有重要的地位。

8.1.2　会展有形展示的类型

从会展有形展示的作用可以看出,在会展营销组合及其策略中,会展有形展示既是一项独立的营销要素和营销策略,又是对其他营销要素的支持因素和具体落实环节。从不同的角度看,会展有形展示有多种不同的类型,如表 8-1 所示。

表 8-1　会展有形展示的类型一览表

分类标准	类型	描述	举例
有形展示能否被客户拥有	核心有形展示	是客户在参加会展的过程中能够享用的,但又不能拥有对该服务进行有形展示的有形线索的那一类有形载体	会展的形象、会展展示新产品
	边缘有形展示	是客户在参加会展的过程中能够享用并且能够拥有对该服务进行有形展示的有形线索的那一类有形载体	参观证、参展证
展示的不同渠道	内部有形展示	包括会展内部的员工、服务设施和器具、会展环境和会展的服务意识等四种因素	员工的仪态,会展的公共布展
	外部有形展示	会展通过一定的方式或有形线索向外部客户传递会展服务的种类、内容和质量的有形载体	会展的 LOGO、会展的广告

续表

分类标准	类型	描述	举例
展示的构成要素	会展环境展示	包括会展现场的公共布展、展区划分、服务设施、入场秩序及控制、场馆的清洁卫生、背景条件等	会展序幕大厅的设计和布置
	员工形象展示	包括员工的专业技能、视觉形象、服务态度、行为方式、精神面貌等	员工着统一服装
	品牌形象展示	包括会展的 LOGO、标识语、口号和主题色以及吉祥物等	富有创意的 LOGO
	信息沟通展示	包括会展的宣传广告和宣传报道文章、会展的有关数据、会展的口碑等	会展的观众数量及构成

【经典案例】

香港礼品及赠品展对服务的有形展示

香港礼品及赠品展是亚洲同类展会中最大的展会,在全世界同类展会中排名第二,参展企业来自全世界 34 个国家和地区,标准展位数超过 4200 个。展会在业界声誉卓著。

香港礼品及赠品展非常重视通过有形展示将自己的展会服务展示给参展商和买家看,让他们切实感觉到展会处处在为自己着想,在尽量为自己服务。

首先,员工统一着装,让人对展会产生规范和高档的感觉;

其次,精心设计和布置展会的序幕大厅和公共环境;

第三,展会将对参展商和买家的服务承诺事先告诉他们,如优惠酒店安排、免费巴士安排等,让参展商和买家对会展的相关服务早知道、早利用;

第四,展会强化品牌建设,展会的 LOGO,展会的 CI、VI 等形象不论是在其广告宣传还是在展会现场都一脉相承,形象突出,让人对展会产生信赖;

第五,展会将自己宣传推广的成果、对观众需求的实物引导、参展商名单和展位号等在展会现场适当的地方集中公布,让参展商和买家感受到展会确实在努力为自己服务;

第六,充分考虑参展商和买家的需求,在展会现场适当的地方布置为参展商和买家的服务点,并在会展现场容易"迷路"的地方布置非常醒目的提示和指引牌,使参展商和买家在展会现场不论寻找什么展会相关服务都十分便利。

8.1.3 会展有形展示的策略

从营销的角度看,会展要善于利用组成会展服务的各种有形线索来突出会展服务的特色,以使不可触摸的无形服务变得相对可触知,使参展商和观众在参加会展前能通过它们来把握和判断会展及其服务的质量和特征,并在参加完会展后能通过它们记起参加会展的美好回忆。因此,会展不能将会展的环境布置、公共布展、现场服务等仅仅当作会展的现场工作来看待,而是要将它们与会展营销结合起来,进行统一规划。

1.通过加强对客户的调查来规划和指导会展的有形展示。客户在参加会展之前和在参加会展的过程中,总会在会展的公共布展、服务环境、信息沟通和价格等中寻找会展及其服务的代理展示物,并根据这些有形线索来推断和感受会展及其服务的质量和特点。在规划会展的有形展示时,及时了解客户的需求及其客户基于各种需求而在努力寻找什么样的有形线索,对于正确规划和设计会展的有形展示非常重要。例如,如果会展广告对客户传递的信息不是客户所期望了解的,或者会展环境没有按照客户期望的清洁度、整齐度和便利度来规划和设计,那么,即使会展及其服务很好,客户对它们的感受可能也会产生偏差,或根本感受不到。

2.重视会展给予客户的第一印象的展示。客户对会展的"心理第一印象"很多是来自会展的广告及其他宣传和会展的口碑传播,要想客户对会展有一个较好的心理第一印象,会展就要高度重视自己早期传递到客户那里的各种宣传资料的制作和内容规划,要重视培育自己的良好口碑;客户对会展的"真实第一印象"主要来自客户亲临会展后对会展所产生的第一印象,这要求会展要高度重视会展环境布置和公共布展,要重视会展现场首先展现在客户眼前的是什么。良好的第一印象有助于消除客户对会展的不信任心理,有助于使客户很快接受会展。

3.会展有形展示不能脱离会展营销计划而自行其是。作为一个整体,会展营销通过对各种营销要素的综合和组合运用,努力向客户传递全面而准确的信息,有形展示作为会展营销组合要素之一,不能脱离会展营销计划而自行其是。例如,在做出会展环境设计和布置的决策时,一定要考虑到这一设计和布置方案要支持会展的营销策略,或者要能对会展营销其他组合要素不能表达出来的东西进行很好的补充。在进行会展营销时,会展营销的各要素所起的作用和所能表现出来的内容各有侧重,在进行会展有形展示时,一定要熟悉有形展示在会展营销组合中的作用,并对此有针对性地进行设计和布置。

4.积极地利用各种有形线索来展示和强化会展的服务信息和服务理念。会展业是一种服务业,会展主要是向客户提供各种服务,但服务是无形的,客户对服务摸不着,看不见,会展要努力通过各种有形线索,将会展服务的信息、内涵和理念等尽可能地附着在某些能看得见、摸得着的实物上,让客户通过这些实物感受到他们已经、正在和将要享受到的会展服务,感受到这些会展服务的良好内涵和质量,使会展及其服务能更好地为客户所感受、理解和把握。

5.重视员工形象的展示。会展工作人员的着装、修饰、仪表、服务态度和专业技能等,都在向客户传递会展及其服务的质量、档次、规范性等方面的信息。会展是与客户高接触性的服务业,员工与客户的交流和互动,不仅极大地影响着客户对员工个人本身的看法,更极大地影响着客户对会展及其服务的看法。

8.2 会展有形展示设计

俗话说"眼见为实",会展有形展示能将客户看不见和摸不着的会展服务通过一些有形线索展示出来,让客户真实地感受到会展及其服务。会展有形展示能起到其他营销策略和组合所不能起的重要作用。会展进行有形展示设计,可以从会展有形展示的构成要素会展的环境、员工形象、品牌形象和信息沟通等来着手进行。

8.2.1 会展现场环境展示

所谓会展现场环境,是指会展现场所有影响客户对会展的认知、能表现会展的服务信息和内涵以及影响客户与会展之间进行良好沟通的各种因素和设施。会展现场环境展示,就是遵循美学、系统性、功能性和社会性的要求,对构成会展现场环境的各种因素和设施所进行的展示。

对会展现场环境进行有形展示设计主要从以下几个方面来进行:

1.位置。在会展的现场环境中,位置因素占有很重要的地位。例如,会展公共布展的悬挂物该挂在哪里、会展的参观指引指示牌该放在哪里、会展的信息查询电脑该布置在何处、各展区的位置如何划分和安排、会展的休闲区安排在哪里等,如果位置不对,环境设计和布置再好也起不到应有的作用。

2.展示形式。位置确定了,既定的理念和内容该用哪种形式表现出来? 形式影响有关理念和内容展示的感知度和美观。例如,会展的服务理念以什么样的形式展示出来才较好? 会展的营销努力通过什么形式才能让客户知道?

3.风格。风格是客户对会展及其品牌形象识别的印象。在会展环境展示中,风格主要包括视觉风格和听觉风格两种。构成视觉风格的主要要素有形状、颜色、线条、模式、材料和质地等,构成听觉风格的要素主要有声音、音量、音高和节拍等。形状这种视觉符号可以跨越文化差异而产生强大的营销效果;音乐则可以产生一种极强的心理和行为指引。另外,红、黄、橙等暖色给人以热情和温暖的感觉,蓝、绿等冷色给人以宁静和平和的感觉。

4.布局。构成会展现场环境的各种因素和设施应该以一种什么样的分布形式来进行设计,是在进行会展现场环境设计时布局需要考虑的问题。布局涉及会展现场各种展示物和服务设施的规模和空间分布问题。例如,观众现场登记的通道要多少条,如何分布等。在考虑布局时,既要考虑布局要能为客户和服务者带来便利,以便服务者及时提供服务和客户及时享用服务,也要考虑布局服务流程的畅通和顺利,不能因局部的需要而阻塞了整体流程。

5.定向。定向是客户到达会展现场时的第一行为需要。当客户到达会展现场时,他们首先要能根据会展明确的定向指引来决定自己的去向,否则,客户就会在会展现场"迷路"。会展的定向设计可以根据一般经验、设计的易读性和定向帮助等来进行。一些约定俗成的内容可以通过一般经验来定向,如会展通道划分等;对于一些较复杂和较特别的内容可以通过定向帮助来解决，如设置指引牌等。不管怎样，对于定向设计，一定要注意定向的易读性，即要能让不同文化背景和不同经验的人都能看懂。

6.材料。材料可以使客户对会展产生某种感觉，材料的质地极大地影响着客户这种感觉的好坏。例如，会展公共布展中悬挂物所使用的材料将影响到客户对会展的整体感觉，会展使用的地毯的质地如何将在一定程度上影响着客户对会展的感觉的看法等。

7.氛围。会展现场氛围是一种借以影响客户的"有意识的空间设计"，它是由根据客户需求出发而制订的装潢、视觉、听觉和气味等要素所组成，不同的组合会产生出不同的氛围。会展现场的氛围要做到宾至如归，不能使人望而却步。

8.前台和后台。在上一章里我们提到，会展服务分为前台和后台两种。前台是展示在客户面前的，后台一般是在客户的视线之外的。会展既要重视对服务前台的环境设计和建设，以使客户对会展留下好的印象；会展也要重视服务后台的环境设计和建设，以免万一客户进入服务后台，看到服务后台的杂乱无章而对会展服务产生怀疑和不信任。同时，会展还要注意通过一定的手段保持服务前台和后台的畅通，以便后台对前台及时提供必要的服务支持。

9.员工环境。客户可能在会展现场停留的时间很长，也可能停留的时间很短，但会展一旦开始布展和开幕，会展员工就要在自己的工作和服务岗位上度过整个展期，会展现场环境的设计不能忽视员工环境的设计。因为"没有满意的员工就没有满意的服务和满意的客户"，如果为了吸引在此短暂停留的客户而使会展员工对自己长期要停留的环境产生厌烦，或成为员工提供良好服务的阻碍，那将是得不偿失的事情。

10.联想。客户通过对会展现场环境的感知而产生的各种想法，是由一种感觉而激发的另一种感觉。联想能将一些会展有形展示的一些基本的有形线索组合起来形成一个整体，使客户对会展及其服务形成一个整体性的认知。好的联想给客户带来的感觉很微妙，它的作用远远超过一些实体性的体验。

11.环境变量。环境变量是指能够根据一定的原则而能随时随意调整以改变会展环境和环境氛围的一些环境要素。由于这些环境要素可以根据需要而灵活地加以调整，因此，他们对会展实施有形展示的差异化策略非常有用。

在构成会展现场环境的诸多因素和设施中，尤其是以会展现场的整体环境、公共布展、入场环境布置、专业展区环境和休闲环境最为重要，在设计会展现场环境，尤其要重视对这些环境的设计。另外，根据设置的目标的不同，会展的现场环境可以分为功能型现场环境和休闲型现场环境两种，对于不同类型的环境，设计的要求也不一样。

对会展现场环境进行有形展示设计还要特别注意处理好以下一些问题：

1.设计理念要出于一个统一的形象要求。构成会展现场环境的各要素以及构成设计的各要素要彼此协作，共同营造一个统一的会展及其服务的形象。有时候，一点点的不和谐可能就毁掉了整体形象。

2.要注意对有形展示核心信息和边缘信息的处理。会展现场环境是多重的，所展示和传递的信息也是多重的，会展及其服务的核心利益应该是决定设计的主要参数和出发点。

3.注意不出现信息冲突。会展现场环境和传递的信息都是多重的，如果客户接收到的信息前后不一致或彼此冲突，客户对会展及其服务的认识将不可避免地会出现混乱。

4.注意在美学需要和流程需要之间找到平衡。会展环境设计要兼顾美学方面的需要和会展服务和工作流程方面的需要,不能因为前者而妨碍了后者,也不能因为后者而忽视了前者的需要。

8.2.2 员工形象展示

会展对客户提供服务的方式可以分为三种:人际方式、机械方式和混合方式。当会展服务主要是依靠人来提供才能实现时,这种服务的提供方式被称为人际方式。当会展服务可以通过机械来提供和实现时,这种服务的提供方式被称为机械方式。当会展服务可以通过人和机械一起提供来实现时,这种服务的提供方式被称为混合方式。对于机械方式,会展可以通过现场环境展示来实现会展营销的要求,对于人际方式和混合方式,员工形象展示就必不可少。

对于人际方式和混合方式,会展员工的形象和举止往往是客户用来评价会展服务的有形线索,此时,"人"的因素在会展有形展示策略中占有重要的地位。对会展员工形象的展示主要从员工的专业技能、视觉形象、服务态度、语言、行为方式、精神面貌等方面来进行。如表 8-2 所示。

表 8-2 员工形象展示设计要素一览表

设计要素	描述
专业技能	员工的专业知识和专业服务技能及技巧是保障会展服务质量的重要基础,也是客户对会展服务产生信赖的重要因素。会展可以通过员工聘用控制、培训、授权、监督和奖励等手段来提高员工的专业技能,使员工在服务提供的过程中表现出色
视觉形象	会展服务很大程度上由人来完成;服务质量的好坏很大程度上也取决于人,对人进行必要的包装非常必要。会展可以通过给员工配制统一工作服、统一规定员工的仪容、仪态等手段来提高员工的视觉形象
语 言	包括语言的内容、表达方式、语调、语气等,是员工与客户进行交流和沟通的重要工具
行为方式	员工的行为方式反映出会展的服务理念,客户通过员工的行为方式可以感知和了解到会展服务内容以外的东西
服务态度	包括员工接待客户的态度、待人接物的态度、提供服务的主动性、对客户的尊重程度、服务的及时性、对客户服务需求的反应如何、对客户抱怨的反应如何等
精神面貌	员工良好的精神面貌不仅可以消除服务不可触摸性而带给客户的不信任感,还可以互相影响员工的工作,并感染到客户

值得一提的是,员工形象展示的前提是员工对会展的满意和会展内部营销工作的充分展开。只有满意的员工才能有好的形象,只有好的形象才值得向客户展示,否则,员工形象展示的效果只会适得其反。同时,如果没有良好的内部营销,即使员工的形象再好,但员工对会展却一无所知,对客户关于会展的咨询一问三不知,客户对会展的印象也会不好。所以,对员工形象的展示,首先要提高员工的满意度和开展充分的内部营销。

8.2.3　会展品牌形象展示

会展品牌是能使一个会展与其他会展相区别的某种特定的标志,它通常是由某种名称、图案、记号、其他识别符号或设计及其组合所构成。会展品牌是给会展贴上的一个竞争标签,它是会展能更好地展开市场竞争并获取竞争优势的有力武器。

会展品牌形象是以参展商和观众为代表的客户所得到和理解的有关会展品牌的全部信息的总和。会展品牌所包含的各种信息经过参展商和观众的感知、体验和选择,形成了会展在他们心目中的品牌形象。可见,会展品牌是会展品牌形象的基础,会展品牌形象是对会展品牌的诠释,是对会展品牌意义的体验和对会展品牌符号的理解。

对会展品牌及其形象进行有形展示,对于会展具有重要的意义:

1.提升会展的知名度。知名度分为四个层次:无知名度,目标参展商和观众根本就不知道该会展及其品牌;提示知名度,经过提示后被问者会记起该会展及其品牌;未提示知名度,不必经过提示被访问者就能够记起该会展及其品牌;第一提及知名度,即使没有任何提示,当提到某一种题材的会展时被访问者立即会记起某个会展及其品牌。对会展品牌进行有形展示,可以使会展逐步从无知名度走向第一提及知名度。这样,会展才会被其目标参展商和观众作为首选的对象。

2.扩大会展的认知度。所谓认知度,是指会展的目标参展商和观众对会展的整体品质或优越性的感知。扩大认知度,对于会展具有重要意义:首先,它可以为目标参展商和观众提供一个参加会展的充足理由,使本会展能优先进入他们考虑的目标;其次,使会展定位和会展品牌定位能获得其目标参展商和观众的认同,提高他们参加会展的积极性;再次,可以增加通路筹码,有助于会展的销售代理展开招展和招商工作;最后,可以扩大会展的"性价比"竞争优势,促进会展进一步发展。

3.提高会展品牌的联想度。所谓品牌联想度,是指会展的目标参展商和观众的记忆中与会展品牌相关的事情,包括由该品牌引起的会展类别、会展品质、会展服务、会展价值和顾客利益等等。品牌联想有积极和消极之分。积极的品牌联想,有利于强化会展的差异化竞争优势,使他们对会展的认知更趋于全面,促使他们积极参加会展。

4.提升客户对会展的忠诚度。忠诚度是目标参展商和观众对会展品牌的感情度量,它揭示了目标参展商和观众从一个品牌转向另一个品牌的可能程度。目标参展商和观众对一个会展品牌的忠诚度越高,他们就越倾向于参加该会展;否则,他们就很可能抛弃该会展而去参加其他会展。拥有最多对本会展具有品牌忠诚度的参展商和观众的会展,必将成为该行业中最为著名和最具影响力的会展。

5.节约会展的办展成本。会展品牌及其形象既是会展与以参展商和观众为代表的客户进行有效沟通的代码,也是会展对参展商和观众所做出的一种承诺,基于这种沟通和承诺,会展可以更有效地去开发新的客户,招揽到新的参展商和观众,节约会展的相关成本。

6.体现会展的特色和个性并获取竞争优势。会展品牌及其形象既是将本会展与其他同类会展区别开来的标志,也是会展价值的集中代表。通过会展品牌及其形象,客户可以很好地感受到会展的特色和个性,使会展获得差别化竞争优势。

会展品牌形象本身也是无形的,要让客户能感受到它,会展必须通过一些有形的线索来对会展品牌形象进行有形展示。这些有形线索主要包括会展品牌名称、会展 LOGO、会展标识语、会展口号和会展主题色等。如表 8-3 所示。

表 8-3　会展品牌形象有形展示主要因素一览表

主要因素	描述
会展品牌名称	即会展品牌本身的名称。会展品牌命名要符合语言、法律和营销等方面的要求
会展 LOGO	是经过艺术设计的品牌标志,它往往是由一些艺术化的图案、符号和文字等所构成,并以艺术化的符号的形式向参展商和观众传递会展的形象、特征和信息
会展标识语	能更直观地提供品牌名称和 LOGO 所不能提供的信息,能引起参展商和观众对展会更多的联想,它与品牌名称和 LOGO 一起,能更好更全面地传播展会的品牌形象
会展口号	有时候也被称为会展的主题口号,是有纲领性和营销作用的简短语句
会展主题色	用来表现会展的主题和形象的颜色

8.2.4　信息沟通展示

会展信息沟通展示,是会展为促进会展与客户之间的信息传播、交流和理解而对会展的一些信息通过有形线索来展示以突出会展的相关服务。良好的信息沟通对促进客户认知会展非常重要。

会展对信息沟通的有形展示主要通过以下几种形式来进行:

1. 对会展信息传播渠道的展示。在第 6 章里我们指出,会展的营销渠道主要有专业媒体、大众媒体、行业协会和商会、同类会展、参展企业、互联网、其他办展单位、国际组织、各种代理、外国驻华机构、政府有关部门和相关活动等,会展营销的这些渠道也是会展信息传播的主要渠道。会展对信息传播渠道进行展示,就是要通过一定的有形线索把会展已经利用的各种信息传播渠道展示给客户看,让客户知道会展已经利用了哪些渠道。客户知道会展已经利用了哪些渠道对会展有很多好处,例如,客户可以因此而更好地理解会展为取得更好的展出效果而进行的营销努力,客户以后可以通过这些渠道来更好地获取会展的相关信息等。

2. 对会展信息传播内容的展示。就是将会展在营销过程中传播的相关信息内容通过一定的形式单个或集中地展示出来。从广义上讲,会展每做一次广告、每发表一篇关于会展的专题报道、每刊登一幅关于会展的图片都是对会展信息传播内容的一次展示。当在会展开幕前后或其他某个适当的时间,会展将自己在营销过程中传播的相关信息内容通过一定的渠道收集起来,并通过一定的形式集中地展示出来,这对促进客户对会展及其服务的认识具有极大的作用。

3. 积极培育会展良好的口碑。口碑传播是对经验化过程和体验的口头再现,良好的口碑可以使会展及其服务一传十、十传百,不断扩大影响。口碑有良好的口碑和坏的口碑之分,好的口碑传得快,坏的口碑传播得更快。会展要积极培育自己的良好口碑,要避免一些服务失误或会展展出效果不好而在客户中产生不好的口碑。

4. 重视名企和名人效应。名企和名人具有强大的号召力,名企和名人的行为具有很强的示范效应和带动作用。例如,当行业龙头企业参加会展时,会展往往将其安排在显要的位置展出,突出其示范作用,暗示会展的档次和质量;当重要领导、行业知名学者或政府主管部门的主要官员出席某会展时,其强大的召唤作用可以极大地消除普通客户对会展的不信任感和陌生感。

8.3　会展公共关系概述

公共关系是会展利用各种手段,同包括行业协会和商会、政府、客户、中间商、社区民众以及新闻媒体在内的各方面公众进行沟通,以建立会展良好形象和营销环境的活动。在会展营销组合和营销策略中,公共关系的作用和其他七个营销要素或组合策略一样重要,公共关系不是作为促销策略的一种手段,而是作为一种独立的营销策略被经常独立运用。

8.3.1　公共关系对会展的营销作用

从会展涉及的组织和会展的功能等角度看,会展既是一项参与者众多、影响面巨大的商业活动,也是一项为会展展览题材所在行业服务的行业活动,还是一项涉及交通、酒店、餐饮、通信、旅游等诸多行业的社会性活动。因此,要成功举办一个会展,要分别从商业活动、行业活动和社会活动的角度对有关筹备和营销活动进行规划和协调。在这些规划和协调过程中,公共关系起着不可或缺的重要作用。可以说,如果没有有效的公共关系,大型会展的举办将举步维艰。

具体讲,公共关系对会展的营销作用主要表现在以下七个方面:

1. 帮助会展与公众进行有效的沟通协调。由于涉及面很广,在会展的筹备过程中,会展将不可避免地与政府主管部门、消防、行业协会和商会、社区、媒体以及交通、酒店、餐饮、通信、旅游等诸多行业打交道,要面对各种各样的公众。这些组织和公众之间存在一定利益差别,矛盾和纠纷不可避免,此时,公共关系起着帮助会展与这些公众进行有效沟通和协调的作用,为会展顺利举办铺平道路。

2. 引导舆论并帮助会展建立良好形象。公共关系活动不仅可以创造有利于会展的社会舆论,还可以引导社会舆论,并可以强化对会展有利的社会舆论。在创造、引导和强化社会舆论的过程中,公共关系不断地对外传播、塑造和深化会展的良好形象,从而为会展在公众中建立起一个良好形象起着重要的作用。

3. 传播会展信息和推广会展。公共关系活动很多是着眼长远的营销活动,这些营销活动往往大力向公众传播会展的办展宗旨、经营理念、宏观和微观功能等着眼于会展长远发展的信息,这些会展信息通过公共关系在公众中广泛传播,对会展的长远发展具有很大的促进作用。当会展有新的题材拓展,或会展要进行重新定位时,公共关系对会展信息的传播就显得更为重要和更不可替代。

4. 与公众建立良好关系。公共关系可以通过不断的努力,不断地拉近公众与会展的距离,使公众不断地加深对会展的了解、理解、支持和合作,使会展与公众之间建立起良好的关系。

5.营造有利于会展经营和营销的外部环境。会展的涉及面广,面临的外部环境复杂多变,会展可以通过公共关系营销,使外部环境向着有利于会展经营和营销的方向发展,为会展营造良好的外部环境。

6.直接促进会展招展和招商。尽管公共关系主要是着眼会展的长远发展,但如果策划得好,公共关系也可以直接促进会展的招展和招商。例如,与行业协会和商会之间的交往和拜会,往往不仅能直接促进会展招揽新的参展商,还可以促进会展邀请到更多的专业观众。

7.协助会展进行危机管理。在复杂多变的社会环境中,"危机和税收一样不可避免"。会展业是一种很脆弱的行业,一些社会的、经济的和政治的危机都会极大地影响着会展的筹备和举办。一旦有危机发生,公共关系将起着重要的作用,它不仅协助会展进行有效的危机管理,还可以及时改变公众对会展的印象,迅速增强他们对会展的信心,并可以很快地恢复会展在公众中的良好形象。

8.3.2　会展公共关系的特征

基于公共关系对会展营销的重要作用,在会展业的实践中,公共关系不是作为促销策略的一个手段而被利用,而是作为一种独立的营销策略被经常独立运用。在会展业,作为一种独立的营销策略而被独立运用的公共关系有以下一些基本特征:

1.普遍性。作为一种独立的营销策略,公共关系在会展业的实践中被各办展单位普遍利用。由于会展的成功举办不仅仅是办展单位的努力就可以完成的,它还依赖于很多外部环境和组织,追求会展与外部环境与各展会组织之间的协调及和谐,是各办展单位普遍重视公共关系并将它作为一种独立的营销策略的重要原因。

2.目的性。会展进行公共关系活动是有一定的目标的,其中,树立会展的良好形象、协调会展与公众之间的关系和为会展营造有利于会展经营和营销的外部环境是其最主要的目标。

3.公开性。公共关系是在有关法律、法规和政策允许的范围内进行的,是以公开的方式来向公众和其他社会组织阐明会展的办展宗旨、办展理念和办展行为等。并且,公共关系宣传很多是以新闻发布会、新闻报道等公开形式进行。

4.整体性。公共关系对外传播的不是会展某一方面的信息,而是会展的整体信息和整体形象。公共关系在向公众传播会展的整体信息和整体形象的过程中,使公众全面了解、理解和支持会展。

5.双向性。公共关系在向公众传播会展的信息的同时,也注意积极收集公众对会展的反馈信息,公共关系既注意对外部公众传播会展的信息,也注意对会展内部员工传播信息。公共关系传播信息从来不是一种单向的传递,而是双向的。

6.长期性。公共关系着眼于长远,主要是为会展的长远发展和长期利益服务,因此,公共关系也具有长期性,它不是一时的权宜之计,而是会展营销长远战略规划中的重要内容。

7.国际性。随着我国会展业的日益成熟和国际化的程度日益提高,会展业的公共关系活动不再局限在国内,而是走向了世界。国际性的会展如果没有国际性的公共关系,该会展将很难如愿成功举办。

8.3.3　会展公共关系的主要目标公众

公众是公共关系学中的一个特有的概念,它是指与特定的公共关系主体相互联系和相互作用的个人、群体或组织,是公共关系工作对象的总称。公众有三种类型:一是个人,如会展的参展商和观众等;二是群体,即一些通过一定的联系纽带而形成的有较为紧密关系的人群;二是组织,如行业协会和商会等。

根据公众与会展的归属关系的不同,会展公共关系的目标公众可以分为内部公众和外部公众两种。内部公众是指会展的内部员工;外部公众是指会展外部一切与会展有关系的个人、群体或组织。内部公众是与会展有最直接和最密切利益关系的公众,是会展公共关系所要协调的主要目标之一。外部公众对会展的生存和发展具有现实的和潜在的影响力,是会展生存和发展的外部环境的重要组成部分,协调与外部公众的关系是会展公共关系的重要任务。

会展公共关系的外部公众主要由客户公众、媒体公众、组织公众、政府公众、社区公众、名流公众、竞争者公众和国际公众等所构成。如表 8-4 所示。

表 8-4　会展公共关系主要外部公众一览表

公众类型	描述或举例
客户公众	是参加会展或享受会展服务的个人或组织,如会展的参展商、观众等。良好的客户关系能为会展带来直接的经济利益
媒体公众	是新闻媒体和新闻传播机构及其工作人员。媒体公众是会展与各公众之间沟通的媒介,良好的媒体关系往往就代表着良好的舆论状态
组织公众	是与会展有利益或其他关系的各种社会机构和组织,如行业协会和商会等。组织公众是会展的重要支持力量,它们对会展的生存和发展有重要影响
政府公众	是与会展有关的各级政府机构及其工作人员。政府公众是各种公众中最具有权威性的公众,它对会展的经营环境、发展规划和外部支持具有重要的影响
社区公众	是与会展在同一社区的个人、群体和组织。远亲不如近邻,社区公众许多和会展并不发生直接的关系,但他们对会展的声誉、生存和发展基础条件等具有很大的影响
名流公众	是一些对社会和行业舆论具有重大影响力和号召力的有一定名望的人士。名流公众对会展获取信息、拓展各种网络和提高知名度与美誉度具有重要作用
竞争者公众	是与本会展有直接或间接竞争关系的其他会展。竞争者既是本会展生存和发展的压力,也其生存和发展的动力
国际公众	是会展在进行国际公共关系时所要面对的公众,如外国的行业协会和商会、参展商和观众等。国际公众是会展推进国际化战略和建立良好国际形象所要必须交往的对象

8.3.4 会展公共关系的一般程序

面对上述各种目标公众,一个相对完整的会展公共关系一般要经历公共关系调查、公共关系策划、公共关系方案实施和公共关系效果评估四个基本程序。

1. 公共关系调查。公共关系调查是会展进行公共关系的第一步。俗话说"没有调查就没有发言权",会展要建立和维护自己的良好形象,就必须先要了解自己在公众中的实际形象如何,要了解该实际形象与自己期望形象之间的差距如何;会展要赢得公众的理解和支持,就要先收集公众对会展的不同需求信息。如果会展不知道自己所处外部环境的相关信息,会展就难以有的放矢地去利用环境和为自己营造良好的外部环境;如果会展不了解自己前期公共关系活动的成果如何,就不可能对下一步公共关系活动做出改进。总之,没有经过调查而进行的公共关系往往是盲目的,是常常不能达到预期目标的营销活动。

所以,在进行公共关系活动之前,会展有必要进行公共关系调查。会展进行公共关系调查主要从会展自我期望形象调查、会展社会形象调查、公众需求调查、公共关系环境调查和会展的公共舆论调查等几个方面进行。如表 8-5 所示。

表 8-5　会展公共关系调查的主要内容一览表

调查内容	描述
会展自我期望形象	是会展自己所期望建立起来的形象,是会展公共关系工作的基本方向和目标
会展社会形象	是会展的外部公众对会展的看法和评价,包括会展的行业声誉和地位、会展的知名度和美誉度以及构成会展社会形象的其他内容
公众需求	是会展各种公众对会展的不同期望和需求,其中最主要的是参展商、观众和行业对会展的期望和需求
环境	是会展进行公共关系所面临的内部和外部环境,是会展检测、预测、利用和营造会展经营和营销环境的基础
公共舆论	是公众对会展的整体意识和评价,主要包括主导舆论、分支舆论、次要舆论和微舆论等

2. 公共关系策划。在上述调查信息的支持下,会展公共关系的第二步就是进行公共关系策划。公共关系策划是在整体性、可控性和前瞻性的原则下,对会展公共关系方案所进行的策划。会展公共关系策划一般按以下步骤进行:

(1)分析信息。对调查得来的内部和外部信息进行综合和科学的分析,既了解会展的自身条件、发展历史、现有状况和发展战略,也了解会展的外部公众、竞争者、合作伙伴和国家相关政策法律等,为会展公共关系方案策划提供信息支持和科学根据。

(2)确定目标。就根据信息分析的结论并结合会展的发展和营销战略,确定会展公共关系的目标,包括公共关系的长期希望达到的战略目标和近期希望实现的战术目标等。

(3)辨认公众。就是要明确会展公共关系所要面对的公众主要是哪些,他们的特点、需求和对会展的看法如何等。在确定会展公共关系的公众时,要注意区分首要公众、次要公众和边缘公众。

(4)设计主题。公共关系活动一定要有主题,主题是公共关系活动的核心和灵魂,会展公共关系的主题既要服务于公共关系活动的目标,又要符合公众的需求,并具有一定的新颖性。

(5)选择方式。就是选择适当的会展公共关系活动方式,如是通过新闻发布会、新闻报道还是通过一些专题活动来进行会展的公共关系活动等。

(6)编制计划。就是对会展公共关系活动提出总体构想并将其编制成可以具体操作执行的计划。

(7)预算费用。根据公共关系计划,提出会展公共关系在人力、物力和费用方面的预算。

(8)形成方案。将上述公共关系计划和预算交会展相关决策机构审定和修改,最后形成正式的公共关系方案或公共关系活动策划书。

【经典案例】

×××会展公共关系活动策划书的主要内容

为扩大×××会展的宣传,使×××会展与××地区的目标参展商和目标观众之间建立良好的关系,促进上述目标参展商和目标观众对会展的了解,特制订本公共关系活动策划书。本策划书由以下内容构成(只列各相关内容的大标题,其中的小标题和具体内容省略):

1.公共关系活动策划书的标题。

2.公共关系活动的目标。

3.公共关系活动的主题。

4.公共关系活动的时间和地点。

5.公共关系活动的组合分析。

6.公共关系活动的内容。

7.公共关系活动的步骤。

8.公共关系活动的传播渠道。

9.公共关系活动的费用预算。

10.公共关系活动的效果预测。

3.公共关系方案实施。公共关系方案制定出来以后,就要根据会展营销的总体要求,在既定的时间里对该方案加以实施。对于不同的公共关系方案和面对不同的公众,实施会展公共关系方案的工作方式主要有活动式、宣传式、交往式、赞助式、服务式和征询式等几种。如表 8-6 所示。

表 8-6　会展公共关系方案的主要工作方式一览表

工作方式	描述或举例
活动式	举办各种专题活动来实施相关公共关系,如举办庆典活动等
宣传式	利用各种新闻媒体来向公众传播会展的相关信息,如新闻报道等
交往式	以人与人直接交往的方式来进行相关公共关系,如拜访等
赞助式	进行一些社会性、公益性的赞助来实施公共关系,如赞助希望小学等
征询式	通过社会或其他专业调查来进行公共关系,如舆论调查等

上述工作方式在实际使用时,针对不同的公共关系组合各有侧重。不过,在会展公共关系方案里,如果会展公共关系的组合很多,上述各种工作方式可能被同时组合利用。

4.公共关系效果评估。会展公共关系方案实施以后,为了解和掌握实施的效果如何,会展有必要对相关公共关系进行评估,以便了解成果并作为改进工作和策划新的公共关系活动的参考。对会展公共关系实施效果的评估可以从公共关系活动实施以后,了解会展相关信息的公众的数量如何、改变对会展看法和评价的公众的数量如何、发生会展期望行为或重复该期望行为的公众的数量如何、公共关系活动目标达到的程度如何、公共关系对公众舆论的影响如何等几个方面来进行。

8.4　会展公共关系策略

会展公共关系都是围绕确立会展的良好形象和建立良好声誉这一主要目标而开展的。为实现这一目标,会展要采取适当的形式或策略来实施相关公共关系。会展公共关系的具体形式或策略主要有:新闻发布会、公关新闻宣传、公共关系广告、会议、赞助、社会交往和社会公益活动等。

8.4.1　新闻发布会

新闻发布会是会展最常用的公共关系营销方式之一,也是会展与新闻界加强联系的有效办法。新闻发布会是会展将新闻媒体、政府机构、行业组织和客户等召集在一起宣布有关消息或介绍有关情况的活动。由于新闻媒体对新闻发布会的相关采访和报道一般是免费的,并且新闻报道的可信度又比较高,效果也不错,因此,如果组织得好,新闻发布会是一项成本低而效益很高的会展营销策略。

1.召开新闻发布会的时机。会展从开始筹备到最后闭幕,这期间可以视需要组织多次新闻发布会。比如,在会展筹备之初、在会展招展工作基本结束时、在会展开幕前、在会展闭幕时都是召开新闻发布会的绝好时机。

在会展筹备之初召开新闻发布会,一般是向外界介绍举办会展的时间、地点,办展目的、会展主题、展品范围和会展的发展前景等。发布会的目的主要是要通过新闻界告诉行业人士:在某时某地将有一个十分有发展前景的会展要举办。这时召开新闻发布会,主要是起一种"消息发布"和"事件提示"的作用。

在会展招展工作基本结束时,有些会展也会就会展的筹备进展情况、参展商的特点及构成等情况举行新闻发布会,通过新闻发布会告诉社会会展的进展情况,吸引会展的目标观众届时到会参观,对尚未决定参展的目标参展商提供进一步的参展激励。

在会展开幕前,绝大多数会展都会召开新闻发布会,向外通报会展的特点、参展商的特点和构成、会展的招商情况、展品范围、贵宾邀请等内容。在会展开幕前召开的新闻发布会是一次十分重要的发布会,很多会展都会精心组织,广泛邀请记者与会。

在会展闭幕时召开的新闻发布会一般是向外界通报会展的展出效果、展出者的收获、参展商和观众的构成和特点、贵宾参观情况、展望会展的未来发展等内容。这种发布会就像是会展的总结,如果组织得好,对下一届会展的筹备会有一定的帮助。

2. 新闻发布会的筹备。新闻发布会是有一定的程序的,不管是在什么时候召开新闻发布会,对新闻发布会的组织一定要准备充分。一般地,在确定了新闻发布会的举办时间以后,组织召开新闻发布会还要准备好以下一些内容:

(1)确定发布会的地点。召开新闻发布会的地点可以在会展的举办地,也可以不在会展的举办地,须视会展的具体需要而定。从实际操作看,很多会展都将会展开幕时和闭幕后的发布会放在会展举办地召开。

(2)确定出席发布会的媒体及相关人员。发布会要选择合适的媒体参加才有效果,如果交给不合适的媒体,再好的新闻材料也会被浪费。参加发布会的媒体的数量和地区来源要规划好。除了新闻媒体,还可以邀请一些行业协会、工商部门、政府主管机构、外国驻华机构、参展商代表等单位的人员参加。参加新闻发布会的媒体人员不应该仅仅是记者,还可以邀请一些专栏评论员、摄影师、编辑和其他有舆论导向作用的人员参加。上述人员的全面参与有助于会展获得更高的报道率。

(3)确定发布会的主持人。发布会的主持人可以是有关行业协会或商会的领导、办展机构的负责人、政府主管部门的官员等,也可以由上述机构共同来主持。

(4)确定发布会要发布的内容。如前所述,发布会内容应视发布会召开的时间的不同而各有侧重。发布会的内容可以编成各种新闻资料,如新闻稿、特别报道、特写、新闻图片、专题报道等。这些新闻资料要口径一致,并重点突出。上述新闻资料可以装在一个新闻袋里一起提供给媒体。由于不同的媒体需要的新闻信息各不相同,仅新闻稿有时难以满足各媒体的不同需要,这时,可以在发给不同的媒体的新闻袋里放置各有侧重的专题报道稿件供其选用。

(5)确定发布会的召开程序。新闻发布会的程序一般是:办展机构、行业协会或政府主管部门有关领导讲话,会展信息发布和展示,记者提问。有关领导的讲话要简短,其所占用的时间不要超过会展信息发布和展示的时间,要精心准备回答记者可能提出的各种问题,避免冷场。发布会的时间不应太长,一般认为最好不要超过一个小时。

发布会结束以后,还要及时跟踪和收集各媒体的报道情况,如果有媒体需要更详细的资料,要及时提供;如果一时提供不了,可以安排有关媒体进行实地采访和拍摄;对媒体的一些不实报道或对会展不利的报道要及时采取补救措施;对一些因种种原因没有参加发布会的媒体,要及时提供可供报道的素材以备其选用。

8.4.2　公关新闻宣传

举办大型会展本身就是一个重大的新闻事件,在会展的筹办过程中,会展要善于发现和创造对自己有利的新闻,要善于利用公关新闻宣传来为会展的营销服务。

一条具有影响力的新闻报道,对于扩大会展的影响,提高会展的知名度和树立会展的良好形象具有很大的作用。新闻线索在会展的筹备、开幕和闭幕过程中是经常存在的,会展公共关系营销人员要善于发现这些新闻线索,并将其整理、提炼和提供给合适的新闻媒体予以报道。

公关新闻报道一般以新闻的形式出现,媒体一般也不对会展收取费用。并且,新闻报道具有一定的客观性,能取得比在同一媒体上付费刊登广告更好的宣传效果。

不过,要想使媒体对会展的有关信息进行报道,会展必须提高相关信息的新闻性和新闻价值,即该信息必须要具有一定的时效性、奇特性和重要性,否则,新闻媒体就没有报道相关信息的热情。

会展可以通过创造新闻事件、提供新闻线索、进行人物专访和记事特写等形式来促使各新闻媒体对会展进行新闻报道。会展也可以通过出版一些读物、纪念册、内部刊物和发表一些研究报告等来对会展进行公关新闻宣传。

会展公关新闻宣传除积极向媒体和其他公众提供正面的信息外,还包括对一些不利于会展的新闻报道和舆论的跟踪和处理。例如,如果某媒体出现不利于会展的新闻报道或者社会上出现了不利于会展的流言,会展公关人员就要积极应对,通过向媒体提供事实以纠正或澄清相关报道和流言。如果媒体不利于会展的新闻报道是由于会展的失误而造成的,会展就要主动采取改进措施纠正以前的失误,并把相关改进措施等通报有关媒体,这样才能挽回会展的声誉和形象。

8.4.3　公共关系广告

在一些新闻媒体上刊登公共关系广告也是会展公共关系营销的一种重要手段。会展公共关系广告是为增加会展的知名度和美誉度、以宣传会展的整体形象为主要目的的广告。

公共关系广告与一般促销广告的主要区别有两个:一是公共关系广告是以宣传会展的整体形象为主要内容,它并不像一般促销广告那样仅仅宣传会展的功能或服务;另一是公共关系广告是以提高会展的知名度和美誉度为主要目的,它并不像一般促销广告那样仅仅是为了扩大销售或邀请观众。公共关系广告主要有以下三种类型:

1.声誉广告,是会展主动发布的、以宣传会展整体形象为主要内容的公共关系广告。

2.倡议广告,是会展通过广告的形式,向社会或行业倡导某项活动或提倡某种观念为主要内容的公共关系广告。

3.响应广告,是会展以响应某些重大社会活动或政府的某些号召为主要内容的公共关系广告。

后两种类型的公共关系广告有时候也被统称为社会公益广告,它们主要是为社会公益事业而开展的公共关系活动。

【经典案例】

向四川地震灾区捐款的倡议书

朋友们：

　　2008 年 5 月 12 日 14 点 28 分,四川省汶川县发生罕见的里氏 7.8 级(后修订为 8 级)大地震,造成了巨大的人员伤亡和财产损失。看着无家可归的人们,看着不断攀升的伤亡数字,看着受灾现场的残垣断壁,每个人的心都无比沉重和悲痛。

　　我们深深地感受到,在如此残酷的自然灾难面前,人类更需要彼此的温暖,彼此的救助。国内各地政府积极发扬民族大团结精神,捐款捐物,紧急调配救援物资发往灾区;国际社会也向灾区伸出了救援之手;全国各地人民也自发地组织起向灾区捐款捐物献爱心活动。

　　朋友们,让我们伸出友爱之手,向灾区的人民捐款,无论多少都是您的一份爱心奉献。相信有了您的援助,灾区的伤病者将能更早康复,饥寒者将有更多温饱,失学者将会更快回到课堂,失去家园的人将得到更安全的庇护! 涓滴之水,汇流成河。让我们与灾区人民风雨同舟,心手相连,共渡难关!

　　衷心感谢您的爱心和支持! 会展中心保证将您的每一分捐款通过青岛市红十字协会安全、快速地送到灾区人民手中。

青岛国际会展中心
二〇〇八年五月十五日

8.4.4　会议

　　举办会议是会展常用的公共关系方式。公共关系学界有一句名言:"会议是公共关系的窗口。"会展公共关系营销常举办的会议有:行业会议、技术交流会、专业研讨会、产品发布会、产品推介会、投资洽谈会、招投标会议、座谈会和招待会等。如表 8-7 所示。

表 8-7　会展公共关系营销常办会议一览表

会议类型	描述或举例
行业会议	是由行业协会或者是政府主管部门组织举办、行业协会会员或者该行业有关企业参加的会议。会议的主办者一般在该行业有较大的发言权和较强的号召力,会议的参加者一般都是该行业比较有影响的企业,会议的影响力较大
技术交流会	是以技术的交流和传播为主要内容的会议

续表

会议类型	描述或举例
专业研讨会	是以研讨行业发展动态为主要内容的会议。相比较于技术交流会的"务实",这种会议在内容上要相对"务虚"一些
产品发布会	是以发布新产品或发布有关新产品的信息为主要内容的会议,会议的真正主角一般是企业。会议往往被安排在会展期间举办
产品推介会	是以向特定的对象推广某一种或几种特定的产品为主要内容的会议,会议的真正主角一般是企业。会议往往被安排在会展期间举办
投资洽谈会	有时候也叫"投资项目招商洽谈会",它主要是为了招商引资而举办的。投资洽谈会的主办者很多时候是有关政府部门
招投标会议	对于一些大型的项目,为了保证承接项目单位资格确定的公正性,有关单位常常要举行招投标活动。招投会议被安排在会展同期举行能极大地扩大会展的影响力
座谈会	会展为了解或交流信息而与一些特定公众举行的会议
招待会	在会展筹备当中、开幕当天或闭幕以后,会展往往会举办一些招待会,以招待与会展有关的公众,如开幕晚宴等

【经典案例】

美国 CES 展会期间的会议对展会的营销作用

美国拉斯维加斯国际消费电子展览会(CES)是全球顶级的消费电子类展览会,每年1月份该展会举办,世界消费电子产业的著名企业几乎都必定参加。这个展会,除了琳琅满目的展品之外,众多研讨会也是使它誉满全球的一个重要原因。

例如,2007年1月举办的CES展会,就专门面向与会者举办了175场专题研讨会,开设了数百场产业主题演讲,邀请了包括思科CEO钱伯斯、诺基亚CEO奥利、微软创始人比尔盖茨、摩托罗拉CEO詹德、迪士尼CEO罗伯特·艾格和戴尔公司CEO戴尔等做主题演讲。这些富有前瞻性视野的行业精英以其敏锐的思维和富有感染力的演讲,使广大听众了解到了消费电子产业未来的发展趋势和预期,极大地丰富了展会的信息功能。展会的声誉也在全世界不断传播,影响卓著。

8.4.5 赞助

赞助是会展公共关系活动的重要方式之一。会展通过赞助一些社会福利或慈善事业,向社会和公众展示自己是一个勇于承担社会责任与义务的组织,可以为会展赢得普遍的好感和声誉,能为自己树立良好的形象。

具体说来,适当的赞助对会展具有以下几个重要的作用:

1.能树立会展勇于承担社会责任与义务的良好声誉,增强会展的美誉度。

2.能建立会展关心社会公益事业的良好形象,扩大会展的知名度。

3.能向社会和有关公众展示会展的强大实力,提高客户对会展的忠诚度。

4.能促进社会公益事业向前发展,取得较好的社会效益。

5.能在一定程度上起到为会展做广告的作用,并比广告更有影响力和亲和力。

会展公共关系营销常进行的赞助活动如表 8-8 所示。

表 8-8　会展公共关系营销常进行的赞助活动一览表

赞助对象	描述或举例
社会福利或慈善事业	如赞助社会救济事业、残疾人事业、福利院和慈善组织等
社会公益事业	如资助修路建桥、希望工程、社会公共设施等
产业活动	如赞助会展题材所在产业的行业会议、行业评奖等活动
文化活动	如赞助文艺演出、知识竞赛、广播、电视和电影等
科教事业	如赞助学校设施建设、设立奖学金和助学金、捐赠图书资料、进行科研合作等
体育事业	赞助体育活动的广告效果很强,如赞助体育比赛等
其他	如赞助地图、年鉴、日历、手册等一些读物的编辑和出版等

8.4.6　社会交往

同有关公众进行社会交往来维护与相关公众的关系和扩大会展的影响也是会展公共关系营销的重要手段。会展公共关系的社会交往不是纯粹出于业务的目的,而是主要以联络感情、增进友谊和发展与维护和相关公众的关系为目的。

会展公共关系的社会交往可以通过以下方式来进行:

1.拜会。即会展主动对有关公众进行走访和拜会,如会展主动与有关行业协会和商会进行联络与沟通,并亲自到它们那里去拜会。

2.对外开放参观。会展邀请有关公众到会展来参观,让他们亲身体验和了解会展的有关情况。如邀请政府主管部门官员或一些行业协会的领导到会展参观等。

3.组建俱乐部、联谊会、研究团体等组织来维护和发展与有关公众的关系。例如,在会展的客户中组建参展商俱乐部来维护和发展与会展客户之间的关系等。

4.向有关公众发送礼仪电函、贺卡。例如,逢年过节向参展商或观众发送贺卡以表祝贺等。

8.4.7　社会公益活动

会展适当地举办或参加一些社会公益活动也是会展公共关系营销的手段之一。亲自参加或举办社会公益活动有时候能产生比赞助社会公益活动更大的影响力,也更能扩大会展的知名度。

8.4.8 其他公共关系活动

除以上公共关系活动外，会展还会围绕某一明确主题而精心策划一些公共关系活动，如庆典活动、会展开幕式、纪念活动、评奖、演讲、组织表演、组织比赛等。如表8-9所示。

表8-9 会展其他公共关系活动表

公关活动	描述或举例
庆典活动	对一些重要的日期、活动和具有里程碑意义的事件进行的相关庆祝活动，如会展成功举办10届庆祝活动等
会展开幕式	为会展成功开幕而举行的庆祝活动
纪念活动	为一些特别的日期或事件而举行的纪念活动，如会展创办50周年纪念活动等
评奖	与行业组织或研究机构等单位合作组织行业性的评奖，或针对会展的参展商和观众进行评奖等，如在参展商中评选优秀展台设计奖等
演讲	会展出席有关会议或活动并在其上发表演讲
组织表演	单独或在会展期间组织一些文艺或其他形式的表演
组织比赛	单独或在会展期间组织一些体育、群众性、文艺性或其他形式的比赛

在上述活动中，开幕式是会展经常要举行的活动。会展开幕式是会展筹备过程的结束，同时也是会展展览的开始。会展开幕式是一个会展向社会正式亮相的开始，开幕活动是会展公共关系活动的大汇集，各类公众对会展的真实第一印象很多都是从会展开幕式上得到的，因此，筹划好会展的开幕式，对会展有着十分重要的作用。

1.会展开幕时间和地点。会展开幕的时间和地点要提前做好安排并通知到有关各方面。会展开幕的时间一般不宜太早，太早了不利于参展商进场准备和出席开幕式的嘉宾按时到场；会展开幕式持续的时间也不宜太长，太长了会让等待进场参观的观众产生厌烦的情绪。开幕式的地点一般安排在会展展馆前的广场上，这样更方便有关人员在开幕结束后入场参观。如果开幕式上安排有一些表演活动，要注意适当安排好表演的时间和地点，使表演和会展开幕式交相辉映，互得益彰。开幕式现场要布置得庄严隆重，气氛要营造得符合会展定位的需要。

在会展开幕现场，需要布置好以下内容：

（1）会展开幕背板。并在背板上写上会展名称，开放时间，会展的主办、承办、支持单位等办展机构的名称等。

（2）门楼或展览会横幅。

（3）主持人和嘉宾讲话台。

（4）铺设地毯。

（5）嘉宾开幕式出场和开幕式完毕后入场参观通道。

（6）为烘托现场气氛的环境布置。如现场空飘气球等。

（7）广告牌。如果有单位祝贺会展开幕或有企业做现场广告，要布置好现场广告牌。

另外,如果会展开幕现场有表演,还需要按表演的需要布置好表演的场地。

2.出席开幕式的主要嘉宾。会展一般都会邀请一些行业主管部门官员、行业协会与商会的领导、外国驻华机构代表以及其他有关人员作为会展的嘉宾出席会展开幕式。对于这些嘉宾,会展要事先落实他们的名单并与他们多方沟通,告诉他们会展开幕的准确时间和地点,一旦他们出席开幕式,会展就要派专人负责接待,要准备签到本让嘉宾签到。如果有必要,该接待人员还要懂外语并承担起翻译的任务。另外,对于这些嘉宾在开幕式嘉宾台上的位置也要事先做出安排。

3.开幕式讲话稿和新闻通稿。会展开幕式讲话稿和新闻通稿是会展对外宣布正式开幕的"宣言",它对会展的介绍和对社会各界正确认识会展有重要的影响。会展开幕式讲话稿与会展新闻通稿在内容上有相似之处,只不过会展开幕式讲话稿比会展新闻通稿更简化。

会展新闻通稿是各新闻媒体报道会展的基调,是会展给媒体和记者的第一印象,会展要认真准备:

(1)新闻通稿的选题定位要适当。新闻通稿的选题定位极大地影响到记者报道会展的新闻视角,会展要充分考虑到展览题材所在行业的发展特点、亮点和趋势,并从中提炼出会展的时代特点。

(2)新闻通稿要把本会展的特点和亮点一一列出,并尽量以醒目和方便阅读的方式把它们展现在读者眼前,为记者编写会展新闻报道提供入手点。

(3)新闻通稿在内容上要对会展各方面进行全面和系统的介绍,要包含有关会展的翔实数据,如展览面积、参展商数量、预计观众数量等,翔实的数据比空洞的描述更有说服力。

(4)作为新闻通稿的补充,会展还要为新闻通稿附上一些背景材料,如出席会展开幕式的嘉宾名单、会展相关活动安排、会展行业背景和会展有关图片等;对于一些重要的相关活动,还可以附上专门的介绍材料。

4.开幕方式的确定。会展可以以多种方式来举行开幕式,如鸣放礼炮、嘉宾剪彩、领导讲话等。如果是鸣放礼炮,要事先安排好布置礼炮的地点和鸣放礼炮的时机;如果是嘉宾剪彩,要安排好剪彩嘉宾,并安排礼仪小姐;如果是领导讲话,要准备好讲话稿。会展开幕式里也可以同时包含上述几项活动。不论是以哪种方式开幕,会展都要安排好现场摄影人员摄影。

【经典案例】

会展开幕式的典型程序

会展开幕式的典型程序一般是:

(1)会展工作人员引领国内外嘉宾至开幕式主席台就位;

(2)开幕式主持人主持会展开幕并介绍到会嘉宾;

(3)主持人请有关领导或嘉宾讲话;

(4)有关领导或嘉宾讲话;

(5)开幕式相关表演开始;

（6）某位重要领导或嘉宾宣布会展正式开幕；

（7）主持人宣布开幕式结束并请各位领导、嘉宾和观众进场参观。

特别提示：整个开幕式的程序要紧凑，不拖拉，开幕式上的表演要恰到好处，不喧宾夺主。开幕式结束后，重要的嘉宾参观会展要有专人陪同，如果嘉宾对会展某方面有兴趣，陪同人员要能随时做出相关说明和介绍。

本章要点

本章主要讲述会展营销中的有形展示策略和公共关系策略的基本原理和应用。主要内容有：会展有形展示的含义、作用、种类和策略；会展有形展示主要从会展环境、员工形象、品牌形象和信息沟通形象等四个方面来着手进行设计；公共关系对会展的营销作用，会展公共关系的特征，会展公共关系的主要目标公众，会展公共关系的一般程序；会展公共关系的具体形式主要有：公共关系专题活动、新闻发布会、公关新闻宣传、公共关系广告、社会公益活动、赞助、会议和社会交往等。

思考题

1.有形展示对会展有何作用？

2.在会展营销中如何使用有形展示策略？

3.试论述如何进行会展有形展示设计。

4.公共关系有何特征？其对会展营销有什么作用？

5.会展公共关系的主要目标公众有哪些？

6.如何筹备召开新闻发布会？

7.试分析比较公关新闻宣传和公共关系广告的异同。

第9章

会展营销计划与控制

会展营销是会展利用各种营销手段、渠道和模式将会展的有关情况展现给目标客户以及相关者的一个系统的过程。为实现既定的营销目标,必须在进行会展营销前制定好营销计划,建立好营销组织来实施该计划;在进行会展营销时,必须结合环境的变化,对会展营销进行必要的评估、管理和控制,以使营销资源与市场需要平衡,营销目标与环境相适应。

9.1 制订会展营销计划

9.1.1 会展营销计划的特点

会展营销工作是会展的"导航器",它引导客户对会展进行认知和了解,帮助会展与外界进行信息交换和沟通。会展营销是一个有目标的系统的过程,为更好地达到营销目标,很多会展都专门制订营销计划,并指定专门人员来负责。会展营销计划具有以下一些特点:

1.整体性。会展营销服务于整个会展,有多重目标和具体任务,要处处注意会展的整体利益,不能因为要实现其中的某一个目标而妨碍其他目标的实现。

2.阶段性。会展营销的四个目标和五个具体任务是随着会展筹备工作的进展和会展的实际需要而分步骤、分阶段逐步实现的,会展营销的阶段性很强,会展发展到什么阶段就需要什么样的营销支持。

3.计划性。会展营销的任务多,阶段性强,这要求在会展一开始筹备时就必须认真规划好会展营销工作,照顾到会展各方面工作对营销的需要,给会展以强有力的全方位的营销支持。

4.协调性。会展营销是一种多媒体多渠道的营销,各媒体和渠道的营销计划安排,要求时间上要协调,口径上要统一,内容上要各有侧重,效果上要互相补充,这样,会展营销的作用才最明显。

9.1.2 制订会展营销计划的步骤

可见,在制订会展营销计划时,必须做到全面、系统、协调,并按会展筹备工作实施的需要来制订。制订会展营销计划的步骤有八个:分析、目标、投入、信息、资料、渠道、执行和评估。

1.分析。就是立足于会展所具有的内部条件,对会展所面临的外部环境和竞争态势进行分析,发现环境所带来的机会或威胁,并基于环境和竞争态势目前的状态,对未来的发展变化进行一系列的假设,以此作为会展制订营销计划的依据。

2.目标。就是要确定会展营销所希望达到的目标和要完成的任务。制订会展营销计划首先要确定营销的目标和任务是什么,这样才能有目的地去实施各种营销工作;否则,会展营销就会变得无的放矢。会展营销目标具有一定的阶段性,在会展筹备的不同阶段其主要任务也有所差别,如前期偏重于招展,后期偏重于招商等。

3.投入。就是要确定为了达到上述营销目标所需要的资金和人力等方面的投入。从国际经验看,会展一般会将收入的10%～20%拿出来作为会展营销的资金投入。

4.信息。就是要确定会展营销需要向外界传递怎样的信息。不管会展营销向外界传递的是怎样的信息,这些信息都必须是真实可靠且具有较高的可信度的。另外,会展营销传递的信息要有自己的特色,不要与别的同类会展雷同,信息要具有差别性和排他性,这样才能起到更好的营销效果,才不会被其他信息所淹没。

5.资料。就是要确定制作什么样的营销资料来承载上述信息。会展的营销资料很多,在制作营销资料时要注意遵循以下几点:第一,针对性。每一种营销资料都必须有自己具体的目标受众。第二,系统性。各种营销资料既有自己的特色,又互相配合,互相补充,为整个会展服务。第三,专业性。会展营销资料在制作上要符合展览行业的要求,在内容上要能反映行业的特点和会展的特色,要在具有国际化的同时又兼顾到各国的不同文化差异。第四,统一性。各种营销资料在宣传口径上要统一,在各种数据、理念和CI形象上要一致,并要继承上届会展的营销信息。

6.渠道。就是要确定会展营销的渠道,或者说要确定采用哪种渠道将会展信息传递出去。会展营销的渠道很多,如专业媒体、大众媒体、同类会展、电子商务、直接邮寄、事件推广等。这些渠道各有特色,在进行会展营销时,要注意对它们加以综合利用。

7.执行。就是如何有效地实现上述计划。执行的效果一方面有赖于计划本身的科学性和可行性,另一方面也有赖于执行人员对计划的正确理解和认识,还有赖于营销的管理者对计划的控制。

8.评估。就是测量会展营销的质量与效果,评估会展营销目标和任务完成的状况如何。会展营销的效果可以分为即时效果、近期效果和远期效果。对这些效果的评估可以从观众、参展商和会展功能定位三个方面来进行,也可以从营销的传播效果、营销的促销效果和营销的形象效果三个方面来评估。

会展行业竞争激烈,在制订会展营销计划时,不能墨守成规,要不断适应市场变化的需要,以变应变,不断创新,以新的思路和新的手段来使本会展的营销工作既符合会展业的惯例,又与众不同,富有自己的特色,在激烈的竞争中独树一帜,取得胜利。

9.1.3　会展营销计划的内容

按照上述步骤,我们就可以编制会展营销计划了。一个完整的会展营销计划一般会包含以下八项内容:执行概要和目录表、环境分析、机会与问题分析、营销目标和任务、营销策略、行动方案、营销预算、营销控制。如表 9-1 所示。

表 9-1　会展营销计划的内容一览表

包含的内容	描述
执行概要和目录表	本营销计划的主要目标、策略及预算等的简要说明
环境分析	对会展面临的宏观和微观环境及竞争态势等进行背景分析
机会与问题分析	概述会展面临的主要机会与威胁、优势和劣势,并对营销中必须重点关注和处理的问题加以说明
营销目标和任务	提出营销要达到的目标和要努力完成的任务
营销策略	描述为实现上述目标和完成上述任务而计划采取的主要营销方法、渠道、模式等
行动方案	规划好营销工作应该做什么、由谁来做、什么时候做和如何去做等,并列明一些具有里程碑式的重要行动的时间安排表
营销预算	描述营销所需要的费用支出
营销控制	说明将如何监控、协调、调整和管理营销计划的执行和实施

9.1.4　有效实施会展营销计划的要求

会展营销计划制订出来并被认可以后,会展就要通过一定的途径,确保该计划能得到贯彻执行。要确保被认可的会展营销计划能有效地实施,会展必须做到:

1.建立必要的营销组织。营销计划的实施要有具体负责的部门、个人或行动小组,否则,营销计划的实施就会出现这样或那样的问题或偏差。

2.明确部门和营销人员的职责分工。负责具体实施营销计划的部门、个人或行动小组,与会展其他部门之间的职责分工必须明确;同时,负责具体实施营销计划的部门和行动小组内部的人员之间的职责也必须明确。这样,才能权责分明。

3.建立必要的流程和控制系统。在负责具体实施营销计划的部门、个人或行动小组与会展其他部门之间,以及在负责具体实施营销计划的部门、个人或行动小组的内部,都要建立起必要的流程和控制系统,这样,才能减少内部环节,提高效率。

4.保持营销计划执行的连续性。不要随意更改或中断营销计划,也不要临时仓促决策,要在保持营销计划有一定的弹性的同时尽量不破坏营销计划的连续性。

5.注意营销计划执行各方的协调性。要使营销计划得到有效执行,不仅仅是负责具体实施营销计划的部门、个人或行动小组的事,它往往还需要会展其他部门的大力配合与支持,因此,加强负责具体实施营销计划的部门、个人或行动小组的内部沟通和协调,以及与会展其他部门的沟通与协调,对确保营销计划的顺利实施非常重要。

9.2 规划会展营销的模式

会展营销要综合利用其八要素,选择合适的营销渠道,采用合适的营销方式,用适当的过程传播会展的服务及其承诺,这使会展营销常常形成一些好的营销模式。在会展营销的过程中,营销模式的选择对营销效果的影响巨大,如果没有合适的营销模式,会展营销的效果将很难达到预期目标。

9.2.1 基准营销

基准营销是会展在对其内部条件进行全面分析的基础上,把本会展的情况与市场主导型会展或其他品牌会展的情况进行比较,从而确定出一套管理和营销的基准,并以此来指导本会展的营销和发展。

"术业有专攻",在变幻不定的市场环境中,没有一家会展是万能的,但"三人行必有我师",市场中总会有一些优秀的领先者存在。别人的经验是可以学习的,基准营销是一种学习型营销,它通过对会展内部条件的分析和外部环境的评估,在市场上找到最优秀的、对自己是可行的营销经验或模式作为自己学习的基准或参照点,并以此就本会展的营销活动提出一系列的参照标准来指导其营销活动的开展。

以优秀榜样为参照基准,不断发现最优秀会展的可借鉴的营销经验,并及时将其纳入自己的营销实践中或将其作为自己努力追求的目标,是基准营销最为关键的过程。这一过程包括五个阶段:

1.基准化计划阶段。主要是要确定会展营销要基准化的内容,寻找到基准对象。

2.基准化分析阶段。主要是根据收集到的资料,分析评估本会展与参照对象之间的现实差距,规划未来的优化标准。

3.基准化综合阶段。主要是在研究了第二阶段基准化可行性的基础上,为本会展发展及其营销制定一系列的目标和任务。

4.基准化行动阶段。根据上一阶段制定的目标和任务,进一步制定出营销行动计划,并对该计划的实施进行必要的监控,及时发现问题并重新校定基准。

5.基准化成熟阶段。把优秀会展的领先营销经验自觉应用到本会展的营销中,通过应用这些已经经过改造和提升的营销经验为本会展获取相对的竞争优势。

从表 9-2 中可以更加清晰地看出基准营销的基本模式和特征。

表 9-2　基准营销基本模式表

	项目	基准营销的基本着眼点
1	核心概念	以优秀会展为基准或参照点,将其营销经验自觉应用到本会展的营销中
2	营销目标	通过学习或借鉴基准会展的营销经验来取得竞争优势
3	客户关系	比较牢固
4	价格	不是主要的竞争手段
5	营销强调	以优秀会展为基准或参照点,通过学习追求更好
6	营销追求	达到或超过基准会展的营销效果
7	市场风险	小
8	对方企业文化	非常有必要了解
9	营销结果	客户基于对会展"不断追求更好"的认识而不断增加对会展的认知度和忠诚度

9.2.2　资源营销

资源营销是指会展通过整合和充分利用其现有资源和可使用的外部资源,或通过促使资源转换和资源连通等方式来进行会展营销的一种营销模式。一旦会展确立了某种发展目标,各种对会展发展有用且能被会展利用的资源都应在会展资源营销的整合利用范围之内。

一个会展的竞争力,很多时候取决于其支配各种资源的能力如何;一个会展的核心竞争力,往往也来源于其掌控甚至垄断某种优势资源的能力。资源在会展的发展过程中起着重要的作用。会展就是在对各种资源的有效利用和转换中实现发展的。

可供会展资源营销利用的资源主要有以下七种:

1.市场资源。市场资源是一种社会资源,是某一产业所有同类会展都可以利用和开发的资源。市场资源好像舞台,它存在那里,就看会展如何发掘利用和表演了。例如,一个国家或地区的市场状况往往是该国家和地区以外的企业参加那里举办的会展的主要诱因之一。

2.客户资源。客户资源是一个会展最重要的资源之一,也是一个会展最值得骄傲和炫耀的资源。例如,列举会展的优质参展商名单及其数量往往是会展招商营销的重要手段之一,而列举会展优质买家的名单和买家总数常常也被很多会展招展营销所采用。

3.信息资源。会展既是采购的平台,也是行业信息的集散地。会展所汇集和掌握的信息资源,是很多企业所急需和渴望的。

4.网络资源。会展及其合作伙伴的各种网络关系是会展营销必不可少的内容,也是其重要的手段。

5.人力资源。拥有一支结构合理、经验丰富、技术过硬、服务态度良好的办展队伍,是会展难得的可以夸耀的资本。

6.品牌资源。会展自身的品牌以及办展机构的品牌,都是会展营销可以大力挖掘和使用的营销要素。

7.管理资源。一头狮子带领的一群绵羊可以战胜一只绵羊带领的一群狮子,管理的力量不可忽视。展览业是多过程、多行业的综合产业,管理更显重要。

在实践中,很多会展只能有效运用自己所掌握的部分资源,而不能全部调动和有效运用自己的全部资源,更不能通过充分利用自己的内部资源来调动运用外部资源,也不能通过资源转换,将自己拥有的富余资源转换来获取自己急需的稀缺资源。这样,很多宝贵的资源被大量闲置和浪费,会展的发展也因此而受阻。

从表 9-3 中可以更加清晰地看出资源营销的基本模式和特征:

表 9-3　资源营销基本模式表

	项目	资源营销的基本着眼点
1	核心概念	整合和充分利用资源,促成资源转换和资源连通
2	营销目标	充分利用和整合与会展发展有关的各种内外部资源来为会展发展服务
3	客户关系	比较牢固,竞争者较难破坏
4	价格	不是主要的竞争手段
5	营销强调	资源整合与有效充分利用,以资源背景赢取客户
6	营销追求	各种资源效用的最大化
7	市场风险	小
8	对方企业文化	非常有必要了解
9	营销结果	客户基于对某些资源或获取这些资源的途径的依赖而与会展建立起一种共存的伙伴关系

9.2.3　关系营销

关系营销是指会展与顾客以及会展服务商等建立和保持密切的关系,并通过彼此交换和履行共同的承诺,使有关各方都实现各自的营销目的的营销行为。其目的是希望与顾客结成长期的相互依赖的关系,发展会展和顾客之间的连续性交往,以提高顾客的品牌忠诚度来巩固市场。

现代商业性会展基本都是连续多次举办的,连续举办的会展需要客户的连续支持。例如,如果参展企业有时参展有时又不参展,会展的招展工作将会受到很大的影响,尤其是那些行业知名企业更是如此。因此,争取有关企业的长期支持对会展的稳定发展非常重要。关系营销就是要通过与企业建立长期的稳定关系来赢得企业对会展的长期支持。

在实际操作中,关系营销可以分成三个层次:

1.财务性关系营销,是指会展主要以价格为手段,通过价格因素来与企业建立起某种关系,并通过这种关系来刺激和鼓励企业参加会展。它不仅常常被会展用做留住老客户的主要手段,还常常被用来吸引新客户。财务性关系营销主要依靠价格因素在起作用,其局限性比较明显,也很容易被竞争对手所模仿。它较难形成一种长期的竞争优势,只能作为频率性的营销手段来使用。

2.社会性关系营销,是指那些以个性化的服务和在财务关系的基础上寻求与客户建立起某种社会性联系的营销策略。社会性关系营销不是漠视价格因素的重要性,它更多的是强调通过个性化的服务和与客户建立起社会性的联系来将潜在的客户和新客户变成关系客户,并通过这种方法将老客户留住。营销人员可以与企业建立起各种各样的社会性联系,如彼此在交往中成为好朋友,或者相互对某一项活动有浓厚的兴趣而经常共同参与并形成深厚的友谊等。一旦与客户建立起了这种社会关系,如果不出现特别重大的变故,客户与会展的关系将变得非常牢固。

3.系统性关系营销,是指通过将企业参展和会展服务设计成一个服务价值传递系统,会展通过这个系统而不仅仅是营销人员个人与客户建立起紧密的关系。系统性关系营销的服务价值传递系统常常是以顾客价值为基础而设计的,它往往能给顾客带来更大的利益。系统性关系营销的抗干扰能力很强,如果这种营销措施实施得好,客户转向竞争者的机会成本将很高,这使他们即使是在价格差异较大、社会性联系变得不稳固时,也不会轻易地考虑转向竞争对手。

与客户建立起并保持某种关系在关系营销中至关重要,那么,会展在营销过程中会与客户建立起什么样的"关系"呢? 一般来说,会有以下五种:基本交易关系、被动式关系、负责式关系、主动式关系和伙伴式关系。

基本交易关系是会展与参展企业维持基本的关系,会展较少努力去联系客户,也较少做展后调查和咨询等工作;被动式关系是指会展开幕或闭幕后,一旦客户找上门来咨询或提出意见,会展有专门机构负责接待和处理此事;负责式关系是指会展对客户对会展的需要和感受采取负责任的态度,通过多种途径了解会展是否达到了客户预期的效果,并收集客户关于改进会展或服务的意见;主动式关系是指会展经常主动与客户联系,询问客户对会展或其服务的感受,征询客户的意见和建议,并提供会展及其服务的新情况;伙伴式关系是指会展与客户建立起高度亲密的关系,一些大的服务措施的出台都有这些客户参与的身影。从这些"关系"中,我们不难发现,会展真正需要与客户建立和维持的是哪种"关系"了。

从表 9-4 中可以更加清晰地看出关系营销的基本模式和特征。

表 9-4　关系营销基本模式表

	项目	关系营销的基本着眼点
1	核心概念	与客户之间建立某种长期的稳定关系
2	营销目标	不是近期利益,而是办展机构的长远利益
3	客户关系	比较牢固,竞争者较难破坏
4	价格	是手段之一,但不是主要的竞争手段
5	营销强调	不仅仅是市场占有率,而是客户重复参展率、客户忠诚度、与客户建立长期的稳定关系、取得客户的满意
6	营销追求	不是追求单项交易的利润最大化,而是追求办展机构与客户互利关系的最佳化

续表

	项目	关系营销的基本着眼点
7	市场风险	小
8	对方企业文化	非常有必要了解
9	营销结果	办展机构可能和客户建立一种共存和双赢的伙伴关系

需要特别指出的是,关系营销尤其适用于针对那些大的参展商或者是那些行业知名企业的招展工作,以及一些大的买家的邀请工作。

9.2.4　合作营销

合作营销是指会展有选择地与一些机构和单位合作,采取一些有效的策略,共同来对会展进行营销的一种营销策略。合作营销的目的是通过与有关机构和单位的合作来扬长避短,优势互补,拓宽营销渠道和营销范围,扩大营销覆盖的地域,取得更好的营销效果。

随着会展国际化程度的不断拓展,联合办展、跨地域和跨国界的招展、招商和宣传推广等会展营销活动越来越需要有当地有关机构的配合。例如,在招展时,每个办展机构都有自己的"营销盲点",很难有精力在每个方面都亲力亲为、面面俱到。这时,向合作机构借力,利用合作机构的力量和渠道来扩大展位营销就变得十分必要了。

合作营销关键是要选择好营销的合作伙伴和制定在营销过程中需要大家共同遵守的营销规则。好的合作伙伴对会展营销可以起到事半功倍的效果,而良好的营销规则则是保证营销秩序的有效办法。

合作营销的合作伙伴可以是以下一些机构和单位:

1.行业协会和商会。行业影响和号召力强大,有一定数量的会员单位,行业信息灵通,关系广泛,是会展理想的合作营销伙伴。

2.国内外展览主办机构。每一个主办机构都有自己擅长的领域、营销渠道、独特的营销技巧和营销手段,与这些机构合作,能很好地优势互补。

3.专业报纸杂志。对本行业有一定的影响,也有一批客户,对行业发展趋势比较了解,不仅可以充当营销宣传的喉舌,还可以直接招展招商。

4.国际组织。具有一定的权威性,在国际上有较强大的号召力,与它们合作往往能很好地带动国外企业参展、参观。

5.各种代理。代理是与会展紧密合作的专门单位,适当地发展代理对会展发展很有好处。

6.行业知名企业。在行业里有一定的号召力,它们的行为对行业企业有一种很好的示范效应,会带动一批企业模仿和跟进。

7.国外同类会展或办展单位。可以与国外同类会展或办展单位合作,在各自的会展上推广对方的会展,或采取其他合作方式争取彼此合作、营销互赢。

8.外国驻华机构。外国驻华使馆和领馆以及其他机构如贸易代表处、办事处等不仅对该国较熟悉,联系方便,而且对所在国也很了解,它们向该国企业推荐的会展一般很能取得该国企业的信任。

9.政府有关部门。尽管其正在逐渐淡出经济事务,但政府的行业主管部门对行业的影响仍然很大。

10.网络。网站是一个较好的合作营销伙伴。

会展可以根据自己的会展特点和本身的优劣势,从上述机构中选择自己的合作伙伴。

选择好合作伙伴以后,制定和遵守一些共同的营销规则是合作营销需要重点考虑的又一个问题。合作营销的合作伙伴可能不止一个,如果这些单位在营销中不遵守一些统一的规则,会展营销的秩序势必会出现混乱,会展的营销效果将会大受影响。合作营销的营销规则由会展统一制定,并要求各合作伙伴共同遵守,合作伙伴不得擅自更改这些规则。

从表 9-5 中可以更加清晰地看出合作营销的基本模式和特征。

表 9-5　合作营销基本模式表

	项目	合作营销的基本着眼点
1	核心概念	通过与有关机构和单位合作,或者直接与客户合作,来与客户建立某种长期的稳定关系
2	营销目标	通过合作来扬长避短,优势互补,拓宽营销渠道和营销范围,扩大营销覆盖的地域
3	客户关系	比较牢固,竞争者较难破坏
4	价格	是手段之一,但不是主要的竞争手段
5	营销强调	借力,合作,覆盖自己的"营销盲点"
6	营销追求	不是追求单项交易的利润最大化,而是追求合作双方以及与客户之间的关系的最佳化
7	市场风险	小
8	对方企业文化	非常有必要了解有关合作机构和单位
9	营销结果	办展机构可能与有关合作机构和单位以及客户建立一种共存和双赢的伙伴关系

合作营销要求各合作伙伴遵守共同的营销规则,并不是不允许各合作伙伴发挥各自的优势。恰恰相反,合作营销追求的就是在统一规则的统领下,充分发挥各合作伙伴的优势和积极性,为会展发展服务。

【经典案例】

德国汉诺威展览公司与意大利米兰展览公司的合作

德国汉诺威展览公司与意大利米兰展览公司是世界两大著名的展览公司,前者成立于 1947 年,后者成立于 1920 年。2008 年 1 月 15 日,这两大办展单位正式签署合作协议,共同合作,致力于在中国、印度、俄罗斯和巴西四国开拓展览业务。例如,在协议签署前,德国汉诺威展览公司在中国举办有 13 个专业展览会,协议签署以后,意大利米兰展览公司将成为这些展会的主办单位之一,两大展览公司将通过整合各自在行业内的资源优势,扩大在这些新兴市场的展览规模和业务范围。

对于这次合作,德国汉诺威展览公司有关人员表示:汉诺威和米兰展览公司的这次合作堪称完美,双方将通过资源整合实现互惠共赢,双方利用各自丰富的海外市场开拓经验和成功的办展理念,为参展商打造更高标准的国际专业展览会。意大利米兰展览公司则认为:这次合作意义深远,双方共同组建的在中国的合资公司将成功帮助米兰展览公司在全球特别是在中国展览市场上迈出重要的一步。

9.2.5 直复营销

直复营销是一种注重互动的营销,它使用一种或多种媒介,以实现在任何地方产生可以度量的回应和(或)达成交易的目的。直复营销最主要的特征是会展与客户之间的"互动",彼此之间可以以双向交流的方式传递信息。直复营销的另一个特点是其营销效果是可以测量的,会展可以确切地知道对营销进行回复的顾客的比例,还知道他们回复的内容是什么。因此,直复营销的效率常常非常高。

常见的直复营销方式包括以下六种:

1. 直接邮寄,是指将有关会展的宣传资料、招展书和邀请函等以邮件的方式直接邮寄给目标客户的一种营销方式。直接邮寄的目标客户都是经过精挑细选的,针对性非常强,其回复率往往比较高,会展能很好地掌握客户的动态。

2. 电话营销,是指会展的营销人员通过电话直接向目标客户推销会展的一种营销方式。营销人员不仅通过电话进行展位促销,还进行市场调查、目标客户的确定、市场定位、提供咨询、处理投诉等多项营销活动。电话营销直接将电话打到目标客户那里,直接与目标客户对话,可以直接得到他们的反应。但电话营销的电话一般是直接打到目标客户那里,如果实施不恰当,也可能会引起客户的反感。

3. 会展现场推广,是指会展直接派出营销人员到国内外其他同类会展上去推广自己的会展的一种营销办法。营销人员可以在这些会展上租用专门的展位来推广自己的会展,也可以不租用展位而逐个现场拜访客户。会展现场推广的优势非常明显:它可以直接面对面地与大量目标客户接触,直接倾听他们对参展的意见,可以直接得到他们的回复,效率很高。

4. 直接拜访客户,是指会展的营销人员到目标客户的公司或工厂直接拜访他们,听取他们参展意见的一种营销方式。直接拜访客户往往要事先预约,而一旦预约成功,其效率将非常高。直接拜访客户的营销方式对于那些大的客户和行业知名企业尤其适用。

5. 电子邮件营销。电子邮件在现代会展营销中正越来越被大量采用,它表现力强,有针对性,快捷,成本低。

6.其他媒体直复营销。电视、报纸杂志和广播等都可以用于直复营销,目标客户可以从这些渠道得到会展的信息,并通过上述媒体或者直接与会展联系。例如,将会展招展函等资料委托行业专业杂志随杂志向其客户派发,就是一种非常有用的直复营销方式。

从表 9-6 中可以更加清晰地看出直复营销的基本模式和特征。

表 9-6　直复营销基本模式表

	项目	直复营销的基本着眼点
1	核心概念	办展机构与客户之间"互动",彼此之间以双向交流的方式传递信息
2	营销目标	实现在任何地方产生可以度量的回应和(或)达成交易
3	客户关系	一般,竞争者较容易破坏
4	价格	是手段之一,但不是主要的竞争手段
5	营销强调	与客户直接交流与沟通
6	营销追求	通过与客户直接交流和沟通来建立客户关系
7	市场风险	中等
8	对方企业文化	可以不了解
9	营销结果	办展机构可能与客户建立一种"买卖"关系

上述各种直复营销方式不但可以单独使用,还可以组合使用。例如,首先在某一媒体上进行有关会展的新闻性报道,然后在有关媒体上做一个含有可反馈信息的会展广告,接着会展自己或委托行业专业杂志直接向客户邮寄会展资料,再配合电话营销,对重点客户实施直接拜访。如此与客户维持持续性沟通,营销的效果比单独使用一项直复营销方式要更好。

9.2.6　网络营销

网络营销是以国际互联网为媒介进行展位营销的一种营销方式。网络营销是随着电子商务的发展而发展起来的一种新兴的营销方式,会展几乎可以将有关会展的所有信息都"搬"到网上去供客户选用。

和传统的营销方式相比,网络营销的优势非常明显:首先,网络营销不受时空的限制,其营销范围具有全球性,客户只要能上网,就可以在任何地方随时查阅会展的相关信息。第二,网络营销具有交互性。客户可以通过网络及时地反馈自己的信息;会展也可以通过网络对客户的要求做出及时反应。第三,网络营销可以大幅度减少营销成本。由于有关会展的各种信息都可以在网上看到,会展因此可以节省大量的人员出差等费用,成本优势明显。第四,网络营销可以利用网络的互联性来增强会展和客户之间的协作关系。因此,在会展营销时网络营销常常占有重要地位。

从表 9-7 中可以更加清晰地看出网络营销的基本模式和特征。

表 9-7　网络营销基本模式表

	项目	网络营销的基本着眼点
1	核心概念	将会展的有关信息以适当的形式"搬"到网上去供客户查阅和选用
2	营销目标	通过网络来与客户建立某种关系
3	客户关系	一般,竞争者较容易破坏
4	价格	是手段之一,但不是主要的竞争手段
5	营销强调	互联互通,信息及时提供与更新
6	营销追求	不是追求针对某一特定客户关系的固定化,而是追求对目标客户群的关系的便利和协调化
7	市场风险	小
8	对方企业文化	可以不了解
9	营销结果	会展可能与目标客户群建立起"媒体与读者"的关系

　　在进行会展营销时,常用的办法有以下几种:建立展会官方网站,在行业专业网站上营销,展会官方网站与相关网站互联,电子邮件,搜索引擎如百度、谷歌等,社交媒体如微博、微信、脸书、推特等,展会微站、参展企业微展厅,手机终端 APP 和二维码等。综合起来,可以分为三大类:一是基于 PC 端的网络营销,二是电子邮件,三是基于移动互联网的营销。

　　1. 基于 PC 端的网络营销。(1)建立会展官方网站。会展建立官方网站,通过精心设计,将该会展的有关内容放在网上,并在其他营销活动中告诉客户本网站的网址,使网站在客户中知名,以便他们根据需要可以随时上网查询相关内容,提出建议。建立会展专门网站,常常要在网站上设立"会展介绍""参展须知""参观指南""行业概况""预订展位表"等栏目,还可以根据会展营销的需要随时更新网上的内容。图 9-1 展示了广交会官网的访问量和功能。

图 9-1　广交会官网的访问量和功能

（2）在行业专业网站上营销。将会展的有关内容交给行业专门网站或者其他门户网站，由它们帮助在网上推广本会展。会展负责向它们提供会展的有关资料，由它们在网上发布，或者由它们在网上开辟专门主页、专题、专栏等，供客户浏览。

（3）会展专门网站与行业专业网站互联。会展还可以组建专门网站，并将该网站与行业专业网站进行友情链接，形成互动，共同对会展进行推广。

（4）通过设定关键词，与百度或者谷歌等搜索引擎合作进行营销。

2.电子邮件。电子邮件既是直复营销的手段，也是网络营销的重要工具，它在展会营销中起着重要的作用。不论是对参展商还是针对观众，电子邮件都能起到及时传播信息和方便沟通的作用。在展会营销中，不论是招展还是招商，利用好电子邮件这种营销工具都具有很大的优势。

（1）不受时空和地域的限制。电子邮件依靠网络传播，只要能上网，不论是固定网站还是移动网络，不论是白天还是黑夜，也不论是国内还是国外，都可以接收和发送展会有关信息。

（2）信息传播及时快捷。通过电子邮件向参展商或者观众传播展会有关信息，可以非常方便快捷。

（3）成本低廉。电子邮件不需要印刷，不需要邮寄，有关展会信息通过网络向目标受众传播，成本非常低廉。

（4）内容丰富。电子邮件的内容可以根据展会的需要以及目标受众的需求而设计，可以图文并茂，可以传播视频，表现力非常丰富。

用电子邮件对展会进行营销，不论是招展还是招商，都要注意做好以下两点：一是计划性。何时对参展商或者观众发送电子邮件，发送什么内容的电子邮件，对什么受众发送电子邮件，诸如此类的问题，在使用电子邮件进行展会营销时，要提前做好一揽子的计划，不能想到哪做到哪。二是内容的相关性。不论是给什么受众发送电子邮件，都要非常注意策划好电子邮件的内容，做到有针对性，内容简短，方便阅读。不同时期发送的电子邮件尽量使内容有连续性，不能跳跃太大。

3.基于移动互联网的营销。随着智能手机和掌上电脑的普及，移动网络正日益成为展会营销新的重要平台。通过移动网络打造的"移动展会"，也正日益与网站和实体展会一起，成为展会营销新的有效组合。好的移动展会不仅有强大的营销功能，还有强大的服务功能，并有一定的客户沉淀、积累和管理功能。它能集跨平台应用、即时数据统计和分类、多媒体展示、多语言服务、产品 O2O、二维码管理、微营销互动和网上支付交易等诸多优势于一身，在传播和营销展会时具有高精准度、高到达率、高曝光率、高便利性和低成本的特点，对延伸实体展会的优势和补充实体展会的不足具有十分重要的作用。

目前，展会通过移动网络进行营销常用的办法主要有：微博、微信、展会微站、参展企业微展厅、手机终端（APP）、二维码、脸书、推特、抖音等。

（1）微博。"微博是地球的脉博"，美国《时代》周刊如此评价微博强大的信息传播功能。中国微博注册用户总数已突破 6 亿，每天登陆数超过 4000 万。展会利用微博进行营销，有时候会达到其他营销手段所不能达到的效果。

微博营销注重准确的定位、内容的互动、价值的传递和系统的布局。展会注册微博，每天更新内容就可以跟大家交流互动，或者通过发布大家感兴趣的话题，利用微博向外传播展会的信息,树立展会良好的品牌形象。

微博营销具有以下优势:

①高效率。微博显著的特征之一就是传播快,一条高热度的微博在互联网平台上发出后,短时间内就可以被转发到微博世界的各个角落。通过微博,展会信息可以通过"粉丝"的形式进行病毒式传播,如同时有名人效应则能使事件传播呈几何级放大。

②便捷。微博营销优于传统宣传推广,内容无须严格审批,能节约大量的时间和成本,方便快捷。

③精准。微博营销能发现目标客户,进行精准互动营销,完成目标客户向现实客户的转化。

④自媒体。微博是一种自媒体,能使展会营销活动按照展会自己的计划和意愿以及节奏来进行,能通过对展会的口碑进行实时监测。

⑤互动。微博与受众之间的互动性很强,可以进行无处不在的主动客服,方便了解客户的需求,服务于现实的和潜在的客户。

(2)微信。微信是腾讯旗下的一款手机通信软件,支持发送文字、图片、视频、语音短信,可以群聊。微信一对一的互动交流方式具有良好的互动性,它能在精准推送信息的同时更能形成一种朋友关系。借助微信开展展会营销成为继微博之后的又一新兴营销渠道。

和微博相比,微信不仅是一个自媒体平台,也兼有客户管理的功能。微信与目标受众的互动不似微博是一对多,而是一对一的,针对性非常强,是一种强关系的联络工具。

微信营销具有以下优势:

①高到达率。微信公众账号所群发的每一条信息都能完整无误的发送到终端手机,这十分方便展会信息的传播。

②高曝光率。微信是由移动即时通信工具衍生而来的,信息到达时具有很强的提醒力度,比如铃声、通知中心消息停驻、角标等,能随时提醒用户收到未阅读的信息。

③高精准度。微信公众账号的粉丝一般都是主动订阅而来的,信息也是主动获取的,基本不存在认为是垃圾信息而招致抵触的情况。

④高便利性。微信是依托移动终端的即时通信工作,具有非常高的便利性。随着智能手机的普及,其便于携带、用户可以随时随地获取信息的优势十分明显,这给展会营销带来极大的方便。

(3)展会微站、企业微展厅和手机终端APP、二维码。展会微站将展会的主要服务和信息传播通过手机扩展到展会的观众和参展商,让观众和参展商能随时随地地通过手机来了解展会的最新动态和服务,精确度非常高,针对性非常强,费用非常低,效率非常高。

参展企业微展厅使参展商能将自己的企业形象和产品方便地发送到展会的观众手机里,实现展前提前推送产品、展中集中展示产品和展后重点推送产品,极大地扩展了参展商的展示空间,使更多的观众能了解到自己的企业和产品。

手机终端(APP)是随着智能手机的普及而发展起来的一种营销手段,它可以根据展会营销的需要而做成一个"展会微网站"或者"参展企业微展厅"的入口。展会微站可以将展会官方网站中的重要内容及展会需要的其他营销或服务信息集成在这个微网站上,从而建立起展会的移动网站,实现展会与参展商和专业观众的如影随形。企业微展厅帮助参展企业将企业形象和产品方便地传播到展会观众的手机里,最大限度地让专业观众知道和了解自己的企业和产品。

　　展会 APP 不仅有强大的营销功能,也有强大的服务功能,还有一定的客户沉淀和管理功能。展会可以将一些针对参展商或观众的服务事项在展会 APP 上推出,方便参展商或观众随时了解和知晓。参展商或观众一旦登录浏览展会 APP,展会就可以通过 APP 沉淀客户数据,并进行客户关系分析和管理。图 9-2 为广州建博会的展会微站、企业微展厅和手机终端及二维码的展示。

图 9-2　展会微站、企业微展厅和手机终端、二维码图

　　二维码作为移动互联网的一种重要的入口,经常和微信、APP 等一起使用。展会可以为自己制作一个二维码,并将它作为展会微信或 APP 的入口,参展商或观众只要对该二维码扫描,就可以进入展会微信或 APP,了解展会的资讯;参展商或观众在扫描二维码的时候,展会也已经沉淀了关于他们的数据。

　　二维码可以广泛地应用于展会各种宣传资料和文件中,通过它,可以建立起广泛的展会与参展商或观众之间的联系和互动渠道。

　　(4)脸书、推特。脸书(facebook)和推特(twitter)目前在国内还没有开展业务,如果会展的国际化程度较高,需要做国际营销,则脸书和推特就应该列入会展的网络营销计划,在它们平台上开设账号,做有计划的营销。

　　(5)抖音等视频网络。一些视频网站如抖音、Youtube 等的用户量也很大,会展可以上传一些小视频进行宣传推广。

9.2.7　公共关系营销

　　公共关系营销是会展利用各种传播手段,与包括参展商、参观商、会展服务商、普通大众、政府机构和新闻媒体在内的各方面公众进行沟通,建立良好的社会形象和营销环境的活动。公共关系营销的目标往往较少是为了直接将展位销售出去,它主要是为了树立会展的良好形象,并希望通过这个良好形象的树立来改善会展的经营环境。

本书第 8 章里提到,公共关系营销通常可以采用新闻宣传、公共关系广告、社会交往、公益或事件赞助等方式来进行。公共关系营销的传播方式比较多,它可以利用各种媒体传播,也可以是会展自己进行直接传播。公共关系营销对媒体的利用,主要是以新闻报道的形式出现,而不是做广告。公共关系营销的社会公信度一般比较高,更容易被潜在的客户所接受。

从表 9-8 中可以更加清晰地看出公共关系营销的基本模式和特征。

表 9-8　公共关系营销基本模式表

	项目	公共关系营销的基本着眼点
1	核心概念	通过与公众进行沟通,建立良好的社会形象和经营环境
2	营销目标	较少是为了直接将展位销售出去,主要是为了树立办展机构和会展的良好形象,并希望通过这个良好形象的树立来改善会展的经营环境
3	客户关系	比较牢固,竞争者较难破坏
4	价格	不是竞争手段
5	营销强调	树立办展机构和会展的良好形象
6	营销追求	提高办展机构和会展的社会公信度,树立良好形象,不追求单项营销支出的回报,着眼于长期利益
7	市场风险	小
8	对方企业文化	可以不了解
9	营销结果	客户基于对办展机构或会展的信赖而与办展机构或会展建立起一种长期的关系

公共关系营销具有以下作用:第一,可以协助会展拓展新的展览题材,策划举办新的会展;第二,可以促进会展与客户建立良好的关系;第三,可以协助办展机构对会展进行调整和重新定位;第四,有利于为会展创造良好的外部环境;第五,直接销售展位和邀请观众。

需要指出的是,由于公共关系营销着眼于长期利益,其营销效果可能不像其他营销方式那样容易立竿见影。但是,一旦营销效应产生,其作用将是长期的和持久的,会展将会长期从中受益。

9.2.8　各种营销模式的组合运用

为达到某一特定目标,上述六种营销模式可以单独使用;但为了达到一些综合性目标,或为了达到两个或多个目标,上述营销模式经常被组合运用。例如,关系营销、合作营销经常和公共关系营销组合使用,资源营销、网络营销经常和直复营销组合使用等等。

各种营销模式的组合运用受会展营销总预算的制约,也受会展展览题材所在行业的市场特性、会展本身的发展阶段、会展客户特性等因素的制约。会展营销总预算的大小制约着对营销模式及其组合的广度选择；会展展览题材所在行业的市场特性影响着营销模式组合的深度选择；如此等等。所以，在进行营销模式组合运用时，一定要因需而动。

9.3　组建会展营销组织

会展营销是一个有计划、有步骤地逐步实施的过程，要圆满完成这样一个过程，会展有必要组建一个专门的组织来负责对会展的营销工作进行计划、控制和协调。同时，现代会展营销已经不是会展某一个部门的单独行为，它已是整个会展的整体意识和行动。

9.3.1　会展营销组织的类型

会展营销组织，就是负责具体策划、实施和控制会展营销计划的部门、个人或行动小组。按照组建营销组织的最初导向的不同，常见的会展营销组织有以下五种类型：

1. 目标导向型。就是按照不同的营销目标和任务来组建的会展营销组织。在这样的营销组织中，根据营销目标或任务而组建不同的营销小组，每一个小组相对独立但又在一个大营销部门的统一协调和指挥之下行动，共同促成会展总体营销目标的实现。这种营销组织目标明确，便于内部管理和协调，但容易造成人员数量增多，营销成本上升。

2. 职能导向型。就是按照不同的营销职能分工来组建的会展营销组织。在职能导向型会展营销组织中，各职能小组或部门各司其职，在会展负责营销的总负责人的协调下统一行动。职能导向型营销组织的优点是便于管理，但它对会展分品牌较多、市场范围较大的会展就不太适用。

3. 地区导向型。有些跨地区或国际性的大型会展与很多各有特色的地区或国家都有业务往来，这些大型会展一般会按地理区域的不同来安排和组建会展营销组织，不同的地理区域由不同的营销小组或部门来负责，各营销小组或部门在一个营销副总经理的协调下行动。地区导向型营销组织的优点在于有利于组建一个全区域的营销网络，但它往往也会使营销层级过多，出现管理上的困难。

4. 题材或品牌导向型。当会展所涉及的题材或分品牌比较多时，以会展题材或分品牌为导向来组建会展营销组织是一种常见的形式。在这种营销组织中，不同的会展题材或分品牌的营销工作由不同的营销小组或部门来负责。题材或品牌导向型营销组织有利于使营销策略更符合题材或分品牌的需要，提高针对性和营销效率，但它常常会增加营销人员，使内部协调困难，营销成本上升。

5. 市场导向型。就是按照跨地区的细分市场为标准来组建的会展营销组织。当会展服务的细分市场比较多，各细分市场的差异性比较大时，这种营销组织形式就非常适用。市场导向型营销组织有利于贯彻以市场需求出发、满足不同客户需求的思想，但它也常常会增加营销人员，使内部协调困难，营销成本上升。

9.3.2 会展营销组织的建立

合适的会展营销组织不仅有助于提高会展营销工作的效率和针对性,还有助于确保会展营销计划的顺利实施和会展营销目标的如期实现。没有合适的会展营销组织的强有力的执行力,再好的会展营销计划都将只是"纸上谈兵"而得不到有效的实施。组建合适的会展营销组织可以按以下步骤来进行:

1.明确会展需要什么类型的营销组织。从上一节可以看出,五种常见的营销组织各有其优点和缺点,会展究竟需要什么样的营销组织,是与会展的经营策略、部门设置、营销目标和任务、费用预算等有关的。会展应在与自己经营策略等相符合的前提下,选择组建最适合完成营销任务和达到营销目标的组织类型。

2.赋予营销组织相应的职能。即明确营销组织在会展的整个组织结构中应该承担什么样的职能。一般地,会展可以赋予营销组织两种不同的职能:一是仅仅是营销职能,就是该组织只负责完成会展营销的任务;另一是兼负参谋职能,即该组织不仅要完成会展营销的任务,还要对整个会展的经营管理起一定的参谋作用。拥有不同职能的营销组织,其组织营销活动的方式是不一样的。

3.明确营销组织的授权模式。与整个会展的经营模式相一致,会展营销组织是采取集权还是分权的模式来组建? 集权的优点在于可以适应规模经济、适应专业的技术和统一的质量和形象要求,但它等级分明,不利于发挥下级人员的主动性;分权的优点在于对市场或客户需求的反应及时灵活,可以充分发挥各级人员的主动性,但它不利于统一行动。

4.明确营销组织与其他部门之间的关系。成功的会展营销不仅仅是营销部门的事情,它需要会展其他部门的通力配合与支持。在组建会展营销组织时,除要明确该组织内部的关系外,还要明确该组织与会展其他部门之间的关系,要明确彼此之间的分工、责任和工作流程,这样才更有利于各部门之间的协作与配合,才有利于营销目标的顺利实现。

9.3.3 会展整体营销

实现会展的营销目标不能仅靠营销部门的努力,会展在组建合适的营销组织的同时,还应树立起会展整体营销意识和机制,这样才能充分发挥会展的整体力量,使营销效果更好。

仅仅靠营销部门的努力往往无法圆满完成会展营销的任务。会展产业的综合性、会展活动的复杂性,使会展营销不仅仅是营销层面的事情,它还延伸到会展流程、会展服务甚至会展的每一个工作人员的工作方式和工作态度上。没有会展其他部门的通力合作,营销部门的很多努力往往被其他部门的一些不符合规范的行为或流程所抵消,营销效果大打折扣;有时候,其他部门无意识的不配合行动使一些营销努力却产生负面的效果。因此,仅靠营销部门的孤军奋战,会展营销要么是不能达到目标,要么是即使达到目标也是事倍功半。

会展营销一定要是会展各部门都有营销意识的整体营销。会展其他各部门不能因为部门利益的原因而对会展营销计划不配合、不支持,不能因部门的局部利益而忽视会展的整体利益。只有将客户作为各部门服务的中心、将营销作为会展各部门的共有任务时,整体会展营销才会真正建立起来,才会在会展内部形成一种整体营销意识并促使各部门的共同行动。

会展整体营销意识和机制通过以下途径可以成功建立起来:

1.完善会展内部营销体制。要在会展内部的招展、后勤、财务等各部门进行相关的营销培训,通过培训不断向各级主管和各部门员工传播营销知识、营销技术和营销观念,使各部门都树立整体营销观念和意识并把它自觉体现到工作实践中去。加强内部营销,可以从根本上改进各部门的工作思路和工作方式,形成营销合力。

2.明确各级主管和各部门对会展营销都负有一定的责任。在思想上有了整体营销观念和意识以后,会展还要从体制上确保这种观念和意识能够在实践中得到贯彻执行。为此,会展在经营机制建立和工作流程设计时,要明确各级主管和各部门对会展营销都负有一定的责任,并将这种责任与绩效考核适当挂钩,从体制上为各部门贯彻整体营销观念提供保障。

3.组建现代营销组织。会展组建的营销组织一定要是与现代会展业相适应的营销组织,这个营销组织要能不断分析环境变化、发现营销机会和威胁、研究竞争态势并提出相应的对策,并在会展整体营销中起带头和引领作用。如果会展所组建的营销组织本身不能起这种作用,会展整体营销将不会成功得到贯彻和执行。

9.4　实施会展营销控制

会展营销是一项有计划、有步骤地逐步实施的活动,各种营销计划、营销手段和营销模式必须互相配合,彼此协调,按照会展营销目标有秩序地推进,会展营销才会取得较好的效果。为此,对会展营销进行控制和管理非常重要。

9.4.1　会展营销目标控制

在第 1 章里,我们提到,会展营销有四大目标和五大具体任务,这些目标和任务是会展进行营销所努力追求和力求要实现的。这些目标和任务的层次性和阶段性很强,会展营销不同阶段所计划要达到的目标是不一样的;同时,会展营销的目标和任务又有很强的系统性,一个目标的实现与否对另一个目标的实现有很大影响。因此,对会展营销进行控制,首先要对会展营销的目标进行控制。

目标和任务会影响行动,控制了会展营销的目标和任务,不仅确保了营销行动的方向正确性,还间接地对会展营销的行动计划进行了调节和监控。控制会展营销的目标和任务可以从以下三个方面进行:

1.建立目标和任务体系。会展营销为会展成功筹备服务。在筹备的不同阶段,会展对营销的期望是不一样的:在筹备的早期,希望会展营销能促进招展,在中期则更多希望促进招商,在后期则希望促进服务,在闭幕后主要希望建立良好形象。为此,根据会展的需要,会展营销可以建立总目标和任务、阶段性目标和任务、战术性目标和任务的三级目标和任务体系,以总目标和任务来统领会展营销活动的整体目标,以阶段性目标和任务来规定会展营销在一定的期间必须达到的目标和必须完成的任务,以战术性目标和任务来明确各具体营销策略和措施必须要达到的效果。这样一个三级目标和任务体系的建立,可以量化地监控会展营销在每一阶段的营销效果,确保营销总目标的实现和任务的完成。

2. 明确责任。会展营销总目标和任务的实现,有赖于执行会展营销计划的各个部门以及各个具体的营销人员能按要求完成营销工作,如果某一个环节出现问题,就可能影响到营销总目标的实现。为此,必须使会展营销责任指标化,并将其落实到每一个负责营销的个人,让每一个营销人员都在实现会展营销总目标的过程中都尽职尽责。

3. 适时监控。会展营销目标和任务制定出来以后,会展营销人员按责任分工对其加以实施。但是,营销环境和市场需求与竞争是在不断变化之中的,它们发生变化,可能使原来制定的营销目标和任务变得无法实现,也有可能使实现原来的目标和任务出现重大障碍,这样,对营销情况进行适时监控,适时掌握营销实绩与计划目标之间的偏差,并及时采取措施改进营销计划或修订营销目标,对营销总目标的如期实现就十分重要。适时监控在于及时发现问题,及时采取补救措施。

9.4.2　会展营销进度控制

除控制营销目标和任务,对会展营销进度的控制也很重要。会展营销进度控制通常通过营销进度计划表来进行。营销进度计划表是会展营销的时间进度安排表,它对会展营销工作及其要达到的效果进行统筹规划,事先安排好什么时候该开展什么样的营销活动、采取什么样的营销措施、到什么阶段营销工作要达到什么样的效果、完成什么样的任务等。对会展营销进度进行控制,关键是要对会展的招展营销进度、招商营销进度和整体营销进度进行控制。

1. 对招展营销进度的控制。对会展的招展营销进度的控制是通过招展营销进度计划表来进行的。会展招展营销进度计划表是在会展招展工作开始实施之前,就对招展工作及其要达到的效果进行统筹规划,事先安排好什么时候该开展什么样的招展营销活动、采取什么样的招展营销措施、到什么阶段招展工作要达到什么样的效果、完成什么样的任务等。有了招展营销进度安排,就可以对会展招展营销工作进行总体控制和监督,及时对照检查,发现问题,调整策略,使招展营销工作能更顺利地完成,从而保证会展成功举办。

会展招展营销进度计划表如表 9-9 所示。

表 9-9　会展招展营销进度计划表

时间	招展措施	营销支持	计划完成的招展任务

2. 对招商营销进度的控制。对会展的招商营销进度的控制是通过招商营销进度计划表来进行的。会展招商营销进度计划表，就是在会展招商工作开始实施之前，就对招商营销工作及其要达到的效果进行统筹规划，事先安排好什么时候该开展什么样的招商营销活动、采取什么样的招商营销措施、到什么阶段招商营销工作要达到什么样的效果、完成什么样的任务等。

会展招商营销工作是一项阶段性和时间性都很强的工作。一方面，当会展筹备工作进行到不同的阶段时，就要相应地采取不同的招商营销措施予以配合，不然，招商的效果就会不太理想；另一方面，会展招商营销工作要非常注意时间安排的合理性和配套性，注意"到什么时候做什么事"，如果时间安排不合理，招商营销的效果将微乎其微，难见成效。

会展招商营销进展计划表如表 9-10 所示。

表 9-10　会展招商营销进度计划表

时间	招商措施	营销支持	计划达到的招商效果

会展招商工作既独立于会展招展工作，又受会展招展工作的影响。有了会展招商营销进度计划表，不仅可以有条不紊地按计划开展招商营销活动，并对各阶段的招商营销效果及时进行检查，还可以进一步增强会展招商工作的独立性和计划性，排除其他因素的干扰，对会展招商工作进行总体控制和监督，及时对照检查，发现问题，调整策略，使招商工作能更顺利地完成，从而保证会展开幕后有足够的观众到会参观。

3. 对会展整体营销进度的控制。对会展整体营销进度的控制是通过会展整体营销进度计划表来进行的。会展整体营销进度计划表，是为配合会展筹备、招展和招商等工作的需要而对会展的整体营销工作及其要达到的效果进行的统筹规划和事先安排。它计划好到什么时候该开展什么样的营销活动、采取什么样的营销组合、达到什么样的营销效果等。

会展整体营销工作是一项计划性和系统性都很强的工作。一方面，它要密切配合会展筹备、招展和招商等工作的展开，必须事先严密计划，精心安排；另一方面，它要非常注意时间安排的系统配套性，否则，营销的效果将难见成效。

会展整体营销服务于会展筹备、招展和招商等工作，受它们的影响很大；会展整体营销进度计划的制订处处要考虑到它们的需要，要与它们的进度相配合。但是，会展整体营销又独立于会展筹备、招展和招商等工作，因为除了上述需要以外，它还肩负着建立会展良好形象、深化会展竞争优势、支持会展代理的工作和引导会展内部员工等任务。会展整体营销计划一旦制订，除非中途出现重大变故，否则就不轻易改变。这样，它可以排除其他因素的干扰，对会展整体营销进行总体控制和监督。

会展整体营销进度计划表如表 9-11 所示。

表 9-11　会展整体营销进度计划表

时间	营销组合	营销措施	计划达到的营销效果	费用预算	备注

9.4.3　会展营销效果评估

面对经常变化的环境和竞争形势,会展要及时对营销的实际效果进行评估,以发现问题,及时调整营销策略,确保营销目标的最终实现。从时间上看,会展营销的效果可以分为即时效果、近期效果和远期效果。对这些效果的评估,可以从客户反应、营销传播、目标达成率、效果递进率和战略影响等五个方面来进行。

1.客户反应。主要从观众和参展商等客户对会展营销的反应和信息回馈来评估会展的营销效果。例如,从对目标客户的调查可以了解营销的方式、策略和组合是否有效,从对展商的调查可以了解会展观众邀请的效果如何等。客户的反应能真实地说明营销的实际效果,这种评估办法经常采用问卷调查、结果调查表等调查表的方式进行。

2.营销传播。就是从信息传播的角度对会展营销的实际效果进行评估。会展的各种信息只有通过一定的渠道和载体传播到目标受众那里,这些信息才可能被目标受众所了解。从这个角度,可以使用信息接收率、信息注意率、信息阅读率和认知率等指标来评估营销的传播效果;用销售增长率、广告增销率、广告费占销率和单位广告费收益等指标来评估营销的促销效果。如果这些指标的数值较高,说明信息传播的效果较好,否则,就要采取补救措施。

3.目标达成率。营销目标是会展营销活动所要努力的方向,对会展营销目标实现程度进行评估可以最直观地了解会展营销的效果如何。在评估时,可以使用招展或招商目标达成率、会展营销能力目标达成率、会展对环境的适应目标达成率等指标进行。不过,由于环境的不断变化,在使用目标达成率评估标准时,不仅要注意扣除掉因环境变化而减少的目标值,也要加上因环境变化而增加的目标值。

4.效果递进率。在会展营销活动中,营销的实际效果有时候并不一定完全反映在一定时期的营销业绩上,例如,这一届会展的有效营销策略不仅对本届会展有用,可能在下一届会展时它还在起作用。使用营销效果递进率可以动态地反应会展营销的这种营销业绩,也可以动态地对会展营销的实际效果进行评估。

5.战略影响。评估会展营销的效果,不仅要从上述微观的角度来评估,还要从营销活动对会展的宏观影响的角度来评估。从宏观角度评估营销效果,可以弥补微观评估的视角较窄的局限性,有利于会展将自己的营销活动与同行进行对比,从而发现问题,改进营销。

评估营销的战略影响,可以对会展营销理念的先进性和会展竞争能力的变化进行评估,并使用会展知名度、美誉度和品牌忠实度等指标来综合进行。

9.4.4　规划国际营销

对于一个国际性的会展来说,除要规划好国内的营销外,还要规划好在国外的营销,并使国内营销与国际营销互动,以此来确保营销的效果。会展国际营销的主要目标是吸引国外的目标客户参加会展,如吸引展商前来参展和吸引观众前来参观等。

会展国际营销的过程与国内营销的过程基本相似,它基本可以参照第 1 章中的图 1-1 所示的过程来进行,只不过,国际营销的环境和竞争态势分析的对象已经从国内扩大到整个国际市场,目标市场的选择则在全世界范围内进行,营销策略的制定要更多地考虑不同国家当地的环境和文化,营销计划的制订和执行要更多地考虑不同国家当地的经济发展状况、产业环境和渠道情况等。

会展国际营销是将会展营销八要素进行组合并具体运用到国际市场上。例如,从产品策略上看,会展国际营销的基础是会展的功能要符合国际客户的需要,如为其提供进入本国市场的渠道,或本会展的市场辐射力可以达到该客户想要开拓的某国市场等;从价格策略上看,对国际客户的价格不仅要考虑客户所在国家的经济发展水平,还要考虑本国同类会展对国际客户的定价习惯;从渠道策略上看,如果能使用客户所在国的营销渠道,不仅可以直接面对客户,还可以节约营销成本;从促销策略看,直复营销和到客户所在国搞一些营业推广有时候效果会很好。同样,对于人、过程、有形展示和公共关系等策略,也要根据国际营销环境的不同而做适当的调整。

国际营销对于提高会展的国际化程度是必不可少的营销行动。会展的国际化程度可以从两个侧面来反应:一是展商的国际化率,即国际展商在会展展商总数量中所占的比例的大小,另一是观众国际化率,即国际观众在会展观众总数量中所占的比例的大小。这两个比例如果有一个较高,就说明该会展的国际化程度较高,否则,就较低;如果两个比例都较高,则该会展的国际化程度就非常高。会展的国际化程度往往是该会展档次高低的主要标志之一。要提高会展的国际化程度,没有会展国际营销的有效和大力支持是很难做到的。

【经典案例】

第 20 届中国国际陶瓷工业展览会的国际营销

中国国际陶瓷工业展览会是与意大利的 Tecnargilla 展会和德国的 Ceramitec 展会并称的全球三大陶瓷工业展,也是亚太地区最具规模和影响力的陶瓷工业领域的盛会。第 20 届中国国际陶瓷工业展览会展览面积 4 万平方米,有 500 多家企业参展,3 万多名观众到会参观,展会取得了巨大的成功。该展会的国际营销方式主要有合作营销、专业媒体营销和网络营销等,如下表:

类型	渠道	具体渠道
合作 营销	海外 合作单位	意大利陶瓷机械设备制造商协会 德国陶瓷机械设备专业协会 西班牙瓦伦西亚对外贸易局 英国斯塔福德郡商会 日本东海日中贸易中心 法国里摩日商会
专业 媒体 营销	指定宣 传媒体	Asian Ceramics
	海外支 持媒体	Ceramics World Review，Brick World Review International Ceramics Journal Ceramica Informazione，Ceramic Forum International Interceram International，A＋Trade Magezine Interceram Refractories Manual 2005 L'Industrie Ceramique & Verriere Tile & Ceramics Magazine，China Ceramics Industry
网络 营销	海外指 定宣传 网站	www. Asianceramics. com www. Ceramicworldweb. it www. cfi. de www. faenza. com www. dvs-verlag. de www. allactiontrade. com www. expertexpo. com. tr www. smidec. gov. my http：//de. ce. cn/home www. b-i. biz www. tokai-center. gr. jp www. ceramics. com

本章要点

本章主要讲述会展营销计划的制订和营销计划在制订和实施中如何进行有效控制等问题。主要内容包括：会展营销计划的特点、制订会展营销计划的步骤、会展营销计划的内容和有效实施会展营销计划的要求；会展营销常见的模式主要有基准营销、资源营销、关系营销、合作营销、直复营销、网络营销和公共关系营销等七种，这七种模式在具体应用中经常被组合使用；会展营销常见的组织类型有目标导向型、职能导向型、地区导向型、题材或品牌导向型和市场导向型五种，建立会展营销组织的步骤；会展营销控制主要从营销目标控制、营销进度控制和营销效果评估三个方面来进行；会展国际营销及其规划。

思考题

1.会展营销计划包含哪些内容？有何特征？

2.如何制订会展营销计划？

3.试列表比较会展营销常见的七种营销模式。

4.常见的会展营销组织类型有哪些？

5.如何对会展营销进行有效的控制？

6.试述会展国际营销。

后 记

多年前,本人关于会展业的著作《会展策划与营销》一经出版,很快就销售一空。至今,实业界和教育界的许多读者来电来信表示,《会展策划与营销》一书实际上是以会展策划为主要内容,对会展营销的论述只见纲领,没有详细的内容。为此,他们殷切希望我能再出一本有关会展营销的著作。应广大读者要求,本人利用从事会展业实际工作之余的时间写成了这本书,希望对我国会展业界及教育界能有所贡献。

本书主要是从会展项目营销的角度来构思写作的。像参展商的参展营销、会展城市的营销等,尽管与会展项目营销有着千丝万缕的联系,但因为它们不是会展项目营销的研究范围,因此,本书没有对其加以论述。但本书不是认为它们不重要,如果根据市场反应,本书以后有需要再版,届时将再视情况添加有关内容。

目前,我国会展理论界对"会展"一词的定义,有广义和狭义之分。广义的会展是指MICE,狭义的会展主要是指会议和展览会。为论述方便,本书所指的会展是指狭义的会展,并以"会展"一词统一称呼。本书所论述的内容适合于会议和展览会的营销,但为求简洁明了,很多时候仍以展览会的相关营销为例加以说明,希望读者在阅读本书的时候能举一反三,触类旁通。

在我国,会展业目前还是一个崭新的行业,还有很多方面需要各界朋友去从理论上加以总结和提升,并用理论来指导实践,促使实践工作进一步提高。本人在这方面再次进行了大胆的尝试,今后还会在这一领域里继续探索和前进,和业内同仁一起,为我国会展业的发展做出自己的贡献。

在本书的写作过程中,我的妻子张莲女士不仅承担了收集和整理资料的繁重工作,还对书中的一些问题提出了很多好的意见和建议,另外,为了使我有充足的时间写作,她还承担了绝大部分的家务工作,在此,对她的无私奉献表示深深的感谢!

作者